新编

新编高职高专旅游管理类专业规划教材

谢彦君　总主编

U0872738

DAOYOU SHIWU SHIXUN JIAOCHENG

导游实务实训教程

王春玲　陆　霞　主　编

贺志勇　牛　刚　主　审

旅游教育出版社

新编高职高专旅游管理类专业规划教材编委会

总序

经过将近三年的策划与组织，旅游教育出版社的"新编高职高专旅游管理类专业规划教材"终于要整体付梓印行了。本套丛书不管是在编写宗旨的确立还是在撰著者的遴选方面，都经历了一个较为严谨而细致的过程，这也为保证丛书的质量奠定了一个良好的基础。

中国的高等旅游教育和旅游产业发展，已经度过了三十多个春秋。从20世纪70年代末的筚路蓝缕到今天已蔚为大观的局面，这当中包含了几代学人和业者共同努力、共同创业的艰辛。在今天看来，尽管在这个知识和行业共同体中曾经并依然存在着观点、思想和认识上的碰撞和摩擦，但一路前行的步伐却始终没有停止过。这也是中国旅游教育界、旅游产业界呈现于世人的最令人鼓舞的风貌和景观。

在整个高等旅游教育体系中，职业教育的发展，只是在最近的十几年中才真正被政府纳入到大力发展的战略框架当中，并在今天形成了占据旅游高等教育半壁江山的势头。如果站在整个旅游高等教育的视野来审视旅游职业教育和普通教育在整个旅游高等教育中的局面，大家会有一个基本的共识：旅游高等职业教育在人才培养方面，无疑更加体现了专业细分、供需对接、学为所用的人才培养效率和效果，并不像旅游本科教育那样，每年的毕业生有70%以上流入其他行业或领域，从而造成社会教育资源的极大浪费。这个问题学界多有认识、阐述和呼吁，并一致认为，其根源在一定程度上是由本科专业目录管理过于僵化的行政机制所造成。值得欣慰的是，最新的本科专业目录调整方案中，已经增设了饭店管理专业，这一举措借鉴了旅游专业高等职业教育按照旅游大类进行专业细化的成功方面，进一步昭示了旅游大类下设专业（二级学科）进一步有限度细化的趋势。

不过，尽管旅游专业的高等职业教育有其成功的地方，但也不是没有问题。在专业格局有了科学摆布的前提下，人才培养的质量就取决于具体的人才培养方案了。在这当中，各个学校所拥有的教学资源、师资队伍、教材、教学法等方面的准备，就成为关键的教育因素。如果仔细盘点目前我国旅游专业高等职业教育在这一方面的家底，其实还很不容乐观。在我看来，由于我们对职业教育在认识上还不够成熟，准备上还不够充分，操作上还有待完善，加之旅游职业教育向来多以接待服务为教育的主体内容，缺乏硬技术、高门槛，因此，中国的旅游职业教育，依然显得离岗位培训距离不远、差异不大。在知识体系和职业技能的衔接方面，始终没有找到最好的途径和策略。因此，旅游职业教育在培养人的职业深度发展空间方面，始终有浅薄无力的缺欠。这是一个需要警觉，同时也是一个需要时间才能加以解决的问题。

旅游教育出版社在策划本套丛书的初期，就曾意识到这个问题，并有努力解决这一问题的想法。在本套丛书的书目确定、作者遴选、写作宗旨的厘定等方面，都试图对上述问题做出回应。从各位作者所做的努力来看，本套丛书还是在一定程度上解决了这个问题。整套从书中，不乏在这方面做得很好的，也有在其他方面展现了充分特色的著作。因此，希望本套丛书的面世能够给旅游职业教育提供一套比较适用的教材资源。

本套丛书的作者都来自职业教育工作的教学与科研第一线，他们在各自所长的学科领域也都多有建树。作为本丛书的主编，我十分感谢他们在编写过程中所做出的巨大努力以及展现出来的合作与奉献精神。

由于水平所限，加之本人对旅游职业教育的理解缺乏深度，因此，本套丛书还是会存在总体架构、基本思想和具体编写工作方面的诸多不足甚至错谬。希望广大读者和其他人士对本书的缺欠不吝赐教，以图再版时予以修正，避免贻误学生。

是为序。

谢彦君

2011 年 7 月 22 日于灵水湖畔

序

旅游作为一门应用性学科,主要是应旅游业发展的需求而产生的。就一般规律而言,教育要或多或少滞后于产业。但中国的情况比较特别,我国的旅游教育是和旅游业同步成长起来的。

经过30多年的探索与发展,中国的旅游教育体系逐步走向完善,已经形成由中职、高职、本科、硕士(含旅游专业硕士MTA)、博士五个层次组成的国民旅游教育完整序列。而且,旅游教育规模已经是全球第一,可谓世界头号旅游教育大国。据国家旅游局统计公报,截至2009年底,全国共有高、中等旅游院校1733所,其中高等院校852所,中等职业学校881所。全国旅游院校在校生共计952 438人,其中高等院校为498 379人,中等职业学校为454 059人。在高等院校中,研究生数量占1.34%,本科生数量占37.03%,大专生数量占61.63%。五个层次学生的数量由多而少呈金字塔式正态分布。

当然,不同层次的旅游教育培养的是不同层次、不同类型的人才。如果说硕士、博士重在培养研究与教学型人才的话,中职、高职主要培养的是实践应用型人才,本科教育则是应用与研究两者兼顾。从现实的社会需求来看,实践应用型人才的需求量要比研究型人才的需求量大得多,所以,中职与高职应该是旅游教育的大头。目前看来,中职学生人数最多;但随着许多中职学校向高职的提升,旅游高职教育在实践应用型人才,尤其在导游人员培养方面的主战场地位日益突出。因此,办好旅游高等职业技术教育,为旅游行业一线输送合格的应用型人才,对中国旅游业的健康发展关系重大。

太原旅游职业学院是山西省旅游高职教育的主要院校之一,其前身是1985年开办的太原旅游学校。这所开创山西旅游教育先河的学校,25年来为山西旅游界培养了大批旅游服务人才,被誉为“三晋旅游人才的摇篮”。在导游人才培养方面成就尤为突出。该校导游专业已培养4000余名学生,在太原乃至山西导游界有着极高的市场占有率。而且,毕业生中据说仅太原市就有国际、国内旅行社总经理35位,部门经理150余人,数百名毕业生成为旅行社和景区的业务骨干。导游专业师生在历次省市导游大赛中都取得了骄人的成绩。如2003年太原市建城2500年导游大赛中,该校师生囊括前三甲,2006年全省导游员大赛中勇夺冠亚军,2007年全省英语口语大赛获得一等奖,2010年全省导游员大赛中勇夺普通话冠军和英语冠军。这些成绩反映了该专业良好的教学质量与师资水平。专业主干课程《导游实务》被评为高职高专国家级精品课程,该课程团队成员先后编写了《导游实务》、《模拟导游》两本颇有影响的书,其中《导游实务》是山西省导游人员资格考试教材,《模拟导游》是普通高等教育"十一五"国家级规划教材。有以上成果做基础,编写这本面向高职高专导游专业学生的《导游实务实训教程》应该说是水到渠成的事。

《导游实务实训教程》是导游实务这门课的扩展部分,重在培养学生从事导游工作的实际能力,因此,要求实践性、操作性很强。编写这样的教材,无疑应该由导游实践经验丰富的行家里手来完成。据我所知,撰写本书的诸位老师不仅理论基础扎实,更长于"实战",均属"双师型",曾分别获得全国旅游系统巾帼建功标兵、全国优秀导游员、山西省"双师型"优秀教师、太原市十佳教师等荣誉,由他们与山西商务国际旅行社及山西省导游界资深专家合作完成本书,我相信质量应该是有保证的。

本人从事旅游教学与研究近20年,但一直是在本科院校工作。旅游一线工作经历缺失,更没有从事导游工作的经验,所以,不敢对本书妄加评说。这里只能以一个教师的眼光从教学效果的角度说这么一句话:评判一本教材的质量,最有发言权的是使用这本书的教师与学生。不过,直觉告诉我,这本书将会以它的实用性、可操作性及地域特色等受到师生的欢迎。同时我也希望,本书的出版并不是编者任务的完结,而应当是新一轮工作的开始:持续进行跟踪调查,广泛征求、收集使用本教材的教师与学生的意见与建议,为本书的修订、提升与再版做准备。

张世满

2011年6月于山西大学

(作者为山西大学旅游学院教授,副院长,硕士生导师)

目录

绪论

一、课程简介

《导游实务》课程是导游专业、旅行社管理专业等旅游类专业的核心课程，培养对象为高职高专院校旅游类专业学生，对应的是导游岗位。本门课程对学生导游岗位能力的培养起主要支撑作用，是目前全国导游人员资格考试的必考科目，具有鲜明的职业性、实用性和实践性特征。《导游实务实训教程》是《导游实务》课程的实训教材，本教材由太原旅游职业学院与山西商务国际旅行社共同开发。

二、课程学时分配

《导游实务》课程包括理论课与实训课，采用模块式教学。建议总课时为72学时，实际教学68学时，其中理论教学11学时，实训教学36个项目57学时。理论教学与实训教学比例为1∶5.2。

课程总学时分配

总课时	周数/周课时	理论课	实训课	实际教学课时	综合考核
72	18/4	11	57	68	4

三、实践项目及学时分配

实训项目及学时分配

序号	模块名称	实践项目	实训学时
一	导游业务准备	任务一　导游员的职业道德 任务二　导游员的仪容仪表 任务三　导游员的合作、协调能力 任务四　导游与游客的沟通能力 任务五　认知旅行社	7

续表

序号	模块名称	实践项目	实训学时
二	迎接服务	任务一　导游接待的内部业务流程 任务二　接待准备工作 任务三　接站服务 任务四　首次导游讲解服务	5
三	团队抵达后服务	任务一　入店服务 任务二　核对、商定日程	3
四	参观游览服务	任务一　途中导游服务 任务二　游览中导游服务 任务三　返程导游服务	6
五	导游讲解服务	任务一　导游讲解语言技巧 任务二　自然景观类景区景点导游讲解 任务三　人文景观类景区景点导游讲解	10
六	旅行沿途娱乐活动	任务一　导游员调节气氛的方法 任务二　导游常用才艺	4
七	餐饮与购物服务	任务一　餐饮服务 任务二　购物服务	2
八	出境领队服务	任务一　出境前业务准备工作 任务二　行前说明会 任务三　出入境服务	3
九	常见问题和突发事件的预防与处理	任务一　旅游活动计划和日程变更的预防与处理 任务二　漏接、空接、错接的预防与处理 任务三　误机（车、船）事故的预防与处理 任务四　游客患病、死亡的预防与处理 任务五　游客走失的预防与处理 任务六　游客丢失财物的预防与处理 任务七　卫生急救常识 任务八　安全事故的预防与处理 任务九　游客个别要求的处理	14

续表

序号	模块名称	实践项目	实训学时
十	送行及后续服务	任务一　离店服务 任务二　送行服务 任务三　处理善后事宜	3
合计	57 学时		

四、考核方式

《导游实务实训教程》是一门以提高学生实际操作能力为主要目标的实训课程。课程评价建议采用"形成性成绩为主、综合性考核为辅"和"以证代考"两种方式。

1. 考核方式及分值分配

(1)常规考核方式。总评成绩实行百分制,形成性成绩占 70%。按模块进行考核:每个模块根据实际内容,从学生准备(30 分)、程序完整(20 分)、规范服务(20 分)、应变能力(20 分)及职业素养(10 分)五个方面考核。考核主体根据内容不同可灵活调整,包括学生小组评价、教师评价和行业骨干评价,三者的评分各占 1/3 。结业综合考试占 30% ,采取口试方式对导游综合技能进行测试。

(2)以证代考方式。学生在校期间,参加全国导游员资格考试,成绩合格者视为本门课程合格,分数以参加考证时《导游实务》单科成绩计入。

2. 课程考核要求

根据教学目标和课程学习要求,学生应参加以上两种评价方式,其中任何一种通过,均视为本课程合格。

模块一　导游业务准备

任务一　导游员的职业道德

《导游服务质量》规定："导游人员应具有爱国主义意识，在为旅游者提供热情有效服务的同时，要维护国家的利益和民族的自尊。""导游人员应认真学习并模范遵守有关法律及规章制度。""导游人员应讲文明，模范遵守社会公德。""导游人员应热爱本职工作，不断检查和改进自己的工作，努力提高服务水平。""导游人员应有较高的职业道德，认真完成旅游接待计划所规定的各项任务，维护旅游者的合法权益。对旅游者所提出的计划外的合理要求，经主管部门同意，在条件允许的情况下应尽力予以满足。"

实训目标

（一）能力目标

通过本项目实训，使学生能够根据导游员职业道德和行为规范的要求，形成今后工作中自觉遵守职业道德和行为规范的自觉能力，培养对导游员现实工作中存在的一些问题和现象进行分析并作出正确的判断的能力。

（二）职业素养目标

通过本项目实训，使学生认识到职业道德是做好导游工作的前提和重要保障，养成工作中恪守职业道德和行为规范的职业习惯。

实训内容

导游职业道德是一般社会道德在导游职业中的具体化，包括导游职业道德规范和导游人员行为规范。它既是导游人员在职业活动中必须遵守的行为准则，又是人们评价和判断导游人员职业道德行为的依据。

(一)导游人员职业道德规范

1. 爱国爱企、自尊自强

爱国爱企、自尊自强是各行各业人员的一项共同的道德规范和基本要求，对导游人员来说更是其职业道德的基本规范。

2. 遵纪守法、敬业爱岗

遵纪守法、敬业爱岗是我国各行各业工作人员的一项共同的道德规范。

3. 公私分明、诚实善良

从事服务工作第一线的导游人员，在工作中不谋私利，公私分明，自觉地抵制各种不良行为和精神污染；对待旅游者要真诚公道、信誉第一，不弄虚作假、不欺骗游客。

4. 克勤克俭、游客至上

克勤克俭、游客至上是导游人员最基本的行为规范，也是导游人员正确对待和处理自己与旅游者之间关系的一条行为准则，又是检验导游人员服务态度、效果的一项基本服务标准。

5. 热情大方、举止端庄

热情大方、举止端庄是导游人员接待游客时应当具备的基本道德品行和道德情操。

6. 一视同仁、不卑不亢

导游人员在态度上、行为上对任何游客既礼貌友好、尊重游客，又自尊自爱、不卑不亢，端庄稳重、堂堂正正，决不能厚此薄彼，以地位、钱财、容貌、肤色取人。

7. 耐心细致、文明礼貌

耐心细致、文明礼貌是对导游人员最重要的业务要求和道德规范，也是衡量导游人员工作态度和工作责任心的一项重要标准。

8. 团结协作、顾全大局

团结协作、顾全大局是正确处理同事之间、部门之间、企业之间、行业之间，以及局部与整体、眼前与长远、集体与个人等相互关系的行为准则。

9. 优质服务、好学向上

导游人员必须牢固树立优质服务意识，并使之外化为优质服务行为。这是衡量导游人员工作好坏、道德素质高低的重要标准。

10. 保护环境,义不容辞

保护环境是我国的一项基本国策,良好的环境是旅游业得以持续发展的重要保证。保护好旅游环境是每个导游人员义不容辞的职业责任和道德行为准则。

(二)导游人员行为规范

1. 忠于祖国,坚持"内外有别"的原则

导游人员要严守国家机密,时时、事事以国家利益为重。导游人员带团旅游期间,不随身携带内部文件,不向旅游者谈及旅行社内部事务及旅游费用等事项。

2. 照章办事,执行规章制度

(1)导游人员应严格按照旅行社确定的旅游接待计划安排旅行、游览活动,不擅自增加和减少旅游项目或中途终止导游活动;在旅行游览中,遇有可能危及旅游者人身安全的紧急情况时,经征得多数(80%以上)旅游者的同意(最好书面同意),方可调整和变更接待计划,但应该立即报告旅行社。

(2)未通过年审,不从事导游业务。

(3)不拒绝、逃避检查或欺骗检查人员。

(4)未经旅行社委派,不私自承揽或以其他任何形式直接承揽导游业务。

(5)不转借导游证和其他有关证件供他人使用。

(6)不私自带人随团活动。

(7)导游服务中必须佩戴导游证等有关证件。

3. 遵纪守法,不从事非法、违法活动

(1)导游人员严禁嫖娼、赌博、吸毒;不索要、接受反动或黄色书刊、画报及音像制品;不诱导或安排旅游者参加黄、赌、毒等非法活动。

(2)导游人员不得套汇、炒汇;也不得以任何形式向海外旅游者兑换、索取外汇。

(3)导游人员不得向旅游者兜售物品或购买旅游者的物品,更不得索取旅游者的财物。

(4)导游人员不能欺骗、胁迫旅游者消费或者与经营者串通欺骗、胁迫旅游者消费。

(5)导游人员不得以明示或暗示的方式向旅游者索要小费,不得因旅游者不给小费而拒绝提供服务。

(6)导游人员不得收受向旅游者销售商品或者提供服务经营者的现金、佣金和其他财物。

(7)导游人员不得营私舞弊、假公济私、中饱私囊。

4. 自尊自爱，不丧失人格、国格

(1)导游人员要关心爱护旅游者，态度热情，不敷衍了事，不在紧要关头临阵脱逃，置旅游者生命财产安全于不顾。

(2)导游人员要积极进取，为旅游者提供优质服务，不得游而不导、擅离职守、懒散松懈、本位主义、推诿责任。

(3)导游人员导游讲解要积极、健康，不得迎合个别旅游者的低级趣味，不得在讲解中掺杂庸俗下流的内容。

(4)导游人员要正确处理与旅游者的关系，不与客人过分亲近；不介入旅游团内部矛盾和纠纷；不在旅游者之间拨弄是非；对待旅游者一视同仁，不厚此薄彼。

(5)导游人员有权拒绝旅游者提出的侮辱其人格尊严或违反其职业道德的不合理要求，但一定要注意方式、方法，避免与之正面冲突。

5. 讲究礼貌，注意个人小节

(1)导游人员应当尊重旅游者的宗教信仰和民族习俗。

(2)导游人员工作时要保持良好的仪容、仪表，着装整洁，姿容端庄。

(3)导游人员应当尊重、帮助老人、妇女、儿童，尤其应当尊重、帮助病弱人员和残疾人员。

(4)导游人员不得边讲解边吸烟、吃零食、嚼口香糖。

(5)导游人员不要单独去旅游者的房间，更不要单独去异性旅游者的房间。

(6)导游人员不得与外国、外地旅游团领队同住一室。

(7)导游人员在带团中饮酒要把握好尺度，不得超量，一般不超过自己酒量的1/3。

▶ 操作步骤

(一)实训准备

提前一周准备、查询相关案例资料。

(二)实训开始

(1)学习导游职业道德和行为规范要求。

(2)根据案例材料，对教师提出的相关问题进行分析。

(3)根据教师讲解的操作要点，分组展开讨论。可根据案例材料进行分组，进行讨论后每组推选2～3名代表主发言，其他学员在自由讨论阶段作补充发言。

(三)实训结束

(1)学生互评、师生互评。

(2)汇总实训成绩。

实训评价

任务评价表

班级:________　　姓名:________　　考核时间:________

评价项目与内容		小组评价	教师评价	行业评价
课前准备(20分)	下发案例资料			
	分组准备			
	相关知识准备			
程序完整(20分)	学习导游职业道德和行为规范要求			
	分组讨论			
	各组代表发言			
	其他学员补充发言			
规范服务(10分)	熟知并能正确运用导游服务标准			
应变能力(30分)	遇事情绪稳定、思维敏捷、考虑问题周到,能够及时妥善处理突发事件和特殊问题			
职业素养(20分)	认识到职业道德是做好导游工作的前提和重要保障,养成工作中恪守职业道德和行为规范的职业习惯			
总成绩				

自主练习

（一）填写本项目实训总结

（二）案例分析

小李是法国某旅游团的地陪。在旅行游览过程中，小李生动流畅的讲解和细致周到的服务赢得了该团旅游者的一致好评，小李与旅游者的相处也非常融洽。在与一位旅游者聊天时，小李发现该旅游者的名牌手表非常精致，经询问价格，发现比在中国买要便宜得多，于是便与该旅游者商量，购买了这块手表。

请问，小李购买旅游者手表的行为是否正确？为什么？

（三）思考题

（1）导游员应具备什么样的职业道德？

（2）导游员应遵循的行为规范有哪些？

（3）导游员如何做到诚实守信？

（4）你认为导游员应如何提高自身职业道德水准，并将导游员的职业道德融入自己的职业习惯当中？

补充资料

一、职业道德是做好导游工作的前提和重要保障

导游员小张接待了来自自己家乡的一个60多人的老年团。这个团分为大小两组，分乘大小两辆车。由于小张经验不足，于是被安排上了小车，另一位据说有着5年经验的“老导游”上了大车。小张在接团前做了大量的准备工作，但由于缺乏经验，小张在导游讲解及调节气氛方面，明显不如那位“老导游”更受游客欢迎。然而，两天后，情况发生了变化，大车上的客人说什么也不再接受那位“老导游”。原来那位“老导游”为了赚取餐差收入，把客人带到了一家不合规格的餐厅用餐，而小张由于缺乏经验，没有发现。餐厅的饭菜迟迟上不来，让客人等了很久，并且用的盘子和碗有许多破边儿损沿儿的，这在老人们看起来非常不吉利。客人对此非常不满，那位“老导游”和客人分辩了几句就跑了，全陪也抵挡不住客人的责骂躲到了一边，只有小张面对客人，听客人发泄不满，然后在餐厅为客人忙前忙后、马不停蹄。也许是小老乡的缘故，也许是小张的真诚感动了客人，事情终于解决了。

于是，第二天小张就被客人“抢”上了大车。

二、游客至上是导游最基本的行为规范

文花枝出生在韶山市大坪乡林家湾村，父母都是普通的农民，下有一弟一妹。作为毛主席的同乡人，她的名字也是取自毛主席的诗词——“已是悬崖百丈冰，犹有花枝俏”。作为家中的老大，父母对花枝的要求就是外出打工，多赚点钱回来，供弟妹读大学。所以，中专毕业后，花枝就打工养家了。转做导游工作的三年中，她陆续给家里寄去几万元，盖了新猪圈，修晒谷坪，安装沼气池，供弟妹读完大学。

2005 年 8 月 28 日下午，文花枝带领 25 名湘潭电化集团的干部职工，刚游完黄陵轩辕始祖庙，乘旅游车前往延安的路上。下午 2 点 35 分，一辆运煤的大货车突然出现在旅游车前，悲剧一瞬间发生了。碰撞后，旅游车内所有的坐椅、乘客一下子都涌到车厢前面，人摞着人，车内不时传出微弱的救命声和呻吟声。游客至今无法忘却当时的情景，更无法忘记当时清楚地听见导游小文大声地鼓励着：“加油！加油！大家一定要坚持，等待救援，要活着出去！”

救援是从车厢后方开始的，救援过程中，不时听到小文镇定的声音：“加油啊！叔叔大哥们。”当一名游客被抬出车外时，他又听到了导游小文清晰的声音：“我是导游，先救游客。”

“我是导游，先救游客。”多么平凡熟悉、多么亲切感人的话语啊！

游客们被送到洛川医院后得知，只要清醒就大声鼓励大家的小文是这次事故中伤势最严重的一个。她右边锁骨、右胸第 4 ~ 7 根肋骨及右大腿骨折，另外还有髋骨 3 处、左腿 9 处以上的骨折。文花枝所在的新天地旅行社的经理文雷次日上午赶到后，也着实吓了一跳。“她已经面目全非，整个脸都肿起来了，一脸的碎玻璃碴和煤渣子，左小腿肚扭转了 180 度。除了脖子、头之外，全身被纱布缠得严严实实。”因为病情危急，文花枝当天即被转送到西安市西京医院。“我喊花枝，她已经没有说话的力气，只能眯着眼。”文雷凑上前，却听见她询问：“客人怎么样了？他们在哪里？”

当时，一起住在西京医院的伤员共有三位。每次花枝都嘱咐姑妈多熬些骨头汤、鱼汤，一式三份，送给另外两名游客。花枝很少跟家人提及出事当天的情形，回到湘潭的当天，她只是跟家里人说：“我是回来了，还不知道客人都怎么样了呢？”

由于延误了最佳抢救时间，医生不得不为文花枝实施左腿高位截肢手术。她把抢救的机会让给了他人，自己却因此失去了一条腿。但这位 20 多岁的湖南姑娘在变故面前所表现出来的超常勇气征服了全国亿万民众，被国家旅游局授予“全国模范导游员”称号。

读大学是花枝由来已久的愿望。“有时候带团出去，客人就说，这个导游讲得好，不愧是旅游专业的研究生。顿时，我的心就会沉下去，觉得很难受。学习知识还是很有必要的。”在党和政府的关心下,花枝实现了自己的愿望,成为湘潭大学旅游学院的一名学生。

任务二　导游员的仪容仪表

《导游服务质量》规定:“导游人员应穿工作服或指定的服装,服装要整洁、得体。导游人员应举止大方、端庄、稳重,表情自然、诚恳、和蔼,努力克服不合礼仪的生活习惯。”

实训目标

(一)能力目标

通过本项目实训,使学生在了解导游人员带团时仪容仪表要求的基础上,对自己在仪容仪表方面存在的问题能够注意并加以纠正。

(二)职业素养目标

通过本项目实训,使学生认识到注重导游员的外在形象在工作中的重要性与必要性,养成塑造并注意保持良好形象的职业习惯。

实训内容

大方文雅、举止得体、潇洒自如的仪表、仪容会强化游客对导游人员形象美的感知。作为导游人员,不仅要在导游的过程中表现自己的良好风度,更要在平时的生活实践中自觉地观察体会其他人的行为风度,并从中综合出适合自己的一套行为模式,从形象、姿态、言谈、举止各方面培养、塑造自己的美好形象。

(一)导游员树立良好形象的必要性

1. 导游人员自身就是在向游客传达文明

旅游是一种审美活动,从某种意义上来说,导游人员的言行举止、仪表仪容也是游客审美的一部分。导游的形象往往代表了当地人民的精神风貌,在旅游者面前,导游员身上可以折射出当地的文明程度和精神状态,可以体现出旅行社的管理水平,可以反映出导游员的内在素质。

2. 可以增强游客对导游员的信心

一个精神饱满、乐观自信，举止大方、端庄，谈吐高雅脱俗、风趣幽默、亲切自然的导游，一定会给第一次见面的游客留下深刻的印象，给人一种稳定感、轻松感和亲近感，容易获得游客的好感，使游客增强信心。

3. 赢得游客的信任，便于交流，提高效率

良好形象可以增加游客对导游员的好感。进而，游客会对导游人员产生一种信任感，乐于将自己的要求或想法提出来，有利于思想情感的交融。这样，导游人员就可以有针对性地提供服务，可以有效地提高导游人员的工作效率。

(二)对导游员外在形象的要求

导游形象说到底，是一种职业形象，因此，必须符合职业特点的要求。

1. 符合身份

导游人员的形象也要符合自己的职业身份，正如人们常说的“恰当的才是最美的”。

2. 适应工作

导游人员的装扮要以适应工作需要为基本出发点。

3. 符合本民族、本地区的习惯

导游人员代表着一个国家、一个地区的形象。因此，导游的着装要符合本民族、本地区的着装习惯，只有以本民族的惯常的、大众化的着装出现在游客的面前，表现出端庄大方的形象，才会赢得游客的尊重。

4. 符合公认的审美标准

所谓符合公认的审美标准，就是说导游员的着装要为大多数游客所接受。太个性化、太自我的装束，是很容易引起游客的不满的，并且会给游客一种难以沟通的感觉。着装是一个人内心世界的自然流露，是精神状态的外在表现，也是一个人的学识教养、性格气质和处世态度的外现。

(三)导游员的仪容

1. 讲究卫生

(1)导游员的头发必须保持清洁和整齐；发型应大方、干净利落，男导游要每天剃须，女导游要束起长发或留短发。

(2)导游员要保持口腔卫生，注意消除口腔异味，早晚刷牙，吃东西后漱口，常备口气清新剂或口香糖。

(3)保持手部清洁，不留长指甲，尤其是女导游不要涂深色的指甲油。

(4)注意脚部卫生，选择舒适、合脚的鞋子，并注意保持清洁。

2. 化妆

女性导游员可化淡妆,但不宜浓妆艳抹。

(1)化妆的原则。避免浓妆艳抹,避免过量使用芳香型化妆品,避免残妆示众和当众补妆。

(2)化妆的步骤。

• 护肤三部曲:洁肤、爽肤、润肤。

• 上妆九步骤:打底、定妆、涂眼影、画眼线、涂睫毛膏、画眉、涂抹腮红、涂唇膏、妆面检查。

(四)导游员的仪表

1. 服装

导游应按企业规定穿着统一服装上岗并保持整洁。若无统一服装,则应该遵循目前国际上公认的“TPO”衣着原则和两个具体要求:一是干净整洁,衣服勤换洗,熨烫平整;二是符合规范,不可中西搭配、上中下西、下中上西,也不可西式中穿。

2. 饰品

女性导游员在佩戴饰物方面,总体要求是美观大方,雅而不俗。首饰佩戴宜从简,不可珠光宝气。一心想与女性游客比个高低的导游员,会招致游客的反感。要知道此时游客是“主”,导游员是为“主”服务的,切不可“喧宾夺主”。

(五)导游员的仪态

1. 表情语

面部表情可以说是人们内心情感的外部表现,可以表现出极其复杂的思想感情。导游员要想取得交际的成功,一方面要善于控制自己的面部表情,另一方面还要善于观察游客的面部表情。导游员的面部整体表情必须要随着讲解内容的需要或随着游客的反应而变化,与表达同步,要有真情实感。导游员控制自己的面部表情时,要注意灵活、鲜明、真诚、有分寸。

2. 目光语

(1)目光注视的部位。导游人员在工作中尤其是在导游讲解中,应把视线停留在旅游者的双眼与嘴部之间,这种部位的注视,利于传递友好、礼貌的语言。

(2)目光注视时间的长短。导游人员在与旅游者交谈或在讲解时,视线接触的时间应占全部时间的40%左右。超过讲话时间的60%,时间太长;少于讲话时间的20%,注视时间过短。长时间目不转睛地盯着旅游者是一种失礼行为,容易引起误解;长时间不看旅游者,会被误解为心不在焉、应付差事,这也是一种失礼。

(3)目光注视的方式。导游服务中,目光注视方式以正视和环视为宜。与个别旅游者交谈,用正视表示庄重和尊重;在为团队致辞或讲解时,要用环视和正视的方式。在室内讲解,导游人员不应戴墨镜,室外场合应尽量少戴或不戴太阳眼镜,否则,使旅游者看不到导游人员的眼神,不利于用目光语进行交流。

3. 微笑语

微笑语是通过不出声的笑,即略带笑容所传递的信息。人们也称为"交际世界语",在人类各民族文化中语义基本相同。在导游工作中,微笑是友好的使者,成功的桥梁。发自内心的微笑是一个导游人员美好心灵的外现,是塑造良好形象必不可少的手段。

4. 手势语

手势主要是指手的位置和手部的各种动作,它们具有表情达意的作用。在导游讲解时,导游员的恰当得体的手势是讲解的重要组成部分,可以强调并帮助游客捕捉相关信息,可以加深游客对讲解内容的理解。

(1)导游员的讲解手势:情感手势、指示手势和象形手势。

(2)手势运用的要求:明确、精练、自然、活泼以及个性化。

(3)手势运用的原则:一是根据表达内容的需要,手势必须为导游交际服务;二是手势的幅度与大小根据场合的大小和游客的多少来决定;三是手势要协调,要与伴随的眼神、表情、姿态相互协调,追求和谐的整体效果。

(4)握手。

• 先后顺序。男女之间,男方要等女方先伸手后才能握手,如女方不伸手无握手之意,男士可点头或鞠躬致意;宾主之间主人应先向客方伸手,以表示欢迎;长辈与晚辈之间,晚辈要等长辈先伸手;上下级之间,下级要等上级先伸手以示尊重。握手时精力要集中,双目注视对方。

• 握手力度。以不握疼对方的手为最大限度。一般情况下,握手不必用力,握一下即可。男士与女士握手不能握太紧,西方人往往只握一下女士的手指部分,但老朋友可例外。

• 握手时间。握手时间的长短,可根据握手双方的关系亲密程度灵活掌握。初次见面一般不应超过3秒钟,老朋友或关系亲近的人,则可以边握手边问候。

• 握手忌讳。多人同时握手,忌交叉握手;忌精力不集中,看着第三者或环视四周;男人握手忌戴手套;忌将左手揣在衣袋里;忌紧握对方的手,摇来摇去,长时间不放使对方欲罢不能。

5. 站姿

优美典雅的站姿是一切动作的基础。站姿的基本要领是:两脚跟相靠,脚尖分开,开度45°~60°,身体重心落在两脚前脚掌上。两腿直立,双膝并拢。收腹提臀,髋部上提。立胸挺腰,挺直背脊,全身肌肉要有一定紧张感。双肩平齐,放松下沉,双臂自然下垂,虎口向前,手指自然弯曲。头正,颈直,下颌微收,双目平视前方,面带微笑。整体上给人一种精神饱满的感觉。

6. 走姿

最能体现出一个人的精神面貌的姿势就是走姿,正确的走姿会显得富有青春活力,优美的走姿会使身体各部分都散发出迷人的魅力。

走姿的基本要领是:双目向前平视,面带微笑收下颌。上身挺直,头正,挺胸收腹,两肩外展,重心稍向前。手臂伸直放松,摆动时要以肩关节为轴,上臂带动前臂向前,手臂要摆成直线,肘关节略曲,前臂不要向上甩动,向后摆动时,手臂外开不超过30°,前后摆动的幅度为30~40厘米。跨步均匀,两脚之间相距约一只脚到一只半脚。步伐稳健自然,要有节奏感。迈步时,男子脚尖可微微分开,但脚跟内侧与前进方向应近乎一条直线,避免以“外八字”或“内八字”迈步。女子行“一字步”,即两脚落在一条直线上,两膝内侧相碰。步速男子为每分钟108~110步,女子为每分钟118~120步。总之,走路时,男子要显出阳刚之美;女子则款款轻盈,显出阴柔之美。

7. 坐姿

坐姿的基本要领是:男性张开腿部而坐,但不宜超过肩宽,小腿与地面垂直,手置膝上或放于大腿中前部,体现出男子的自信、豁达。女性则是膝盖并拢,两腿自然弯曲,两脚平落地面或小腿交叉不向前伸直,体现其庄重、矜持。入座时,先退半步然后坐下,并且要求动作协调,声音轻,全身肌肉稍有紧张感。腰挺直,上身微前倾。就座时,坐满椅面的1/2或2/3。两腿垂地或微内收,背部不靠沙发背,两手自然弯曲,手扶膝部或交叉放于大腿中前部,或一手放于大腿上,另一手肘放于沙发扶手上。起座时,脚向后收半步,再起身站立。起身时动作不可迅猛,而应舒缓地、自然大方地站起。

▶ 操作步骤

(一)实训准备

(1)提前一周准备相关资料。

(2)准备化妆品、职业装等。

(二)实训开始

学习导游仪容仪表相关要求。根据教师示范、讲解的操作要点进行分组训练。

1. 导游员的仪容

(1)讲究卫生。

(2)化妆。

- 护肤三部曲。
- 上妆九步骤。

2. 导游员的仪表

(1)服装。应该遵循目前国际上公认的"TPO"衣着原则以及两个具体要求:一是干净整洁,二是符合规范。

(2)饰品。总体要求是美观大方,雅而不俗。首饰佩戴宜从简,不可珠光宝气。

3. 导游员的仪态

(1)表情语。导游员控制自己的面部表情时,要注意灵活、鲜明、真诚、有分寸。

(2)目光语。

- 目光注视的部位。
- 目光注视时间的长短。
- 目光注视的方式。

(3)微笑语。

(4)手势语。

- 手势运用的要求:明确、精练、自然、活泼以及个性化。
- 手势运用的原则。

(5)握手。

- 先后顺序。
- 握手力度。
- 握手时间。

(6)站姿。

(7)走姿。

(8)坐姿。

(三)实训结束

(1)学生互评、师生互评。

(2)汇总实训成绩。

实训评价

任务评价表

班级：________ 姓名：________ 考核时间：________

评价项目与内容		小组评价	教师评价	行业评价
课前准备(20分)	下发相关计划			
	分组准备			
程序完整(40分)	导游员仪容仪表的作用			
	讲究卫生			
	化妆的步骤			
	导游员的仪表：服装、服饰			
	表情语			
	目光语			
	微笑语			
	手势语			
	握 手			
	站 姿			
	走 姿			
	坐 姿			
规范服务(10分)	熟知并能正确运用导游服务标准			
应变能力(10分)	遇事情绪稳定、思维敏捷、考虑问题周到，能够及时妥善处理突发事件和特殊问题			
职业素养(20分)	认识到注重导游员外在形象在工作中的重要性与必要性，养成塑造并注意保持良好形象的职业习惯			
总成绩				

自主练习

(一)填写本项目实训总结

(二)案例分析

导游员苏小姐,青春妙龄,长得亭亭玉立,楚楚动人,其家境颇为殷实,好打扮,服饰颇为时尚。

一次,苏小姐接了一个境外的奖励旅游团,旅游团成员多为 30 岁左右的小姐、女士。当苏小姐以良好的形象出现在游客面前时,使这些小姐、女士黯然失色。加上游览期间,苏小姐名牌“行头”的不断变换,更使旅游团中的那些小姐成了她的反衬者。在游览过程中,苏小姐虽然讲解生动形象,为人亲切,服务周到,但不知为什么,那些年轻的女性游客,总不愿与她在一起。苏小姐自己也有一种被冷落的感觉。

请你对此案例进行评析。

(三)思考题

(1)试述导游员树立良好形象的必要性。

(2)游客心目中的导游员应有怎样的形象?

(3)对导游人员的仪容、仪表有哪些要求?

(4)你认为自己在仪容仪表方面按照职业要求还有哪些差距和不足?请制定具体的改进措施。

补充资料

一、重视第一印象

第一印象即“首印效应”,也就是心理学上讲的“晕轮效应”。导游员的第一印象,是指游客通过对导游员的外在形象的观察进而得出对其内在素质的判断。虽然这种判断往往是不准确的,甚至有失公正,但是,客观上又是不可避免的,游客的这种认识的产生是不以导游员的意志为转移的。“以貌取人”是实实在在存在的。在初次见面的一瞬间,导游的外在形象等会在游客心中留下难忘的印象,并成为对导游最终评价的参考。印象一旦固定,要改变它就得付出很大的努力,花很多的精力。旅游行程的短暂性特点,决定了导游可能没有机会来改变游客对他(她)的不良印象。

游客对导游员的期望值远远超过对其他旅游接待部门服务人员的期望值。“先入为主”是人们普遍存在的心理规律。游客对导游员有一个认识过程，即审视—接纳—距离—融洽。游客来到一个陌生的地方旅游，事先都反复地在设想着迎接他们的导游员会是怎样？他们会在头脑中勾勒一个形象，建立一个期望值。在见到导游人员的第一面时，就会用自己的期望值来度量，如果相近或超出期望值，当然游客会很开心；如果距离期望值甚远，就会对未来的旅游行程充满担心。如果导游人员在与游客见面的第一回合，便使游客产生了良好的第一印象，进而对导游员产生了信任，以后的工作就会顺利得多。

导游人员第一次亮相，至关重要的是仪容、仪态与使用的语言。导游员首先应根据自身条件，在化妆、服装、发型等方面给人以健康自然、充满活力的第一印象，同时应遵照和谐美的总原则，使自己的身材、服饰、发型与年龄、季节等构成一种多样统一、相互映衬的整体美。服装要整洁大方，化妆要淡雅自然，发型要适合自己的个性和风格，既不要奇装异服，更不能衣冠不整。

仪态表现在导游人员的动作、姿态与风度诸方面。导游人员待人要自然大方，办事要果断利索，举止有度。与人相处直率而不鲁莽，活泼而不轻佻，自尊而不狂傲，工作紧张而不失措，服务热情而不巴结，礼让三分但不低三下四，友善而非亲昵，礼貌而非卑躬，助人而非索取，重点关照而非谄媚巴结，这样的导游人员比较容易得到游客的信任。

语言即导游人员讲话时的声调和音色。初次见到游客时，导游人员应谈吐高雅脱俗、优美动听、幽默风趣、快慢相宜、亲切自然，这样容易获得游客的好感。

二、“TPO”原则

导游员的着装，应该遵循目前国际上公认的“TPO”衣着原则。“T”(Time)指时间，穿衣要符合时代、季节，还要照顾日期，如一些特殊的纪念日等。“P”(Place)代表地方、场所、位置、职位，衣着随场合变更而改换。“O”(Object)代表目的、目标、对象，穿衣时刻不忘自己的身份，不要标新立异，简单模仿；也不要鲜艳夺目，花枝招展。通常导游员在工作时应穿比较正式的服装并佩戴标志。要做到干净整洁，衣服勤换洗，熨烫平整；要符合规范，不可中西搭配、上中下西、下中上西，也不可西式中穿，如不扣领扣、袖扣，卷起袖口、裤腿，两臂不伸进衣袖披在身上等。领带要平整、松紧适度，花色要与服装搭配。女士穿裙子注意长短适中，过长不利于工作，过短显得轻佻。无论男女都要穿与服装相配的鞋袜，皮鞋保持整洁光亮，袜子颜色不宜鲜艳，夏天不光脚穿凉鞋。女士长筒袜要伸展，避免在膝盖、脚踝处打褶折，也不要在裙摆以下露出袜口。女性着装还要特别注意避免杂乱、暴露等。

任务三　导游员的合作、协调能力

《导游服务质量》规定："导游人员应具备较强的组织、协调、应变等办事能力。"

实训目标

(一)能力目标

通过本项目实训,使学生在熟悉导游服务集体合作共事的方法的基础上,具备内部协作的能力;在熟悉导游人员与旅游接待单位协作的方法的基础上,具备外部协作的能力。

(二)职业素养目标

通过本项目实训,使学生认识到旅游活动涉及食、住、行、游、购、娱等多个方面,导游要想顺利完成带团任务,就必须具备广泛的合作、协调能力。通过本项目实训,培养学生相互协作、相互体谅、鼎力相助、同舟共济的工作作风。

实训内容

(一)团队导游服务集体

旅游团队是通过旅行社或旅游服务中介机构,采取支付综合包价或部分包价的方式,有组织地按预定行程计划进行旅游消费活动的游客群体。为旅游团队提供导游服务的人员一般是全陪导游人员(以下简称全陪)、地陪导游人员(以下简称地陪)和海外领队(以下简称领队,这里的海外领队是指受海外旅行社委派,全权代表旅行社带领旅游团队在我国境内从事旅游活动的工作人员)。他们组成了旅游团队导游服务的集体,在保证旅游团队活动顺利进行的共同目标之下,行使着各自的职责。

导游服务集体中的全陪、地陪、领队在陪同和接待同一个旅游团队时,他们之前可能彼此并不相识,这就更需要加强沟通,密切合作。

1. 旅游团队导游服务集体合作共事的基础

首先,全陪、地陪和领队有共同的工作对象——同一团队的旅游者;其次,他们有共同的工作任务——执行团队的旅游计划,为团队安排、落实各项旅游服务;最后,他们有共同的努力目标——组织好团队旅游者的旅游活动,为旅游者提供满意的服务。

旅游目的地的全陪、地陪与旅游客源地旅游团领队之间的协作关系,实际上就是旅游目的地的旅行社与旅游客源地旅行社之间的合作关系。在导游服务过程中,全陪、地陪和领队三者之间可能会遇到问题,出现矛盾和分歧,但他们都必须以全面执行旅游企业之间、旅游企业与旅游者之间签订的协议为原则,导游服务集体三成员在工作中应相互协作、鼎力相助、同舟共济。

2. 旅游团队导游服务集体合作共事的方法

(1)主动争取各方的配合。在向旅游团队提供导游服务时,全陪、地陪和领队各方都应主动争取其他两方的配合,形成合力,共同努力完成旅游接待任务。争取各方配合的主要途径是及时交流信息,沟通各自的想法,在求得意见一致的基础上协同行动。

(2)尊重各方的权限和利益。导游服务集体三成员虽然代表着三方的利益,工作也各有侧重,但关系是平等的。三者之间的配合是互补、互利的,应互相尊重各方的工作权限,切忌干预对方的活动,侵害他方的利益。

(3)建立友情关系。全陪、地陪和领队都应该正确运用公共关系中的工作关系(即理性关系)和情感关系(即人情关系)相统一的方法,建立起和谐、美好的友情关系。同时,要把握好三者之间友情关系的尺度和距离,尊重彼此的隐私权,不涉及工作上的保密禁区。

(4)彼此尊重,互相学习,勇担责任。导游服务集体三成员分属于各自旅行社,由于共同的任务聚合在一起,因此在工作中应彼此尊重、平等对待、相互学习、取长补短。工作中若出了问题或事故,领队、全陪和地陪都应从做好旅游团队服务工作的大局出发,在分析原因的基础上,分清责任,各自都应勇于承担属于自己的责任,切忌相互指责和推诿。

(二)与领队的合作

领队具有多重身份,既是旅游团的领导者和代言人,同时又是海外组团社的代表和导游服务集体中的一员。领队是海外组团社和接待社之间,旅游者和我方导游人员之间的桥梁。能否圆满完成旅游服务工作,在很大程度上要靠领队的合作和支持。因此,如何与领队合作共事,就成为我方导游人员不能忽视的重要内容。

1. 尊重领队，主动争取配合

带领旅游团到中国来旅游的领队，多数是职业领队，在海外旅行社任职时间较长并受过专业训练，对我国的情况尤其是我国旅游业的业内情况相当熟悉。领队从组团出发到散团都和旅游者在一起，与旅游者语言相通，感情相通，旅游者十分信任、依赖领队。尊重领队就是遇事要与他们多协商。旅游团抵达后，团队的活动日程安排一定要征求领队的意见，如无原则问题应尽量考虑采纳其建议和要求；在遇到问题时，全陪、地陪更要与领队磋商，争取他的理解和支持。领队的工作做好了，游客的工作自然就好做了。

2. 关心领队，支持领队的工作

职业领队常年远离家庭，远离家乡，远离自己的祖国，在异国他乡履行自己的使命，工作十分辛苦。无论领队的心情如何，身体舒服不舒服，都要"奔波在外"，热情为旅游者服务。由于领队的"特殊的身份"，旅游者只是要求他如何满足自己的要求、如何关心自己而很少甚至不可能主动关心领队。因此，我方的导游人员如果对领队在生活上表示些关心，工作上给予支持，他会很感动和很感激。当领队的工作不顺利或旅游者不理解时，全陪、地陪应主动助其一臂之力，我方能办到的尽量帮助联络，做不到的多向旅游者做解释工作。支持领队的工作并不是取代领队，我方导游人员还应把握尺度，否则会引起旅游者的误会和心理上的不平衡。

3. 坚持原则，避免正面冲突

海外旅游团的领队中也不乏工作不熟练、常出"新点子"、个性比较突出、难于合作、比较挑剔的人。无论遇到哪种领队，遇到何种情况和问题，我方导游人员都要沉着、冷静，坚持原则，分清责任；对违反合同内容、不合理的要求不能迁就；对于某些"过火"言辞或带侮辱性的语言不能置之不理，要有理、有利、有节地讲清道理，使之主动道歉。但要注意方法策略，不能将其"逼到绝路"而影响合作。

4. 技高一筹，掌握主动权

有的领队为讨好旅游者与地陪"抢话筒"，对全陪和地陪指手画脚，当着全团旅游者的面"出主意"，使游客产生"领队如果不说，地陪就不干"的感觉，使地陪的工作比较被动。遇到类似情况，地陪应采取措施，变被动为主动。例如，对于"抢话筒"的领队，地陪既不能马上反"抢话筒"，也不能听之任之，最好的办法是先让其"亮相"一番，可记住其讲话中的错误和不足，在适当的时候给予纠正，让旅游者感觉到"还是地陪讲得好"。这样，我方的导游人员既表明了自己的态度，又不失风范。地陪的讲解要"扬己之长，避己之短"，发挥自己的长项；同时，要正视自己的不足，抓紧时间查阅资料或向别人求教，争取在旅游团离开之前，在适当的时候进行补充讲解，以求完美。

5. **争取多数旅游者的理解和支持**

有时领队提出的做法行不通，任凭导游员如何解释说明，领队仍坚持己见。这时全陪和地陪就要向全团讲明情况，争取旅游团内大多数旅游者的理解和支持。但要注意，即使领队的意见被证明不妥，也要使领队有“台阶”可下。在三方导游员的合作共事中，全陪和地陪应把握好工作、友情和原则三者之间的关系，彼此尊重，相互学习，勇担责任。

（三）与旅游接待单位的合作

1. **旅游接待单位间的关系**

旅游产品是一种组合性的整体产品，既有有形的物质实体，也有无形的非物质的服务，需要旅行社、饭店餐厅、交通部门、游览娱乐场所等旅游接待单位的高度协作。旅游消费的六大要素（食、住、行、游、购、娱）需要各旅游接待单位组成一体化的旅游供给系统。为了使旅游供给有序进行并有质量保证，这些接待单位以协议的方式组成协作单位，明确各自职责，形成了相互配合、相互依存、长期协作的关系。

2. **与其他旅游接待单位协作的方法**

（1）及时协调，做好衔接工作。导游人员在向旅游者提供导游服务的过程中，要与饭店、车队、机场、车站、景点、商店等许多部门和单位打交道，其中任何一个接待单位或任何一个环节出现失误和差错，都会影响旅游者的满意度。导游人员尤其是地陪在服务工作中，要善于发现或预见各项旅游服务中出现和可能出现的差错和失误，通过各种手段及时调整和联络，使各个接待单位的供给正常有序。

（2）遇到困难，争取协作单位的帮助。导游服务工作流动性大，工作内容繁杂，有时只是导游人员一人在外独立带团。当有意外、紧急情况发生，只靠一个人的力量往往很难解决问题。因此，导游人员要善于利用与各地旅游接待单位的协作关系，主动争取协作单位的帮助。

3. **导游人员与合作者的关系**

导游人员的合作者，是指为同一旅游团（者）提供旅游服务的其他接待单位的工作人员，如旅游车司机、商店售货员、饭店服务人员等。他们由不同的接待单位委派，与导游人员执行同一个任务，都是旅游服务的提供者，只是由于分工不同，服务的形式和服务内容而有所不同。导游人员与合作者的关系是平等的关系。把自己摆在高于或低于合作者的位置都是不对的。

导游人员的正确做法是：尊重合作者，善于向合作者学习，有事多请教；坚持原则,平等协商。以“为旅游者提供优质服务”为目的,以“不违反协议”为原则,遇到问题和困难要平等协商。

(四)导游人员与司机的合作

导游人员与旅游车司机的合作十分重要。司机熟悉线路、经验丰富,导游人员与司机配合得好,是导游服务工作得以安全、顺利进行的重要保证。

导游人员与司机的合作应注意以下问题:

(1)如果接待外国游客,在旅游车到达景点时,导游人员用外语向游客宣布集合时间、地点时,要记住将以上信息用中文告诉司机。

(2)旅游线路有变化时,导游人员应提前告诉司机。

(3)导游人员要协助司机做好安全行车工作,不要与司机在行车途中闲聊;遇有险情,由司机保护车辆和游客,导游人员去求援,或相反。

(4)与司机研究日程安排,征求司机对日程的意见。导游人员注意倾听司机的意见是使司机积极参与接待服务工作的好方法。

(5)尊重司机。导游人员在游客面前要树立司机的威信,要使游客对司机的辛勤工作给予理解和认可。

▶ 操作步骤

(一)实训准备

(1)提前一周根据教师布置内容准备实训计划。

(2)进行分组。

(二)实训开始

学习认知导游员合作、协调能力的相关内容要求。重点学习合作、协调的原则和方法。

1. 团队导游服务集体

一般是全陪导游人员、地陪导游人员和海外领队。

(1)旅游团导游服务集体合作共事的基础。

• 全陪、地陪和领队有共同的工作对象——同一团队的旅游者。

• 有共同的工作任务——执行团队的旅游计划,为团队安排、落实各项旅游服务

• 有共同的努力目标——组织好团队旅游者的旅游活动,为旅游者提供满意的服务。

(2)旅游团队导游服务集体合作共事的方法。

- 主动争取各方的配合。
- 尊重各方的权限和利益。
- 建立友情关系。
- 彼此尊重，互相学习，勇担责任。

2. 与领队的合作

(1)尊重领队，主动争取配合。

(2)关心领队，支持领队的工作。

(3)坚持原则，避免正面冲突。

(4)技高一筹，掌握主动权。

(5)争取多数旅游者的理解和支持。

3. 与旅游接待单位的合作的方法

(1)及时协调，做好衔接工作。

(2)遇到困难，争取协作单位的帮助。

4. 导游人员与司机的合作

(三)实训结束

(1)学生互评、师生互评。

(2)汇总实训成绩。

实训评价

任务评价表

班级：________　　　　姓名：________　　　　考核时间：________

评价项目与内容		小组评价	教师评价	行业评价
课前准备(20 分)	下发相关计划			
	分组准备			
程序完整(40 分)	团队导游服务集体合作共事的原则、方法			
	与领队的合作			
	与旅游接待单位的合作			
	导游人员与司机的合作			

续表

评价项目与内容		小组评价	教师评价	行业评价
规范服务(10分)	熟知并能正确运用导游服务标准			
应变能力(10分)	遇事情绪稳定、思维敏捷、考虑问题周到,能够及时妥善处理突发事件和特殊问题			
职业素养(20分)	认识到旅游活动涉及多个方面,导游必须具备广泛的合作、协调能力,形成相互协作、相互体谅、鼎力相助、同舟共济的工作作风			
总成绩				

自主练习

(一)填写本项目实训总结

(二)案例分析

旅游者李某在西藏拉萨购买了一把景泰蓝藏刀,上飞机前,被查出,禁止携带上飞机(管制刀具不可携带登机),万分着急,向全陪请求帮助。

请问,此事全陪该借助哪几方的帮助?如何解决?

(三)思考题

(1)导游服务集体合作共事的方法是什么?

(2)与其他接待单位协作的方法有哪些?

(3)如何与领队进行合作?

(4)导游人员与司机合作应注意哪些方面?

补充资料

一、推迟用餐

某旅游团队在A城市旅游,地陪张某考虑到时值旅游旺季,正常时间用餐会比较拥挤,所以提前与饭店预订10:30在饭店用餐。但是,由于旅游者迟到及不确定因素较多，估计用餐时间会推迟。请问，导游张某应如何来应对？

案例评析

旅游旺季，旅游团队用餐一直是一个大问题。由于旅游人数较多，用餐时间比较集中，经常会出现“看着他人吃饭，被人看着吃饭”的情景。为了避免出现尴尬用餐的现象，很多有经验的导游，会错开用餐高峰，选择提前或者推迟用餐。但是旅游途中，不确定因素较多，导游也无法确定用餐的确切时间，出现推迟用餐的现象很多，这就要求导游提前与饭店联系，让饭店提供一个合理的用餐时间。如果不及时确认更改，有可能会导致旅游者无法用餐，或者需要长时间的等待等严重后果的发生。

解决方式主要如下：

(1)导游应控制好旅游时间。

(2)导游应提前向旅游者说明用餐情况，请求理解。

(3)导游应提前联系用餐饭店，说明推迟用餐的原因，请求谅解。

(4)通过了解饭店情况和饭店当天用餐的情况(能容纳的旅游者数量、团队数、团队人数、用餐预订比较集中的时段)，来确定推迟时间，选择团队人数少的时间，安排旅游者用餐。

(5)向饭店说明旅游者的籍贯、用餐口味等。

二、与司机的合作

某团队旅游车开往苏州同里旅游，导游第一次去同里，司机师傅由于疏忽，在岔道口开错了方向，开出几十公里后发现走错了路。请问，导游应该如何解决此事？

案例评析

在旅游团队中，每个工作人员都有自己的职责，导游的职责几乎涵盖旅游团队工作的全部。出现走错道路的现象，导游有一部分责任，但最重要的责任在于司机。而对于团队而言，如果知道司机走错了路，也许会发生情绪上的骚动，会有旅游者抱怨，责怪导游、责怪司机，甚至要求赔偿。这时候导游的职责就是稳定旅游者的情绪和司机的情绪，使团队旅游能够顺利进行。

解决方式主要如下：

首先，导游可以示意司机是否可以寻找其他的路通往同里，避免走回头路；如若没有(同里为水乡城市，无其他路)，只能旅游车调头。其次，导游安抚旅游者，购买小礼品或者加菜等方式作为补偿；同时好言安抚司机，提醒不要着急，注意行车安全。最后，到达景点后，在不降低游览质量的前提下，加快游览的速度，以免影响后面的行程。

三、景区丢失旅游者

在景区游览，虽然导游会通知旅游者集合的地点和时间，但总会出现旅游者迟到或者是走失的现象，需要导游等候或者寻找。导游应如何寻找旅游者？

案例评析

在旅游过程中迟到现象比较普遍，旅游者会因为一些个人原因，无法按时到达指定集合地点。对于团队旅游，旅游者互相认识，迟到大家还会体谅；对于散客旅游，旅游者之间只有短暂的接触，一个人的迟到会影响整个团队下面的行程安排，会使其他旅游者产生烦躁情绪和抱怨，而旅游者总是把责任都推给导游，催促导游迅速解决。在这样的情况下，导游对于何时能够找到旅游者，无法预知。为了使旅游活动顺利进行，导游必须想方设法，借助一切有用的人，尽快寻找到旅游者。

地陪可以先询问旅游者中有谁在何时何地看见过迟到的旅游者，比较见证者的时间和地点；询问全陪有没有该旅游者的联系电话，通过电话寻找。如果景区比较小，地陪可以自己去找，或者请全陪一起协助寻找；如果景区比较大，可以通过景区小广播进行寻找，指明走失旅游者的姓名、来自何地的旅游者、组团旅行社名称等，告知旅游者集合。

四、导游集体的合作

"十一"黄金周期间，上海一旅行社组织团队去北京旅游，小王是全陪，北京某旅行社吴某担任地陪。团队在北京游览两天，第一天至北京，原定晚上六点入住A宾馆，但由于房源紧张，地陪吴某事先电话确认房间时，被告知房间已经全部卖出，宾馆愿意按照协定两倍价格赔偿给旅行社。地陪、全陪、司机等导游服务集体该如何解决此事？

案例评析

在"十一"期间，旅行社会预订宾馆的客房，并签订协议来约束宾馆。但是宾馆卖给旅行社的客房一般都是超低价，而卖给一般散客的价格可以高出和旅行社所约定价格的几倍。"十一"期间人多房少，在利益的驱动下，一些不讲信用的宾馆会违反协议，不惜赔偿双倍房价，将客房高价卖给其他散客，损害旅行社的利益。而旅行社在黄金周期间，一般都会有一定的紧急预防措施，但是会出现紧急备用客房标准与客人签订的协议不符，离市区比较远，交通不方便等情况。

导游在"十一"期间上团都必须具备一定的心理承受能力，具备处理突发事件的能力，相互配合，控制好旅游者的情绪，做好他们的心理工作，尽快解决问题。切忌互相埋怨，互相拆台，应把解决客人住宿放在首位，等事情解决后再追究相应的赔偿责任。

地陪：应告知地接旅行社，让旅行社解决和宾馆的纠纷，另外以最快时间另找宾馆，解决客人住宿问题；告知全陪，请求他给予配合；协同全陪，稳定客人的情绪，避免客人焦躁，说明“十一”期间的特殊原因，发生事情的缘由，表示道歉，尽量得到客人的理解；告知客人，旅行社正在全力解决事情，让旅游者对旅行社有充分的信心；带领旅游者用餐，加餐，并安排适当的晚间活动；得到旅行社处理事情结果后，尽快安排住宿；主动和入住宾馆联系，告知入住时间，确认人数、房间数；如入住宾馆档次比预先约定的高，不得收取差价；如入住宾馆档次比预先合同协议的低，应说明原因，根据《旅行社质量保证金赔偿试行标准》规定予以赔偿。

全陪：应尽力配合地陪，向旅游者说明事情发生的原因；主动配合地陪，稳定旅游者的情绪；上报组团旅行社，关注此事发展；督促地陪，做好旅游者晚间活动的安排；陪同旅游者进行晚间活动；配合地陪入住备用的宾馆，处理入住的宾馆档次带来的赔偿问题及其他善后工作。

司机：协同导游安排晚间旅游者的活动；晚间注意行车安全。

地接旅行社计调：及时联系其他宾馆，安排好旅游者住宿；及时把具体安排通知地陪；向组团旅行社说明情况和具体的解决方式；最早时间告知组团社和全陪解决结果；如果旅游者情绪较大，在必要的情况下，经理应出面代表旅行社道歉，处理事情。

宾馆：提前准备好房间钥匙，检查房间设施，防止入住后发生问题；大堂准备欢迎牌，迎接客人；主动联系地陪，确认房间数；派专人配合导游安排旅游者入住。

任务四　导游与游客的沟通能力

实训目标

（一）能力目标

通过本项目实训，使学生在了解与游客沟通的原则、内容的基础上，掌握获得旅游者相关信息的主要渠道、与旅游者交往和友好相处的基本方法以及旅游者的心理及心理对策，能够通过基本信息判断旅游者的特征，学会在导游服务中充分尊重游客，能够在游览过程中对游客的消极情绪进行有效的引导。

（二）职业素养目标

通过本项目实训，使学生认识到与游客的沟通是导游人员完成带团任务的有效保证；培养学生养成关心游客，为游客提供有效的、有针对性的服务的良好习惯。

实训内容

与游客的沟通是导游人员与游客建立友情关系的重要途径，是完成带团任务的有效保证。导游人员要想有效地、有针对性地向游客提供导游服务，就必须懂交际，善观察，关心人，尊重人，照顾人，多给游客情感上的关怀，让游客获得身心上的全方位满足。

（一）沟通的原则

1. 及时主动的原则

游客对导游员的接待服务有意见，一般有两种情况：一是游客对目的地的情况或者对旅行社的运行程序不太了解，对导游人员的安排产生了误解；二是确实由于导游人员工作中的某些失误，致使游客不能谅解。无论属于哪一种，导游人员都应及时地与游客去沟通，以消除误会，得到谅解。如果不能及时地与游客沟通，游客的不满情绪就会越积越深，最后导致旅游活动不能顺利进行，甚至会出现游客与导游员的公开对抗，使局面难以收拾。

2. 真诚友善的原则

在旅游中，游客对导游人员的心态非常微妙，常常表现出既依赖又防范、既相信又怀疑的复杂心理，尤其是国内游客，体现得更为突出。基于这种情况，导游人员与游客的沟通，必须是真诚友善的。在沟通中，表现出导游人员的友善的目的和诚恳的用心，以消除游客的戒备心理，增强对导游人员的信赖程度。

3. 实事求是的原则

在旅游过程中，游客最不能容忍的就是导游人员的谎言。只要有一次被游客察觉，以后导游人员再说什么，即使都是真实的，游客也不会再相信了。与游客的沟通，诚实是最基本的前提，也是最有效的秘诀。在旅游中，常常会出现一些令人意想不到的情况，这就需要导游人员及时地与游客沟通，实事求是地介绍情况，客观地分析问题，既不夸大事态也不隐瞒实情，积极与游客协商解决问题的办法，争取游客的理解和支持。

4. 谦逊礼让的原则

谦逊礼让是指导游人员与游客沟通时，要尊重对方，给予对方更多的发表意见、倾吐看法、表达思想的机会，并且不时地在某些专业知识上向游客虚心请教。面对各类旅游者，导游人员一定要有清醒的认识，我们的知识比起游客来差得太多。因此，在与游客沟通中，要时刻保持谦逊的姿态，真诚地向游客请教。只有谦虚地、礼让地与游客交谈，才能真正达到沟通的目的，从而使游客也愿意和你交朋友，并且支持你的工作。

(二)沟通的内容

1. 信息的沟通

信息的沟通包括两个方面：一是服务的必要信息。主要指旅游过程中，将每天的活动安排、集合时间、参观游览注意事项、当地的民俗习惯、各种提醒内容提前告诉游客，以保障旅游活动的顺利进行。二是动态信息。主要是指发生在旅游过程中的变化信息。例如，路况变化而发生堵塞、绕道、延误的情况，天气变化而引起的修改行程、改变路线及取消项目的需要，时间变化而需要相应调整活动顺序的情况……这些内容，都要及时与游客沟通，说明情况，征求意见，协商解决，以达成共识。

2. 认识的沟通

游客与导游员在旅游活动中，分别扮演不同的角色，因而在一些问题的认识上必然会有分歧。当一些认识的分歧影响旅游活动的正常进行时，就有必要通过沟通来解决问题。导游人员应耐心地与游客交换意见，说明当地的特殊情况和行程安排的理由。这种认识上的沟通，应在平等的基础上进行，旨在交换意见，增进了解，统一认识，共同完成游览活动。导游人员切不可强加于人，也不能以游客不了解当地情况为由而居高临下。

3. 情感的沟通

情感沟通，是指导游人员与游客之间进行情感交流、突破单纯的商品交换的关系而建立一种友情关系的过程。只有在情感融合的前提下，才能使导游人员与游客相互理解，彼此关心，共同努力，圆满地完成游览活动。导游人员与游客的情感沟通，关键是要尊重游客。首先，接近游客。其次，要努力地记住游客的姓名。最后，要多关心游客，把情感服务贯穿始终。

(三)调节游客的情绪

1. 注意组织、引导、教育、说服游客

(1)组织游客。

● 主动调节游客身体能量的变化。乘旅游车观光旅行时，导游人员需考虑的一个重要问题是，昏昏欲睡的游客的情绪如何调动起来？可采取的办法有：非经常性地拍照和上厕所；午饭后安排游客购物；在车上尽量讲解令游客普遍感兴趣的内容，避免讲解过分沉重、过分严肃的话题。

● 旅途长、景色单调时对游客情绪的调节。旅游途中如景色单调、乏味或气候恶劣时，导游人员应适当安排一些娱乐活动，否则游客很容易感到无聊。唱歌一般很受欢迎，但要唱大多数旅游团成员都熟悉的歌。唱歌的时间一般不超过半小时，

遇休息、就餐或中途停车时就结束。

(2)引导教育游客。只有在游客的合作下,旅游活动才能顺利地进行并达到预期的良好效果。导游人员应力争与游客建立伙伴关系。导游人员在导游服务时要善于引导游客,如一些重要的地方为什么不许拍照、不能使用喊话器,要讲明原因,这样才会得到游客的理解和配合。

(3)说服游客的方法。

- 说服前就必须作出决定。
- 说服的形式必须使游客感兴趣。
- 说服的论据必须令游客信服。
- 导游人员的建议应放在最后。

(4)与游客交谈的科学程序。当导游人员有时间与游客进行简短交谈时,谈话的内容一般只涉及一个问题,同时应谈得具体、简洁。导游人员和游客的谈话程序应该是:友好地问候,询问一件事或接过一个题目谈起来,把话题缩小到最关键的一点上,尽可能谈完一个具体的问题,友好地告别。

2. 注意游客在旅游活动过程中阶段性的心理变化

(1)初期:求安全心理,求新、求异心理。游客初到一地,导游人员应多组织些轻松愉快的参观游览活动,对游客提出的在导游人员看来似乎是幼稚可笑的问题也应认真地回答,以满足游客求新、求异的心理需求。

(2)个性表露阶段:懒散心理,求全心理。随着旅游活动的进展和接触的增多,旅游团成员间、游客与导游人员间越来越熟悉,游客开始感到轻松愉快,并开始暴露出懒散心理,求全心理。导游人员在这一阶段的工作最为艰巨,最容易出差错。因此,导游人员的精力必须高度集中,任何事都不能掉以轻心,应全力以赴,使旅游活动顺利进行,让旅游者获得最大满足。

(3)后期:忙于个人事务。旅游活动后期,游客要买称心如意的旅游纪念品,还要考虑行李是否超重等,希望有更多的时间处理个人事务。在这一阶段,导游人员应给游客留出充分的时间处理自己的事务,必要时做一些弥补和补救工作,使前一段时间游客未能得到满足的个别要求得到满足。

从以上可看出,导游人员对不同阶段游客服务的重点是不一样的。无论哪一阶段,导游人员都应做个有心人,在带团旅游中勤于观察,敏于思考,善于沟通,随时了解游客的心理状态,有的放矢地提供服务,力求获得最佳的服务效果。

3. 通过言行了解游客的心理及性格

(1)活泼型的游客。这类游客爱交际,喜讲话,乐于助人,好出点子,善于表现,喜欢多变的游览项目。导游人员应扬其长,避其短,既乐于与之交朋友,把他们作为合作伙伴,又要避免与他们过多交往,以免引起其他游客的误会或不满。既要多征求他们的意见和建议,又要注意不能任其左右旅游活动,打乱旅游行程计划,可以适当地请他们帮助活跃旅游生活气氛,协助照顾年老体弱者等。活泼型游客往往能够影响旅游团的其他人,导游人员应注意与之搞好关系,并在适当时机和场合表扬他们并表示感谢。

(2)稳重型游客。这类游客性格稳重,自尊心强,不轻易表态,一旦发表见解,希望他人尊重。这类游客容易交往,但他们不主动与人交往,不愿麻烦他人。游览时喜欢仔细观赏,购物时爱挑选比较。导游人员应尊重这类游客,主动多接近他们,尽量满足其合理而可能满足的要求。与之交往应客气、诚恳,语速慢,声调低,平心静气。认真对待和处理其意见和建议,争取他们的支持与配合。

(3)急躁型游客。这类游客性急好动,多争强好胜,情绪不稳定,易冲动,多遗忘,喜欢离群活动,且个性固执,较难交往和沟通,但一诺千金,多信守诺言。导游人员应以柔克刚,在他们冲动时要不计较、冷处理,采取事后商量往往可取得较好效果。要对他们更多微笑、关心,服务时热情周到,随时提醒其注意安全、不要脱离集体活动。

(4)忧郁型游客。这类游客多表现为身体弱,易失眠,忧郁孤独,少言语,重感情,多离群索居,不易交往和沟通。导游人员对其要格外小心,多做少问,尊重其隐私和情感,多亲近他们,关心体贴他们,但不宜过分表示亲热,应保持适度距离。要多找些愉快的话题与之交谈,但不能高声说笑,更不能与其开玩笑。

上述四种典型性格的游客,以活泼型和稳重型居多。在实际生活中,大多数游客往往是以一种性格为主,兼有其他类型性格的复合型性格特征,且往往在特定的环境中会发生变化,有时会有复杂的特殊的表现。因此,导游人员在向游客提供服务时,要因人、因时、因地而宜,随时留意游客的言行和情绪变化,及时调整沟通,为他们提供超常、有效、针对性强、周到细致的导游服务。

4. 消除游客消极情绪的方法

(1)补偿法。

• 物质补偿法。在住房、餐饮、游览项目等方面若有不符合旅游合同规定的情况。应对游客予以补偿,而且替代物一般应高于原来的标准。

• 精神补偿法。因某种原因无法满足游客的合理要求而导致游客不满时,导游人员应实事求是地说明困难,诚恳地道歉,以求得游客的谅解;也可先让游客将不满情绪发泄出来,待气消后导游人员再设法向游客解释。

(2)转移注意法。

导游人员要有意识地调节游客的注意力,使游客的注意力从一个对象转移到另一个对象上。当旅游团内出现消极现象时,导游人员就应设法用新的、有趣的活动,或用幽默、风趣的语言和诱人的故事吸引游客,从而转移游客的注意力,忘掉或暂时忘掉不愉快的事,恢复愉快的心情。

(3)分析法。

将造成游客消极情绪的原委向游客讲清楚,并一分为二地分析事物的两面性。对因某些特殊要求得不到满足而情绪不佳的游客,导游人员要从“合理”和“可能”两方面加以分析。导游人员采用分析法往往是不得已而为之,不能滥用。

(四)提供个性化服务

个性化服务,是导游人员在做好旅行社接待计划要求的各项规范化服务的同时,针对游客的个别要求而提供的服务。导游人员在做好旅游合同规定的导游服务的同时,对游客的特殊需求要给予特别关照,这样会使游客感觉备受优待,增强对旅游活动的信心,从心里感到满足。

个性化服务虽然只是针对个别游客的个别需求,有时甚至是游客旅途中的一些生活小事,但是导游人员做好这类小事往往会起到事半功倍的效果,从而使游客对导游人员产生信任并尊重。提供个性化服务的关键,在于导游人员心中是否有游客。“细微之处见真诚”,“莫因善小而不为”,应是导游人员的箴言。

1.劝服的语言方式

(1)诱导式劝服。是指通过有意识、有步骤的引导,澄清事实,讲清利弊得失,循循善诱,使游客逐渐信服。导游人员一是要态度诚恳,使游客感到导游人员是站在游客的立场上帮助他们考虑问题;二是要善于引导,巧妙地使用语言分析利弊得失,使游客感到上策不行取其次也是好的选择。

(2)迂回式劝服。是指对游客不进行正面、直接的说服,而采用间接或旁敲侧击的方式进行劝说,即通常所说的“兜圈子”。这种劝服方式的优点是不伤害游客的自尊心,而又使游客较易接受。

(3)暗示式劝服。是指导游人员不明确表示自己的意思,而采用含蓄的语言或示意的举动使人领悟的劝说。劝服的方式要因人而异、因事而异,要根据游客的不同性格、不同心理或事情的性质和程度,分别采用不同的方法。

2.提醒的语言方式

(1)敬语式提醒。是导游人员使用恭敬的词语,对游客直接进行的提醒方式,如“请”、“对不起”等。导游人员在对游客的某些行为进行提醒时,应多使用敬语,这样会使游客易于接受。如“请大家安静一下”、“对不起,您又迟到了”。这样的提醒,比“喂,你们安静一下”、“以后不能再迟到了”的命令式提醒的效果要好得多。

(2)协商式提醒。是导游人员以商量的口气间接地对游客进行提醒的方式,以取得游客的认同。协商将导游人员与游客置于平等的位置上,导游人员主动同游客进行协商，是对游客尊重的表现。一般说来，在协商的情况下，游客是会主动配合的。如某游客在游览中常离团独自活动，导游人员很关切地询问他："××先生，我不知道在游览中您对哪些方面比较感兴趣，您能否告诉我，好在以后的导游讲解中予以结合。"

(3)幽默式提醒。是导游人员用有趣、诙谐而意味深长的词语对游客进行的提醒方式。导游人员运用幽默的语言进行提醒，既可使游客获得精神上的快感，又可使游客在欢愉的气氛中受到启示或警觉。如导游人员在带领游客游览长城时，提醒游客注意安全并按时返回时说："长城地势陡峭，大家注意防止摔倒。另外，也不要头也不回一股脑儿地往前走，一直走下去就是丝绸之路了，有人走了两年才走到，特别辛苦。"

3. 回绝的语言方式

(1)柔和式回绝。是导游人员采用温和的语言进行推托的回绝方式。采取这种方式回绝游客的要求，不会使游客感到太失望。

(2)迂回式回绝。是指导游人员对游客的发问或要求不正面表示意见，而是绕过问题从侧面予以回应或回绝。

(3)引申式回绝。是导游人员根据游客话语中的某些词语加以引申而产生新意的回绝方式。

(4)诱导式回绝。是指导游人员针对游客提出的问题进行逐层剖析，引导游客对自己的问题进行自我否定的回应方式。

总之，导游人员无论用哪种回绝方式，其关键都在于尽量减少游客的不快。导游人员应根据游客的情况、问题的性质、要求的合理与否，分别采用不同的回绝方式和语言表达技巧。

4. 道歉的语言方式

(1)微笑式道歉。是指导游人员运用体态情感传递情意，以求得游客谅解的道歉方式。微笑是一种润滑剂，不仅可以向游客传递歉意信息，而且对导游人员和游客之间产生的紧张气氛也能起缓和作用。

(2)迂回式道歉。是指导游人员在不便于直接、公开地向游客致歉时，而采用其他的方式求得游客谅解的道歉方式。

(3)自责式道歉。是指导游人员以自责方式向游客表示歉意并对游客抚慰的道歉方式。由于旅游供给方的过错，使游客的利益受到较大损害而引起强烈不满时，即使代人受过，导游人员也要勇于自责，以缓和游客的不满情绪。

无论采用何种道歉方式，道歉首先必须是诚恳的；其次，必须是及时的，即知错必改；最后，道歉要把握好分寸，不能因为游客某些不快就道歉。

▶ 操作步骤

(一)实训准备

(1)提前一周准备、查询相关案例资料。

(2)进行分组,认真按照计划做好准备。

(二)实训开始

学习认知导游与游客的沟通能力的相关内容要求。根据教师讲解的操作要点,分组展开讨论。可根据案例材料进行分组,进行讨论后每组推选2~3名代表主发言,其他学员在自由讨论阶段作补充发言。

1.沟通的原则

(1)及时主动的原则。

(2)真诚友善的原则。

(3)实事求是的原则。

(4)谦逊礼让的原则。

2.沟通的内容

(1)信息的沟通。

(2)认识的沟通。

(3)情感的沟通。

3.调节游客的情绪

(1)注意组织、引导、教育、说服游客。

(2)注意游客在旅游活动过程中阶段性的心理变化。

(3)通过言行了解游客的心理及性格。

(4)消除游客消极情绪的方法:补偿法、转移注意法和分析法。

4.提供个性化服务

(1)劝服的语言方式:诱导式劝服、迂回式劝服、暗示式劝服。

(2)提醒的语言方式:敬语式提醒、协商式提醒、幽默式提醒。

(3)回绝的语言方式:柔和式回绝、迂回式回绝、引申式回绝、诱导式回绝。

(4)道歉的语言方式:微笑式道歉、迂回式道歉、自责式道歉。

(三)实训结束

(1)学生互评、师生互评。

(2)汇总实训成绩。

实训评价

任务评价表

班级：________　　　　姓名：________　　　　考核时间：________

评价项目与内容			小组评价	教师评价	行业评价
课前准备(20 分)	下发相关计划				
	分组准备资料				
程序完整(40 分)	沟通的原则				
	沟通的内容				
	调节游客的情绪				
	提供个性化服务	劝服的语言方式			
		提醒的语言方式			
		回绝的语言方式			
		道歉的语言方式			
规范服务(10 分)	熟知并能正确运用导游服务标准				
应变能力(10 分)	遇事情绪稳定、思维敏捷、考虑问题周到，能够及时妥善处理突发事件和特殊问题				
职业素养(20 分)	认识到与游客的沟通是导游人员完成带团任务的有效保证；导游上团时，最重要的任务就是与旅游者友好相处，让旅游者带着快乐的心情进行旅游活动；关心游客，为游客提供有效的、有针对性的服务				
总成绩					

自主练习

(一)填写本项目实训总结

(二)案例分析

某团队入住饭店后,导游小王突然接到旅游者的投诉,说房内洗浴设施坏了,只有冷水,无热水,洗澡受凉,要求导游为其更换房间,并赔偿健康和精神损失。

请你对此案例进行评析。

(三)思考题

(1)导游员与游客沟通的原则是什么?

(2)导游员对游客在旅游活动各阶段不同心理变化应相应采取的措施是什么?

(3)如何调整游客的情绪?

(4)试述道歉的语言方式。

补充资料

一、劝服方式案例

诱导式劝服:某旅游团原计划自太原飞往西安,因未订上机票只能改乘火车,游客对此意见很大。这时导游人员首先要十分诚恳地向游客致歉,然后耐心地向游客说明原委并分析利弊。导游人员说:"没有订上机票延误了大家的旅游行程,我很抱歉,对于大家急于赴西安的心情我很理解。但是,如果乘飞机去西安还得等两天以后,这样你们在西安只能停留一天,甚至一天还不到;如果今晚乘火车明早到达,大家可在西安停留两天,可以游览西安的一些主要景点。另外,大家一路旅途都非常辛苦,乘火车一方面可以观赏沿途的自然风光,另一方面也可以得到较好的休息。"导游人员的这席话使游客激动的情绪开始平静了下来,一些游客表示愿乘火车,另一些游客在这些游客的影响下也表示认可。

迂回式劝服:某旅游团有一位游客常常在游览中喜欢离团独自活动,出于安全考虑和旅游团活动的整体性,导游人员走过去对他说:"××先生,大家现在游览休息一会儿,很希望您过来给大家讲讲您在这个景点游览中的新发现,作为我导游讲解的补充。"这位游客听了会心一笑,自动地赶了过来。在这里,导游人员没有直接叫该游客过来,因为那样多少带有命令的口气,而是采用间接的、含蓄的方式,用巧妙的语言使游客领悟到导游人员话中的含义,游客的自尊心也没有受到伤害。

暗示式劝服:有一位游客在旅游车内抽烟,使得车内空气混浊。导游人员不便当着其他游客的面扫这位游客的面子,但当这位游客面向导游人员又欲抽烟时,导游人员向他摇了摇头(或捂着鼻子轻轻咳嗽两声),使游客熄灭了香烟。这里导游人员运用了副语言——摇头、捂鼻子咳嗽,暗示在车内"请勿吸烟",使游客自觉遵守规定。

二、回绝方式案例

柔和式回绝:某领队向导游人员提出是否可把日程安排得紧一些,以便增加一两个旅游项目。导游人员明知道这是计划外的要求不可能予以满足,于是采取了委婉的拒绝方式,"您的意见很好,大家希望在有限的时间内多看看的心情我也理解,如果有时间能安排的话我会尽力的。"这位导游人员没有明确回绝领队的要求,而是借助时间有限的客观原因,采用模糊的语言暗示了拒绝之意。又如,一位美国游客邀请某导游人员到其公司里去工作,这位导游人员回答说:"谢谢您的一片好意,我还没有这种思想准备,也许我的根扎在中国的土地上太深了,一时拔不出来啊!"这位导游人员也未明确表示同意与否,然而却委婉地谢绝了游客的提议。上述这类回绝在方式上是柔和的、谦恭的,采用的是拖延策略,往往可以取得比较好的效果。

引申式回绝:某游客在离别之前把吃剩的半瓶药送给导游人员并说:"这种药很贵重,对治疗我的病很管用,现在送给你作个纪念。"导游人员谢绝道:"既然这种药很贵重,又对您很管用,送给我这没病的人太可惜了,还是您自己带回去慢慢用更好。"这里导游人员利用客人的话语进行的引申十分自然,既维护了自己的尊严,又达到了拒绝的目的。

三、道歉方式案例

微笑式道歉:某导游人员回答游客关于长城的提问时,将长城说成建于秦朝,其他游客纠正后,导游人员觉察到这样简单地回答是错误的,于是对这位游客抱歉地一笑,使游客不再计较了。

迂回式道歉:某导游人员在导游服务中过多地接触和关照部分游客,引起了另一些游客的不悦,导游人员觉察后,便主动地多接触这些游客,并给予关照和帮助,逐渐使这部分游客冰释前嫌。在这里,导游人员运用体态语言表示了歉意。又如,某旅游团就下榻饭店早餐的品种单调问题向导游人员表示了不满,提出要换住其他饭店。导游人员经与该饭店协商后,增加了早餐的品种,得到了游客的谅解。

导游人员除了采用迂回道歉方式改进导游服务外,还可请示旅行社或同相关接待单位协商后,采用向游客赠送纪念品、加菜或免费提供其他服务项目等方式向游客道歉。

自责式道歉:由于旅游供给方的过错,使游客的利益受到较大损害而引起强烈不满时，即使代人受过，导游人员也要勇于自责，以缓和游客的不满情绪。如某导游人员接待了一个外国旅游团。该团从北京至西安，19:00入住饭店后发现团长夫人的一只行李箱没有了，团长夫人非常着急。至次日零时，该件行李还未找到，所有团员均未睡觉，都在静静地等着。在这种情况下，陪同的导游人员一面劝游客早点休息，一面自责地对团长和团长夫人说："十分对不起，这件事发生在我们国家是一件很不光彩的事，对此我心里也很不安，不过，还是请您早点休息，我们当地的工作人员还在继续寻找，我们一定会尽力的。"不管这位团长夫人的行李最终是否找到，但导游人员的这种勇于自责的道歉，一方面体现了导游人员帮助客人解决问题的诚意，另一方面也是对客人的一种慰藉。

四、游客心理服务案例

某游览杭州的团队，旅游者都是某饭店大厨，游览任何景区都没有兴趣，如果你是导游该如何进行心理服务。

案例评析

案例中是一个特殊的团队，旅游者的职业比较特殊，因此导游应抓住旅游者的心理，从他们感兴趣的地方入手，介绍杭州的菜肴。

旅游者都是大厨，喜欢吃也喜欢做菜。导游的讲解应该围绕杭州的名菜东坡肉、西湖醋鱼，介绍杭州有名的饭店，例如楼上楼，讲述有关的故事。推荐好的饭店，让他们用餐。适当地请教他们做菜的方法，让旅游者有成就感。

五、调节游客情绪的案例

某旅游团队早晨7点从苏州出发前往杭州，行驶到杭州绕城高速公路上发生了严重的堵车现象，旅游者在车内等待40多分钟后，觉得影响了他们游览的时间，向导游发牢骚。

案例评析

堵车是不可预知的交通问题，在旅游旺季经常会发生，属于不可抗力，与旅行社、导游、司机无关，但是堵车确实影响了旅游者的游览行程，会缩短旅游者游览景区的时间，影响旅游者情绪，降低游览质量，容易让旅游者觉得导游在"赶鸭子"，在走马观花，因此导游应更为细致地安排游程。另外，虽然旅游者能够理解堵车现象，但是在团队中要控制旅游者情绪，掌握情绪波动较大的旅游者，以安抚为主。

导游应认真聆听旅游者的投诉，找到旅游者情绪激动的原因。尽快弄清堵车的原因，了解堵车需要的时间，向旅游者解释清楚，说明状况。用讲解词、笑话、小故事、适当的活动转移旅游者的注意力，安抚旅游者的情绪。请教司机师傅能否另寻其他道路，灵活行驶，尽量避开堵车路段，但须注意安全第一，不可让司机违章行驶。合理安排景区旅游时间，不可让旅游者有草草游览的感觉。在用餐或者其他方面进行适当的物质补偿。

任务五 认知旅行社

《导游服务质量》指出:旅行社(travel service)是"依法设立并具有法人资格,从事招徕、接待旅行者,组织旅游活动,实行独立核算的企业"。

实训目标

(一)能力目标

通过本项目实训,使学生在了解旅行社部门设置、岗位职责及旅行社产品等内容的基础上,从感性上对自己将来将要工作的环境有一个全面的认识和整体的把握,培养学生的认知能力、比较分析能力及良好的思维习惯。

(二)职业素养目标

通过本项目实训,使学生认识到旅行社是一个团结、协作的集体;作为一名导游要想做好本职工作需要旅行社内部相关部门的协调与合作,从思想上端正对导游服务工作的认识。

实训内容

(一)我国旅行社的类型

根据《旅行社条例》,我国的旅行社按业务范围分为两类:经营国内旅游业务、入境旅游业务和出境旅游业务的旅行社,经营国内旅游业务和入境旅游业务的旅行社。

根据投资主体的不同可以将旅行社分为:内资旅行社和外商投资旅行社。其中外商投资旅行社包括中外合资经营旅行社、中外合作经营旅行社和外商独资旅行社。

(二)旅行社的产品

旅行社产品是旅行社为了满足旅游者在旅游过程中的需要而向旅游者提供的各种商品和有偿服务的概称。旅行社产品是一种特殊的产品,对消费者而言,仅仅是一种"感受"、一种"经历"、一种"经验"。

旅行社产品形态是多种多样的,旅行社企业经营的产品可以采取不同的标准进行不同的分类:按照旅游者的组织形式可以分为团体旅游和散客旅游;按照产品包含的内容可以分为全包价旅游、部分包价旅游(或半包价旅游)和单项委托旅游服务;按照产品的档次可以分为豪华旅游、标准等旅游和经济等旅游;按照旅游的目的可以分为商务旅游、休闲旅游、探亲访友和专项旅游(奖励、会议、修学、文化、考察、生态、宗教、康复、新婚、购物、探险、体育、特殊兴趣等)。

(三)旅行社的主要部门及岗位

1. 接待业务的中枢——计调

(1)计调与计调部。计调就是计划与调度的结合称谓,是在旅行社内部专职为旅游团(散客)的运行安排接待计划、统计与之相关的信息,承担与接待相关的旅游服务采购和有关业务调度工作的一种职位类别。在从事国际旅游业务的旅行社中通常又称为 OP(Operator),意为"操作者"。计调人员所属部门为计调部,或称作业部等。计调是旅行社接待业务开展的核心。

(2)计调岗位职责。由于各旅行社的职能、规模和管理方式不同,旅行社计调部的岗位职责也有较大的差异。一般包括信息资料、计划统计、对外联络、订票业务、订房业务、内勤业务和调度变更等。

(3)计调种类。从业务范畴看,计调人员分为组团类计调、接待类计调、批发类计调和专项类计调等四种,而这四种计调又可分别细分为几个类别。

(4)计调岗位基本技能。

- 常用工具:地图、交通时刻查询表、计算器、常用办公软件、办公设备。
- 必知的交通常识:铁路交通常识、公路交通常识、航空交通常识。
- 世界旅游组织(WTO)的团号规范。
- 出境计调签证常识。
- 标准团餐的选择和拟定。
- 处理突发事件及投诉的步骤与技巧。
- 接、送游客过程中可能遇到的事故及突发事件的应对。

2. 企业经营的核心——销售

(1)销售与销售部。旅行社销售,是指旅行社人员通过了解和掌握市场的需求动向,在利用信息的基础上,开发、设计旅游线路,促销旅游产品,将产品销售给旅游中间商或旅游消费者,从而实现企业经营目标的活动。旅行社销售人员所属部门为销售部,或称外联部等。销售部是我国旅行社中设置的一个最重要的经营部门,主要担负旅行社的生产和销售任务,是旅行社最重要、最直接的赢利部门。

(2)销售岗位主要职责。

- 提供信息。

•设计产品。

•销售产品。

(3)销售岗位基本技能。

•旅行社产品设计技能。

•旅行社产品促销技能。

•旅行社产品销售技能。

3.旅行社形象代表——门市接待

(1)门市接待与门市部。旅行社门市接待,是指在旅行社设立的不具备独立法人资格的服务网点中,为设立社招徕游客并提供旅游咨询、宣传、接待、销售旅游产品等服务的工作人员。

(2)门市接待的功能。旅行社门市最主要的功能有两个:一个是设计并提供好的产品,另一个是提供人性化的服务。所谓"人性化",即以人为本,处处从顾客的需求出发,一切为顾客着想,并且以具体的行动落实在各个服务过程中——提供合适的产品,提供优质的服务。

(3)门市接待主要业务。

•旅游咨询。

•旅游产品宣传。

•接待服务。

•旅游产品销售。

(4)门市接待岗位基本技能。

•门市接待人员礼仪。

•门市销售促成技巧:包括门市商谈的关键要素、智慧地处理销售价格问题、灵活地运用促成交易技巧、运用门市电话销售技巧。

•引导顾客购买技能。

4.民间外交家——导游

(1)导游与接待部。导游人员,是指依照《导游人员管理条例》的规定取得导游证,接受旅行社委派,为旅游者提供向导、讲解及相关旅游服务的人员。导游人员一般隶属于旅行社的接待部。导游工作是旅游行业最具代表性的工作,而导游则被誉为整个旅游过程的灵魂。导游人员素质的高低直接关系到旅游服务质量、旅游业的整体水平乃至一个国家和地区的整体形象。

(2)导游人员类型划分。导游人员可按其业务范围分为领队、全程陪同导游和地方陪同导游;按职业性质分为专职导游人员、兼职导游人员和职业导游人员;按导游使用的语言分为中文导游人员和外语导游人员两大类;按技术等级分为初级导游人员、中级导游人员、高级导游人员和特级导游人员。

(3)导游人员基本职责。根据旅行社与游客签订的合同或约定,按接待计划组织和安排游客参观、游览。负责向游客导游、讲解,介绍中国(地方)文化和旅游地点的人文、自然和社会情况。配合和督促有关单位安排游客的交通、食宿等,保护游客的人身和财物安全。反映游客的意见和要求,协助安排游客会见、座谈等活动。耐心解答游客的问询,协助处理旅途中遇到的问题。

(4)导游工作流程。

• 地陪工作流程。服务准备,迎接服务,入店服务,核对、商定活动日程,参观游览服务,其他服务,送站服务,后续工作。

• 全陪工作流程。服务准备,全程陪同服务(首站接团服务,进住饭店服务,核对、商定活动日程,各站服务,离站服务,途中服务,抵站服务,末站服务,后续工作)。

• 领队工作流程。服务准备,全程陪同服务,后续工作。

(5)导游岗位主要技能。

• 带团技能。包括自我管理技能、与游客沟通的技能、带团的管理技能、带团的协作技能。

• 语言技能。包括语言表达技能、交际语言技能。

• 讲解技能。包括导游词的创作、讲解艺术、常见讲解方法的运用。

(6)常见突发事件的预防与处理。

• 游客个别要求的处理。

• 问题和事故的预防与处理。

• 带团过程中易发问题的处理。

5. 后勤部

旅行社的后勤部门,是指除安排旅游团的行程、采购等业务作业部门和导游接待部门之外的专门为旅游团提供交通票务、行李接送及相关物质保障服务的部门。

6. 财务部

旅行社的财务部门,是指负责旅行社的财务管理和财务预算、结算的部门。

▶ 操作步骤

(一)实训准备

(1)利用网络,提前一周查询相关旅行社资料。

(2)进行分组,认真做好准备。

(二)实训开始

学习认知旅行社的相关内容要求。

1. 我国旅行社的类型

2. 旅行社的产品

3. 旅行社的主要部门及岗位

(1)接待业务的中枢——计调。

(2)企业经营的核心——销售。

(3)旅行社形象代表——门市接待。

(4)民间外交家——导游。

(5)后勤部。

(6)财务部。

(三)实训结束

(1)学生互评、师生互评。

(2)汇总实训成绩。

实训评价

任务评价表

班级:________　　姓名:________　　考核时间:________

评价项目与内容			小组评价	教师评价	行业评价
课前准备(20 分)	下发相关计划				
	分组准备资料				
程序完整(40 分)	我国旅行社的类型				
	旅行社的产品				
	旅行社的主要部门及岗位	接待业务的中枢——计调			
		企业经营的核心——销售			
		旅行社形象代表——门市接待			
		民间外交家——导游			
		后勤部			
		财务部			
规范服务(10 分)	熟知并能正确运用导游服务标准				

续表

评价项目与内容		小组评价	教师评价	行业评价
应变能力(10分)	遇事情绪稳定、思维敏捷、考虑问题周到,能够及时妥善处理突发事件和特殊问题			
职业素养(20分)	认识到旅行社是一个团结、协作的集体;导游要想做好本职工作需要旅行社内部相关部门的协调与合作,从思想上端正对导游服务工作的认识			
总成绩				

自主练习

(一)填写本项目实训总结

(二)案例分析

浙江海内外商务旅游有限公司董事长刘政奇最感兴趣的是旅游电子商务。“目前,我们制作的介绍中国旅游的外文网站上线的共有5个语言版本,分别是英语、德语、西班牙语、法语和阿拉伯语,而且争取尽早开发出日语和俄语版本,基本上覆盖了世界上主要的语种。”为了让外国游客可以快速浏览网页,刘政奇把网页都挂在了国外的服务器上。他这么做的理由是:2007年浙江入境旅游统计数据显示,通过互联网入境旅游游客人数大幅增加,入境游客的旅游形式也以传统的单纯团队逐步让位于散客、自由行、个性化、家庭性等形式。“在国外,通过互联网预订旅游,已经是非常普遍的旅行方式了。”多年从事入境游的刘政奇早已嗅到了互联网蕴藏的巨大商机。刘政奇打算成立一家公司,专门做旅游电子商务,以期待获得风投的青睐。他还有更远的目标:计划通过3~5年的努力,将公司打造成民族品牌的现代旅游企业,使公司成为杭州旅游业中的“阿里巴巴”。

请你对此案例进行评析。

(三)思考题

(1)我国现阶段旅行社是如何分类的?

(2)旅行社有哪些主要部门?

(3)旅行社有哪些主要岗位?

(4)如果你是一名导游员,应具备哪些技能?

补充资料

一、旅行社为社会提供的是服务产品

服务一般是指提供劳动形式,满足他人某种需要并取得报酬的商业行为。它有两个基本特征:一是服务同样具有使用价值,这种使用价值表现的不是物而是活动;二是服务无论是由人来提供的还是由物提供的,服务产品的交易仅局限于使用权的转移,而不是所有权的让渡。现代社会已越来越离不开服务,服务经济在社会经济生活中占有的比重越来越大。

二、旅行社的设立

申请设立旅行社,经营国内旅游业务和入境旅游业务的,应当具备下列条件:

(1)有固定的经营场所;

(2)有必要的营业设施;

(3)有不少于30万元的注册资本。

旅行社取得经营许可满两年,且未因侵害旅游者合法权益受到行政机关罚款以上处罚的,可以申请经营出境旅游业务。

经营国内旅游业务和入境旅游业务的旅行社,应当存入质量保证金20万元;经营出境旅游业务的旅行社,应当增存质量保证金120万元。旅行社每设立一个经营国内旅游业务和入境旅游业务的分社,应当向其质量保证金账户增存5万元;每设立一个经营出境旅游业务的分社,应当向其质量保证金账户增存30万元。

外商投资旅行社:外商投资旅行社,包括中外合资经营旅行社、中外合作经营旅行社和外资旅行社。外商投资旅行社不得经营中国内地居民出国旅游业务以及赴香港特别行政区、澳门特别行政区和台湾地区旅游的业务,但是国务院决定或者我国签署的自由贸易协定和内地与香港、澳门关于建立更紧密经贸关系的安排另有规定的除外。

三、港澳台旅行社的分类

(一)我国台湾地区旅行社的类型和业务范围

根据我国台湾省《发展观光条例》和《旅行业管理规则》的规定,旅行业(我们所说的旅行社)按业务经营范围的不同分为综合旅行业、甲种旅行业和乙种旅行业三种。

我国台湾省旅行社的类型和业务范围

综合旅行业	• 接受委托代售岛内外海、陆、空运输事业之客票，或代游客购买岛内外客票、托运行李 • 按受游客的委托，代办出入境及签证手续 • 接待岛内外观光游客，并安排旅游、食宿及导游 • 以包办旅游方式自行组团，安排游客岛内外观光旅游、食宿及提供有关服务 • 委托甲种旅行业代理招揽前几款业务 • 委托乙种旅行业代为招揽第四款岛内团体旅游业务 • 代理外国旅行业办理联络、推广、报价等业务 • 其他经主管机关核定与岛内外有关之事项
甲种旅行业	• 接受委托代售岛内外海、陆、空运输事业之客票，或代游客购买岛内外客票、托运行李 • 接受游客的委托，代办出入境及签证手续 • 接待岛内外观光游客并安排旅游、食宿及导游 • 自行组团安排游客出岛观光旅游、食宿及提供有关服务 • 代综合旅行业招揽其第五款之业务 • 其他经主管机关核定与岛内外旅游有关之事项
乙种旅行业	• 接受委托代售岛内海、陆、空运输事业之客票，或代游客购买岛内客票、托运行李 • 接待本岛观光游客岛内旅游、食宿及提供相关服务 • 代综合旅行业招揽其第六款岛内团体旅游业务 • 其他经主管机关核定与岛内旅游有关之事项

（二）我国香港特别行政区旅行社的类型和业务范围

香港特别行政区旅行社按其经营范围划分为如下五类。

香港特别行政区旅行社的类型和业务范围

类　型	服务对象	经营范围
内游旅行社	到港游客	为游客在港或访港后再到他地观光、住宿提供服务
外游旅行社	香港本地居民	安排前往世界各地旅游，提供相关服务，如安排交通、预订酒店等
专门订购机票的旅行社	港内外游客	专门订购国际航班和内陆航班机位
专门代订酒店的旅行社		代订香港本地及世界各地的酒店
兼办旅游贸易（附设贸易部）的旅行社		负责替游客代理与旅行社业务相关的贸易事务

需要说明的是,香港有些旅行社同时包括几种服务,有些大型旅行社甚至具备以上所有的服务范围。

(三)我国澳门特别行政区旅行社的类型和业务范围

根据有关法令,澳门特别行政区旅行社按经营范围及其补充服务的不同划分为旅行暨旅游社、旅游旅行社两类。

澳门特别行政区旅行社的类型和业务范围

类型	经营范围	补充服务
旅行暨旅游社	• 办理普通护照、团体身份或旅游证明、旅游或商务签证,及其他具相同目的的证件 • 取得、出售及预订任何交通工具票,以及托运、保存及中转与顾客旅行有关的行李及货物 • 预订旅馆业场所及同类场所的服务 • 代理外地同类旅行社 • 对逗留在本地的游客提供中转及协助服务 • 计划、组织、落实及出售服务与旅游项目	• 依照有关法令出租车辆 • 预订及出售演出及其他公开表演的入场券 • 在获许可的公司办理旅游风险保险 • 经营旅馆业场所及同类业务 • 派发旅游宣传材料,出售旅游指南、交通手册、时刻表及其他有关旅游的同类出版物
旅游旅行社	• 同旅行暨旅游社第1~4项 • 计划、组织、落实及出售对外服务与旅游项目	仅限于旅行暨旅游社中的第2、3、5项

模块二　迎接服务

任务一　导游接待的内部业务流程

实训目标

(一)能力目标

通过本项目实训,使学生掌握导游接待服务如何与旅行社内部其他部门进行业务衔接,熟知导游接待的内部业务流程和相关手续;学会相关单据、表格的填写和整理,并能妥善处理各种相关问题。

(二)职业素养目标

通过本项目实训,使学生充分认识到旅游团的接待不单单是导游一个人的事情,它需要旅行社内部相关部门的协调与合作,学生必须具备团队合作意识和内部协调能力。

实训内容

旅游团的接待对于一个旅行社来讲,是一种系统而完整的工作,需要旅行社内部相关部门的协调与合作。因此,导游员完成接待服务的过程,也是一个与内部相关部门合作协调的过程。

领队、全陪、地陪服务内容比较

领 队	全 陪	地 陪
认真阅读接待计划等资料，领取并核实游客的出入境证件、分房名单、出入境名单、全程交通票据、赠品等；接团过程中，重大问题须及时请示本社作业部门；下团后，汇报团队情况、反馈意见、报账及归还所借物品等	上团前，认真查阅接待计划及相关资料，了解旅游团的全面情况和各目的地的情况，注意掌握其重点和特点；携带必备的证件和有关资料；接团中，重大问题须及时请示作业部门；下团后，汇报团队情况、反馈意见、报账及归还所借物品等	认真阅读接待计划和有关资料，与旅行社各部门落实、核查、协商旅游团交通、食宿、行李运输等事宜，做好各项准备；接团过程中，重大问题须及时请示作业部门；下团后，汇报团队情况、反馈意见、报账及归还所借物品等

(一)与作业部门的衔接

旅行社的作业部门，是旅行社接待旅游团队的中枢部门。导游人员的接待工作实际上都是依照作业部门的指令而进行的。

1. 接团前

(1)了解有关情况(团队接待计划、团队名单等)。

(2)落实有关事宜。

- 确认在熟悉接待计划时所发现的接待细节问题。
- 落实接待过程中的具体环节。
- 落实为旅游团提供的有关物质准备。

(3)协商有关问题。

(4)落实相关费用。

2. 接团中

导游人员在接团过程中，要注意加强请示汇报，在一些重大问题上，必须及时请示作业部门(作业人)，并在作业部门的指令下进行工作。

(1)调整行程。

(2)调整标准。

(3)突发事件。

3. 送团后

(1)汇报过程。

(2)反馈意见。

- 整个行程的安排是否合理，有哪些应予改善的地方。
- 整个行程中的生活安排与相关接待部门的接待质量，有无调整的必要。

• 游客对此次旅游过程的评价，包括正面的好评与善意的批评。

(3)整理账目。导游人员要将该旅游团的接待费用花销进行认真的整理。现金支付与签单挂账要分别进行整理，填写好旅行社印制的“单团结算单”，在作业部门(作业人)审核登记后，再予报账。

(二)与财务部门的衔接

导游人员与旅行社财务部门的业务衔接，一般主要体现在借款、报账和领取接团补助三个方面。

1. 借款

2. 报账

3. 领取接团补助

(三)与后勤部门的业务衔接

1. 落实交通票据

2. 落实行李事宜

3. 检点物质准备

▶ 操作步骤

(一)实训准备

(1)提前一周准备教师下发的相关计划。

(2)按照全陪、地陪、领队、作业人员、财务人员、后勤人员等岗位进行分组。

(二)实训开始

学习导游接待的内部作业流程，根据教师讲解的操作要点，进行分组实训。

1. 导游与作业部门的衔接

(1)接团前。了解有关情况，落实有关事宜，协商有关问题，落实相关费用。

(2)接团中。导游人员在接团过程中，在一些重大问题上，必须及时请示作业部门(作业人)，在作业部门的指令下进行工作。

(3)送团后。汇报过程，反馈意见，整理账目。

2. 导游与财务部门的衔接

(1)借款。

(2)报账。

(3)领取接团补助。

3. 导游与后勤部门的业务衔接

(1)落实交通票据。

(2)落实行李事宜。

(3)检点物质准备。

(三)实训结束

(1)学生互评、师生互评。

(2)汇总实训成绩。

实训评价

任务评价表

班级：________ 姓名：________ 考核时间：________

评价项目与内容		小组评价	教师评价	行业评价
课前准备(20分)	下发计划准备			
	分组准备			
程序完整(40分)	接团前了解有关情况，落实有关事宜，协商有关问题，落实相关费用			
	接团中重大问题的处理			
	送团后汇报过程，反馈意见，整理账目 导游借款、报账、领取接待补助			
	落实交通票据			
	落实行李事宜			
	检点物质准备			
规范服务(10分)	熟知并能正确运用导游服务标准			
应变能力(10分)	遇事情绪稳定、思维敏捷、考虑问题周到，能够及时妥善处理突发事件和特殊问题			
职业素养(20分)	团队合作意识和内部协调能力强，工作态度热情，符合导游员礼仪礼貌规范			
总成绩				

自主练习

(一)填写本项目实训总结

(二)案例分析

请阅读 SXCITC-100802-CW(HO)团队计划,分析如何与相关部门衔接。

山西××国际旅行社(有限公司)接待计划

团号:SXCITC-100802-CW(HO)

接团标记:诚之旅　　线路:港澳精彩品质5日游　　总人数:13+1　　操作:

组团部门:出境部　　领队:尉××　　手机:136××××××××

第1天	8月2日(周一) 太原/香港 MU5019 (09:00/11:50)			
	早上从太原乘机飞往动感之都——香港。前往迪斯尼乐园:走过睡公主城堡,来到充满20世纪初的美国风情的美国小镇大街,您便会不由自主地放缓步伐,享受一下阵阵烘饼及糖果的香味,欣赏两旁古朴怀旧的建筑物。在妙想天开的幻想世界中,那迷人的故事和永恒的国度,都生动地展现在您的眼前。还可到探险世界里寻幽探秘,在明日世界内探索宇宙的无穷奥秘。任意穿梭时空,融入童话世界之中,充分感受迪斯尼乐园带给你的欢乐,重温儿时的梦想。游览结束,指定时间、地点集合,送往酒店			
	含餐:	晚餐	酒店:	四星或同级
第2天	8月3日(周二) 香港/			
	早餐后游览香港特区回归标志建筑——金紫荆广场、会展中心、回归纪念碑,前往参拜香港香火最旺的庙宇之一——黄大仙庙,每年超过300万善信前往此地参拜,庙宇设计极具中国色彩。专车送至大型免税广场——都会国际免税广场,客人可以自由购物,逛足3个小时,全面感受购物的乐趣。游览星光大道、海滨公园,午餐后前往海洋公园。在这里,你可以看到全世界最大的水族馆、鲨鱼馆,海豚、海狮等动物的精彩表演,免费享用园内各种新奇刺激的游戏。之后前往"天下第一湾"的浅水湾。海滩上建有古典色彩的镇海楼,在晚霞映照下格外耀眼。晚上到太平山顶一览东方之珠璀璨夜景			
	含餐:	早午晚	酒店:	四星或同级
第3天	8月4日(周三) 香港/			
	全天自由活动,您可在香港这个自由的免税港选购琳琅满目的免税商品,充分体验香港购物天堂的无穷魅力			
	含餐:	不含餐	酒店:	四星或同级

续表

第4天	8月5日(周四) 香港/澳门			
	早餐后,乘船前往有着东方“蒙特卡洛”之称的赌城“澳门”,欣赏澳门的标志性建筑物——大三巴牌坊、大炮台,途经澳门的富人区主教山,游览妈祖庙、观望观音像,参观澳门特色的赌场后,入住酒店			
	含餐:	早午晚	酒店:	四星或同级
第5天	8月6日(周五) 澳门/珠海/深圳/太原 MU2364 21:15/00:55+1			
	早餐后,游览融合了世界各地不同的建筑风格及中西文化特色的渔人码头,可随意选购澳门小礼品,经拱北口岸抵达珠海。在渔女献珠留影之后,赴深圳。乘机返太原,旅游圆满结束,抵达温馨的家			
	含餐:	早午	酒店:	

山西××国际旅行社(有限公司)接待安排计划

地区	地接社	联系人	电话	传真	手机
广东	××假期	廖××	0755-255×××××	0755-255×××××	138××××××××
接团	2010年8月2日11:50香港赤鱲角机场接团(太原/香港 MU5019 0900/1150)				
订房	订香港8月2日/3日/4日四星级酒店,澳门8月5日四星酒店双标间7间				
用餐	香港3正2早,澳门2正1早,珠海1正餐				
用车	豪华空调旅游车1部(33座以上,车况良好,空调好,有保险)				
导游	请安排有耐心、有经验、有服务意识的导游接团				
景点	请严格按照行程中所列景点执行(请保证迪斯尼乐园和海洋公园各游览时间3小时以上)				
送团	2010年8月6日19:15送至深圳宝安机场(MU2364 2115/0055+1)				

山西××国际旅行社(有限公司)团队行程表

游客姓名:

出游线路:港澳精彩品质5日游

团号:SXCITC-100802-CW(HO)　　出团日期:2010-08-02

欢迎您参加“诚之旅”旅游团,请您出发前务必仔细阅读行程及随附的“港澳旅游须知”。

请于8月2日07:00在太原武宿机场新航站楼二楼国际出发厅集合。

领队:尉××　　手机:136××××××××

第1天			住:	四星或同级
8月2日	太原/香港 MU5019(09:00/11:50)		餐食:	晚餐
	早上从太原乘机飞往动感之都——香港。前往迪斯尼乐园:走过睡公主城堡,来到充满20世纪初的美国风情的美国小镇大街,您便会不由自主地放缓步伐,享受一下阵阵烘饼及糖果的香味,欣赏两旁古朴怀旧的建筑物。在妙想天开的幻想世界中,那迷人的故事和永恒的国度,都生动地展现在您的眼前。还可到探险世界里寻幽探秘,在明日世界内探索宇宙的无穷奥秘。任意穿梭时空,融入童话世界之中,充分感受迪斯尼乐园带给你的欢乐,重温儿时的梦想。游览结束,指定时间、地点集合,送往酒店			
第2天			住:	四星或同级
8月3日	香港		餐食:	早午晚
	早餐后游览香港特区回归标志建筑——金紫荆广场、会展中心、回归纪念碑,前往参拜香港香火最旺的庙宇之一——黄大仙庙,每年超过300万善信前往此地参拜,庙宇设计极具中国色彩。专车送至大型免税广场——都会国际免税广场,客人可以自由购物,逛足3个小时,全面感受购物的乐趣。游览星光大道、海滨公园,午餐后前往海洋公园。在这里,你可以看到全世界最大的水族馆、鲨鱼馆,海豚、海狮等动物的精彩表演,免费享用园内各种新奇刺激的游戏。之后前往"天下第一湾"的浅水湾。海滩上建有古典色彩的镇海楼,在晚霞映照下格外耀眼。晚上到太平山顶一览东方之珠璀璨夜景			
第3天			住:	四星或同级
8月4日	香港		餐食:	不含餐
	全天自由活动,您可在香港这个自由的免税港选购琳琅满目的免税商品,充分体验香港购物天堂的无穷魅力			
第4天			住:	四星或同级
8月5日	香港/澳门		餐食:	早午晚
	早餐后,乘船前往有着东方"蒙特卡洛"之称的赌城"澳门",欣赏澳门的标志性建筑物——大三巴牌坊、大炮台,途经澳门的富人区主教山,游览妈祖庙、观望观音像,参观澳门特色的赌场后,入住酒店			
第5天			住:	
8月6日	澳门/珠海/深圳/太原 MU2364(21:15/00:55 +1)		餐食:	早午
	早餐后,游览融合了世界各地不同的建筑风格及中西文化特色的渔人码头,可随意选购澳门小礼品,经拱北口岸抵达珠海。在渔女献珠留影之后,赴深圳。乘机返太原,旅游圆满结束,抵达温馨的家			

续表

航班信息	起飞日期	到达日期	出发站	到达站	航空公司及航班号
	8月2日	8月2日	太 原	香 港	MU5019 09:00/11:50
	8月6日	8月7日	深 圳	太 原	MU2364 21:15/00:55 +1
各段联系人	地 区	联系人	手 机	办公电话	传 真
	团 控	许××	136××××××××	0351 -527××××	0351 -527××××
	深 圳	廖××	138××××××××	0755 -255×××××	0351 -255×××××

山西××国际旅行社(有限公司)出境(晋)旅游中心

SXCITC-100802-CW(HO)团分房名单(13 +1)7标间

ROOM LIST

分房(ROOM)	编号(No.)	中文姓名(NAME)	英文姓名(ENGLISH NAME)	性别(SEX)	香港	香港	香港	澳门
1	T/L	蔚××	WEI××	女				
	2	罗×	LUO×	女				
2	3	赵××	ZHAO××	女				
	4	李××	LI××	女				
3	5	赵××	ZHAO××	男				
	6	赵××	ZHAO××	女				
4	7	韦××	WEI××	女				
	8	吴××	WU××	女				
5	9	吴××	WU××	女				
	10	谢×	XIE×	女				
6	11	霍××	HUO××	女				
	12	唐××	TANG××	男				
7	13	黎××	LI××	女				
	14	罗×	LUO×	男				

山西××国际旅行社(有限公司)出境(晋)旅游中心
出境(晋)旅游中心领队派团单

团号	SXCITC-100802-CW(HO)	线路	港澳品质5日游	人数	13+1
日程安排	境外住宿(4)晚(5)天	领队	尉×× 136××××××××		
集合地点	太原武宿机场新航站楼二楼国际出发厅	集合时间	08月02日07:00	散团地	太原机场
香港导游		用车			
领队签收	1通行证□ 2签注□ 3机票□ 4团队名单□ 5领队证□ 6意见单□ 7领队日志□ 8接待计划□ 9团队信息表□ 10分房名单□ 领队签名________				

航班信息

班机	出团及返回日期	航空公司	起飞时间	抵达时间
太原—香港	08/02	东航 MU5019	09:00	11:50
深圳—太原	08/06	东航 MU2364	21:15	00:55

各段联系人

联系人	电话	传真	手机
团控:许××	0351-527××××	0351-527××××	136××××××××
地接:廖××	0755-255×××××	0755-255×××××	138××××××××

备注:

1. 公司借款:境外小费:250元/人×13人=3250元
   付香港段导游100元/人×13人=1300元,澳门段导游50元/人×13人=650元
2. 香港导游在机场A出口举领队名字接机
   另:请领队带回名单表
   客人信息:赵××4人 销售:王××
   韦××4人 销售:高×
   霍××2人 销售:李×
   黎××3人 销售:李×
3. 请领队到机场后,带吴××、李××、唐××三人办理登机手续,及过关手续
4. 赵××、李××、赵××、赵××、唐×× 五人证件客人自带,请领队提醒客人一定带上。回团后通行证可以发给本人

(三)思考题

(1)导游与作业部的衔接包括哪些内容?

(2)如果你是一名领队,出团前如何与各部门衔接?

(3)接团过程中遇到重大问题你该如何与旅行社联系?

(4)全陪导游下团后应如何与旅行社各部门衔接?

补充资料

山西××国际旅行社(有限公司)Shanxi ××International Tours Co. ,Ltd

领队/导游出团报告(一)

领队/导游必须清楚地填写报告内各项细节,下团后并连同服务质量调查表、有客人出生日期及证件号码的名单表、购物店之签单记录、本公司接团计划书和费用支出预算单交回团控。

团　号	起止日期	人数	领队/导游及手机号码	接待单位	航班/其他交通

日　期	每日详细行程	整体评价		优	良	常	可	劣
星期( )	行程时间安排:太紧迫/适中/太悠闲/不适用	早　餐						
		午　餐						
		晚　餐						
		酒　店	距离、设备					
			服务质量					
			舒适整洁					
星期( )	行程时间安排:太紧迫/适中/太悠闲/不适用	早　餐						
		午　餐						
		晚　餐						
		酒　店	距离、设备					
			服务质量					
			舒适整洁					
星期( )	行程时间安排:太紧迫/适中/太悠闲/不适用	早　餐						
		午　餐						
		晚　餐						
		酒　店	距离、设备					
			服务质量					
			舒适整洁					

续表

<table>
<tr><td>团　号</td><td>起止日期</td><td>人数</td><td>领队/导游及手机号码</td><td>接待单位</td><td colspan="6">航班/其他交通</td></tr>
<tr><td></td><td></td><td></td><td></td><td></td><td colspan="6"></td></tr>
<tr><td>日　期</td><td colspan="3">每日详细行程</td><td colspan="2">整体评价</td><td>优</td><td>良</td><td>常</td><td>可</td><td>劣</td></tr>
<tr><td rowspan="6">星期( )</td><td rowspan="6" colspan="3">行程时间安排：太紧迫/适中/太悠闲/不适用</td><td colspan="2">早　餐</td><td></td><td></td><td></td><td></td><td></td></tr>
<tr><td colspan="2">午　餐</td><td></td><td></td><td></td><td></td><td></td></tr>
<tr><td colspan="2">晚　餐</td><td></td><td></td><td></td><td></td><td></td></tr>
<tr><td rowspan="3">酒　店</td><td>距离、设备</td><td></td><td></td><td></td><td></td><td></td></tr>
<tr><td>服务质量</td><td></td><td></td><td></td><td></td><td></td></tr>
<tr><td>舒适整洁</td><td></td><td></td><td></td><td></td><td></td></tr>
<tr><td rowspan="6">星期( )</td><td rowspan="6" colspan="3">行程时间安排：太紧迫/适中/太悠闲/不适用</td><td colspan="2">早　餐</td><td></td><td></td><td></td><td></td><td></td></tr>
<tr><td colspan="2">午　餐</td><td></td><td></td><td></td><td></td><td></td></tr>
<tr><td colspan="2">晚　餐</td><td></td><td></td><td></td><td></td><td></td></tr>
<tr><td rowspan="3">酒　店</td><td>距离、设备</td><td></td><td></td><td></td><td></td><td></td></tr>
<tr><td>服务质量</td><td></td><td></td><td></td><td></td><td></td></tr>
<tr><td>舒适整洁</td><td></td><td></td><td></td><td></td><td></td></tr>
<tr><td rowspan="6">星期( )</td><td rowspan="6" colspan="3">行程时间安排：太紧迫/适中/太悠闲/不适用</td><td colspan="2">早　餐</td><td></td><td></td><td></td><td></td><td></td></tr>
<tr><td colspan="2">午　餐</td><td></td><td></td><td></td><td></td><td></td></tr>
<tr><td colspan="2">晚　餐</td><td></td><td></td><td></td><td></td><td></td></tr>
<tr><td rowspan="3">酒　店</td><td>距离、设备</td><td></td><td></td><td></td><td></td><td></td></tr>
<tr><td>服务质量</td><td></td><td></td><td></td><td></td><td></td></tr>
<tr><td>舒适整洁</td><td></td><td></td><td></td><td></td><td></td></tr>
</table>

*如任何一项的整体评价被评为劣等，请详列理由。

领队/导游出团报告(二)

<table>
<tr><td></td><td>领队/导游意见</td><td>整体评价</td><td>优</td><td>良</td><td>常</td><td>可</td><td>劣</td></tr>
<tr><td rowspan="6">导游/领队1</td><td rowspan="6">路段：　　　　至

附加资料：</td><td>服务态度</td><td></td><td></td><td></td><td></td><td></td></tr>
<tr><td>仪表、守时</td><td></td><td></td><td></td><td></td><td></td></tr>
<tr><td>专业知识</td><td></td><td></td><td></td><td></td><td></td></tr>
<tr><td>道德操守</td><td></td><td></td><td></td><td></td><td></td></tr>
<tr><td>沟通技巧</td><td></td><td></td><td></td><td></td><td></td></tr>
<tr><td>灵活及合作性</td><td></td><td></td><td></td><td></td><td></td></tr>
</table>

续表

	领队/导游意见	整体评价	优	良	常	可	劣
导游/领队2	路段： 至	服务态度					
		仪表、守时					
		专业知识					
		道德操守					
		沟通技巧					
	附加资料：	灵活及合作性					
导游/领队3	路段： 至	服务态度					
		仪表、守时					
		专业知识					
		道德操守					
		沟通技巧					
	附加资料：	灵活及合作性					
	领队/导游意见	**整体评价**	**优**	**良**	**常**	**可**	**劣**
旅游车及司机	车牌号码： / 座位数目： / 车龄： 年	外 观					
	机件：嘈吵/不嘈吵 / 咪/音响素质：良好/普通/差	座位舒适					
	电视录影机/VCD 机：有/没有，播放质量：好/不好/不适用	整体清洁/消毒					
	车身的商务国旅标志：有/没有，合乎/不合乎标准	冷气及其他设备					
	车上垃圾袋：有/没有，每天更换：是 /否	整体性能					
	旅游车公司名称： 旅游车司机姓名：	服务态度					
		对道路熟悉程度					
	附加资料：	安全意识					
		对导游的服从性					

续表

	领队/导游意见	整体评价	优	良	常	可	劣
交通工具	全程或个别交通工具(旅游车除外)综合意见(距离、时间、安全、舒适度及建议等)						
膳食	全程或个别餐厅综合意见(卫生、菜式变化、分量、素质、服务态度、可改善地方及建议等)						
	是否包酒水:						
	值得推介的餐厅膳食(详述理由):						
	特色餐的评价:						

*如任何一项的整体评价被评为劣等,请详列理由。

领队/导游出团报告(三)

酒店	全程或个别酒店综合意见(距离、设备、员工服务、房间内设施、可改善地方及建议等)								
						整体评价			
自费活动	地 点	活动名称	收 费	人 数	是否合乎规定	优	良	常	可	劣

续表

<table>
<tr><th></th><th>地 点</th><th>商店名称</th><th>货品质量</th><th>停留时间</th><th>销售手法</th><th colspan="4">整体评价</th></tr>
<tr><td rowspan="8">购物地点</td><td></td><td></td><td></td><td></td><td></td><td></td><td></td><td></td><td></td></tr>
<tr><td></td><td></td><td></td><td></td><td></td><td></td><td></td><td></td><td></td></tr>
<tr><td></td><td></td><td></td><td></td><td></td><td></td><td></td><td></td><td></td></tr>
<tr><td></td><td></td><td></td><td></td><td></td><td></td><td></td><td></td><td></td></tr>
<tr><td></td><td></td><td></td><td></td><td></td><td></td><td></td><td></td><td></td></tr>
<tr><td></td><td></td><td></td><td></td><td></td><td></td><td></td><td></td><td></td></tr>
<tr><td></td><td></td><td></td><td></td><td></td><td></td><td></td><td></td><td></td></tr>
<tr><td></td><td></td><td></td><td></td><td></td><td></td><td></td><td></td><td></td></tr>
<tr><td>领队/导游意见</td><td colspan="9">详列突发事件或遇到的困难/问题;综合整个旅行团的意见,提供建议及可改善的地方:

附带交回多少份(团员离团 / 放弃行程 / 中途加入确认书):</td></tr>
<tr><td>团员意见</td><td colspan="9">综合团员对整个旅行团(包括报名、开茶会等)的意见、投诉及遇到之问题或意外等:

附带交回多少份(顾客意见表):</td></tr>
<tr><td rowspan="3">市场资料</td><td colspan="9">由机场开始以至旅途上遇到其他旅行社资料
(团队数目、人数、酒店、餐厅、行程等安排之比较及是否有特别安排)</td></tr>
<tr><td colspan="5"></td><td colspan="4" rowspan="2">签名:

日期:</td></tr>
<tr><td colspan="5"></td></tr>
</table>

* 如任何一项的整体评价被评为劣等,请详列理由。

山西××国际旅行社(有限公司)

Shanxi ××International Tours Co. ,Ltd

出境(国内)旅游游客问卷表

尊敬的游客朋友:

您好!为了保障您的合法权益,监督我们的服务工作,为今后进一步提高我们的服务水平,请您如实填写此表,由领队(或导游)交回敝公司或您直接寄至敝公司,对此我们将不胜感激!

团号:________ 领队:________ 线路:________ 旅游日期:________

您对本次旅行的看法	满意	比较满意	一般	不满意
1. 出发前的服务				
接待您报名手续或查询的工作人员态度及效率	□	□	□	□
原因:				
2. 旅途中的各项安排				
行程安排之酒店	□	□	□	□
原因:				
行程安排膳食	□	□	□	□
原因:				
旅行车设备	□	□	□	□
原因:				
3. 旅途中服务人员工作表现				
随团领队(全陪)	□	□	□	□
原因:				
当地导游	□	□	□	□
原因:				
4. 您对这次旅行的整体感觉	□	□	□	□

5. 您对我们的工作有何意见和建议

方便的话，请给我们提供一些您的详细信息，以便我们今后联络：

姓名：________　生日：________　单位：________　性别：男　女

电话：________　宅电：________　手机：________　爱好：________

您的详细联系地址：____________　邮编：________

电子邮件：________

任务二　接待准备工作

《导游服务质量》规定："全陪服务是保证旅游团（者）的各项旅游活动按计划实施，旅行顺畅、安全的重要因素之一……全陪应严格按照服务规范提供各项服务……准备工作是全陪服务的重要环节之一。"

"地陪服务是确保旅游团（者）在当地参观游览活动的顺利，并充分了解和感受参观游览对象的重要因素之一……地陪应严格按照服务规范提供各项服务……做好准备工作，是地陪提供良好服务的重要前提。"

导游员从接受旅行社的委派、收到旅游接待计划书之际，就意味着导游员已经开始准备工作了。导游人员在出团前能否做好相关的准备工作，是能否在实际的接待过程中提供良好服务的重要前提。

实训目标

（一）能力目标

通过本项目实训，使学生掌握导游接待准备工作的标准和程序，了解接待准备的内容、要求和环节，熟悉接待计划和相关表格的格式与内容。

（二）职业素养目标

通过本项目实训，使学生养成做事有条不紊、细致、周密的职业习惯，培养学生一丝不苟、认真严谨的敬业精神。

实训内容

领队、全陪、地陪服务内容比较

领　队	全　陪	地　陪
熟悉整个旅游活动计划(包括行程、计划、游客名单、分房名单等),核对各种票证,知识和心理准备,物质准备,出境说明会	了解旅游团、熟悉接待计划(包括行程、计划、游客名单等),物质准备,知识和心理准备,与首站接待社联络	熟悉接待计划,落实接待事宜,物质准备,语言和知识准备,形象准备,心理准备

(一)熟悉接待计划

《导游服务质量》规定:“地陪应在旅游团(者)抵达之前认真阅读接待计划和有关资料,详细、准确地了解该旅游团(者)的服务项目和要求,重要事宜作好记录。”

接待计划,是组团社委托各地接待社组织落实旅游团活动的契约性安排,是导游人员了解旅游团基本情况和安排活动日程的主要依据。接待计划的内容主要有:

1. 旅游团概况

组团社名称(计划签发单位)、联络人姓名、电话号码、客源地组团社名称、国别、使用何种语言、旅游团名称、代号、电脑序号、收费标准(分豪华等、标准等、经济等几种)、领队姓名。

2. 旅游团成员的有关情况

该团的人数、团员的姓名、职业、性别、宗教信仰。

3. 旅游路线和交通工具

该团的全程路线、入出境地点、乘坐交通工具的情况,抵离本地时所乘坐飞机(火车、轮船)的班次、时间和地点。

4. 交通票据情况

该团去下一站的交通票据是否已经按计划定妥,有无变更及更改后的情况;有无返程票;有无国内段国际机票;出境机票的票种是 OK 票还是 OPEN 票。

5. 该团的特殊要求和禁忌

在住房、用车、游览、用餐等方面有何特殊要求,是否有老弱病残等需要特别照顾的游客等。

6. 是否需要提前办理证件

该团的旅游线路中是否有需要办理通行证的地区和城市,如有,则需要提前办好相关手续。

(二)落实接待事宜

《导游服务质量》中规定:“地陪在旅游团(者)抵达前一天,应与各有关部门或人员落实、检查旅游团(者)的交通、食宿、行李运输等事宜。”

1. 业务准备

(1)核对日程安排表。当地接待社根据组团社旅游接待计划,安排该团在本地的参观游览活动日程,编制的日程表中详细注明日期、出发时间、游览项目、就餐时间、风味品尝、购物、晚间活动、自由活动时间以及会见等其他特殊项目。地陪应对以上各项与接待计划核实,如发现有出入,应立即与本社有关人员联系,问清情况后做必要的修订。

(2)落实旅行车辆。地陪应与旅游汽车公司或车队提前取得联系,确认为该旅游团在本地提供交通服务车辆的车型、车牌号和司机姓名。

(3)落实住房及用餐。熟悉旅游团所住饭店的位置、概况、服务设施和服务项目;核实该团游客所住房间的数目、级别,是否含早餐等;与各有关餐厅联系,确认该团日程表上安排的每一次用餐情况,团号、人数、餐饮标准、日期、特殊要求等。

(4)了解落实运送行李的安排情况。各旅行社是否配备行李车应根据旅游团的要求而定。如该团是配有行李车的旅游团,地陪应了解落实为该团提供行李服务的车辆和人员,提前与之联络,使其了解该旅游团抵达时间、地点、下榻饭店等。

(5)了解不熟悉景点的情况。对新的旅游景点或不熟悉的参观游览点,地陪应事先了解其概况,如开放时间、最佳游览路线、公共卫生间的位置等,以便游览活动顺利进行。

(6)掌握联系电话。应备齐并随身携带有关旅行社各部门、餐厅、饭店、车队、剧场、购物商店、组团人员、行李员和其他导游人员的电话号码以及机场、车站等交通港的问讯电话号码;在上团前要检查自己的手机是否状态正常,电力是否充足,以保证上团期间的联络畅通。

(7)与全陪联系。如果是入境站,地陪应和该旅游团的全陪提前约定接团的时间和地点。

2. 物质准备

《导游服务质量》规定:“上团前,地陪应做好必要的物质准备,带好接待计划、导游证、胸卡、导游旗、接站牌、结算凭证等物品。”

导游人员上团时,必须佩戴导游证(IC 卡),携带本社导游旗。地陪在上团前,一定要提前准备好以上证件和物品。同时,按照该团游客人数领取导游图、门票结算单和费用、接站牌以及记事本、名片、出团报告书等必备物品。

3. 语言和知识准备

(1)根据接待计划上确定的参观游览项目,就翻译、导游的重点内容,做好外语和介绍资料的准备。

(2)接待有专业要求的团队,要做好相关专业知识、词汇的准备。

(3)做好当前的热门话题、国内外重大新闻、游客可能感兴趣的话题等方面的准备。

4. 形象准备

《导游服务质量》规定:"导游人员应穿工作服或指定的服装,服装要整洁、得体。"

导游形象内容与要求

内　容	要　求
着　装	干净整洁、大方得体、方便工作
引　领	客人上车时,地陪应恭候在车门旁,并作适当帮扶
车内讲解姿态	翻开靠背,身体站直,后背紧靠靠背,一只手抓牢扶手,另一只手拿话筒
清点人数	用目光清点,严禁用手指点指游客

5. 心理准备

(1)准备面临艰苦复杂的工作。地陪在做好以上准备工作的同时,还要有充分的面临艰苦复杂工作的心理准备。不能只考虑到按规定要求为游客提供热情服务的工作程序方面,还要有遇到问题、发生事故时应如何去面对、去处理,对需要特殊服务的游客应采取什么措施等各种思想准备。有了这些方面的心理准备,就会做到遇事不慌,遇到问题也能妥善、迅速地处理。

(2)准备承受抱怨和投诉。导游工作手续繁杂,工作量很大。有时导游人员虽然已经尽其所能热情地为游客服务,但还会遇到一些游客的挑剔、抱怨和指责,甚至投诉,对于以上情况,地陪也要有足够的心理准备,要冷静、沉着地面对,无怨无悔地为游客服务。

▶ 操作步骤

(一)实训准备

(1)提前一周根据教师下发的接待计划、游客名单、分房名单等资料进行准备。

SXCITC-101003-AWTWSF 导游接待计划

组团社：山西××旅行社 侯×× 电话：(0351)527××××

传真：527×××× 手机：139××××××××

接团标志	台湾椰林假期	客源地	台湾	领队	林××
人　数	15+1领队	用房数	8间	导游	张× 139××××××××
语　种	普通话	车　型	33座空调旅游车1部	司机	王×× 138××××××××（晋A51026）

天数	日　期	行程（离/抵）	交　通	参观景点	住　宿	餐
1	10月3日 星期日	台北/太原 12:40/15:45 太原/榆次	MU5012	（晚餐前太原机场接团）	颐景国际酒店（四星）0354－2088888	早：×× 午：×× 晚：颐景国际酒店
2	10月4日 星期一	榆次/太原/大同	BUS	中国煤炭博物馆、双塔寺	雁北宾馆（四星）0352－5860888	早：中西自助 午：芙蓉八部（任经理） 晚：北辰花园大酒店（涮羊肉风味）
3	10月5日 星期二	大同	BUS	云冈石窟、九龙壁	雁北宾馆（四星）0352－5860888	早：中西自助 午：川釜魏道 0352－2109599 晚：雁北宾馆
4	10月6日 星期三	大同/浑源/应县/太原	BUS	悬空寺、应县木塔	山西大酒店（四星）0351－2088888	早：中西自助 午：国利假日酒店 0349－5034199 晚：山西大酒店
5	10月7日 星期四	太原/祁县/平遥/太原	BUS	乔家大院、平遥古城（古城墙、日升昌票号、明清街、古县衙、古镖局，含进出古城电瓶车）酒店康乐中心，文艺活动	山西大酒店（四星）0351－2088888	早：中西自助 午：云锦成 晚：山西大酒店

续表

天数	日期	行程(离/抵)	交通	参观景点	住宿	餐
6	10月8日 星期五	太原/绵山/灵石	BUS	王家大院、绵山风景区(大罗宫、天桥、云峰寺)	宏源国际酒店(准四星) 0354-7848888	早:中西自助 午:宏源国际酒店 晚:宏源国际酒店
7	10月9日 星期六	灵石/太原/榆次	BUS	晋祠、醋文化园、柳巷商业街	颐景国际酒店(四星) 0354-2088888	早:中西自助 午:富海豆捞 0351-2270569 晚:忆乡情(山西面食制作风味) 0351-4122288
8	10月10日 星期日	榆次/太原 太原/台北 09:00/11:50	MU5011	(早餐后太原机场送团)		早:中西自助 午:×× 晚:××

山西××旅行社接待安排计划

风　味	涮羊肉风味、平遥风味、山西面食制作风味
赠　品	(1)请办公室出库:山西大红枣、山西剪纸(各16份)、1盒咖啡、50个纸杯 (2)每人每天1瓶矿泉水
购物站	(1)全程无购物 (2)全程无推荐自费项目
导游注意	(1)组团社要求严禁任何形式医疗咨询,严禁安排购物店,严禁推荐自费项目,严禁在旅游车上向客人兜售物品,请带团陪同注意 (2)请带团陪同保留中国煤炭博物馆及平遥古城购票单,下团后交回公司作业人
备　注	(1)全程用餐安排2桌,严格监督用餐品质,安排正餐八菜一汤(四荤四素),含酒水(2瓶啤酒、1大桶雪碧/每桌),餐后果盘。其中:林××用全素餐(忌葱、蒜、韭菜、肉类、海鲜,可以吃鸡蛋);请陪同在用餐时特别注意照顾 (2)入出境机票由境外组团社负责
注意事项	(1)请陪同接团后提醒团队客人,为确保游客安全,请不要乘坐旅游车第一排和最后一排座位 (2)本团不接受任何人员中途加入,否则后果自负(依据保险条例)

(2)进行分组,认真阅读接待计划并做好各项准备。

(二)实训开始

学习服务准备的工作流程,根据教师讲解的操作要点,进行分组实训,以组为单位陈述接待计划中各项内容的意义并提出问题和改进措施,做好接团各项准备。

1. 熟悉接待计划

(1)旅游团概况。

(2)该团的人数、团员的姓名、职业、性别、宗教信仰。

(3)旅游路线和交通工具。

(4)交通票据情况。

(5)该团的特殊要求和禁忌。

(6)是否需要提前办理证件。

计划中存在的问题主要有如下两点:

• 行程安排不够合理。

5	10月7日 星期四	太原/祁县/平遥/太原	BUS	乔家大院、平遥古城(古城墙、日升昌票号、明清街、古县衙、古镖局,含进出古城电瓶车)酒店康乐中心,文艺活动	山西大酒店(四星) 0351-2088888	早:中西自助 午:云锦成 晚:山西大酒店
6	10月8日 星期五	太原/绵山/灵石	BUS	王家大院、绵山风景区(大罗宫、天桥、云峰寺)	宏源国际酒店(准四星) 0354-7848888	早:中西自助 午:宏源国际酒店 晚:宏源国际酒店

第五天回太原住宿不妥,第六天赴绵山,离平遥较近,从路程和时间等方面看,住平遥合理;游客在进行平遥、乔家大院的游览后,已经是用了一天的时间了,且第二天还要前往新的旅游目的地,晚上又安排了文艺活动,日程安排过饱满,不符合劳逸结合原则,不利于旅游团整个旅游行程的进行。

• 芙蓉八部任经理电话未提供。

2	10月4日 星期一	榆次/太原/大同	BUS	中国煤炭博物馆、双塔寺	雁北宾馆(四星) 0352-5860888	早:中西自助 午:芙蓉八部(任经理) 晚:北辰花园大酒店(涮羊肉风味)

2. 落实接待事宜

(1)核对日程安排表。

(2)落实旅行车辆。

(3)落实住房及用餐。

(4)了解落实运送行李的安排情况。

(5)了解不熟悉景点的情况。

(6)掌握联系电话。

(7)与全陪联系。

3. 物质准备

4. 语言和知识准备

5. 形象准备

6. 心理准备

(三)实训结束

(1)学生互评、师生互评。

(2)汇总实训成绩。

实训评价

任务评价表

班级:________　　姓名:________　　考核时间:________

评价项目与内容		小组评价	教师评价	行业评价
课前准备(20分)	下发计划准备			
	分组准备			
程序完整(40分)	熟悉接待计划			
	落实接待事宜			
	物质准备			
	语言和知识准备			
	形象准备			
	心理准备			
规范服务(10分)	熟知并能正确运用导游服务标准			

续表

评价项目与内容		小组评价	教师评价	行业评价
应变能力(10 分)	遇事情绪稳定、思维敏捷、考虑问题周到,能够及时妥善处理突发事件和特殊问题			
职业素养(20 分)	做事有条不紊、细致、周密、一丝不苟、认真严谨			
总成绩				

自主练习

(一)填写本项目实训总结

(二)案例分析

陈梅作为地陪导游员接待了一个台湾旅游团,按照行程晚上旅游团下榻在山上的宾馆。在旅游团结束了一天的行程之后,进入宾馆准备用晚餐的时候,领队走到陈梅面前,颇为难地对她说:“陈小姐,不好意思,今天是团里的一个客人的生日,你看能不能……”领队迟疑了一下,又说:“给安排一下?不过,你不要为难,不行就算了。”领队嘴上说不行就算了,但是脸上的神情却充满期盼。陈梅笑着对领队说:“您放心,我来安排。”“来得及吗?”领队仍然是心存疑虑。“没有关系,我已经有了安排。”这下领队的表情已经由疑虑变成了惊讶,她怎么会早有安排呢?这个导游可真的不简单!陈梅接着与领队商量“您看这样好吗,为了我们旅游团的客人能够尽量热闹一点,可不可以错开用餐的高峰期,推迟半个小时,这样餐厅的服务也可以跟得上?”“可以!想不到这些你都考虑到了。我来通知。”

客人在餐厅聚齐后,陈梅笑着对旅游团的客人说:“非常有缘分,今天正好是我们旅游团中的一位先生的生日,领队和我代表我们两家旅行社就借晚上的这个机会和大家一起祝福我们的李先生,祝李先生生日快乐!”紧接着由餐厅的服务员推着小车款款地走了出来,上面摆着一个漂亮的生日蛋糕。点燃的蜡烛烘托出喜庆的气氛,大家一边鼓掌,一边唱着《祝你生日快乐》歌,热烈的气氛顿时充满了餐厅,李先生更是感动不已,对领队、地陪频频致谢。后来,餐厅又为客人送上了生日寿桃和长寿面。整个旅游团沉浸在欢乐中。

客人后来问地陪,“你怎么知道客人过生日?”地陪答:“领队早就告诉我了。”

领队后来问地陪，“你怎么知道客人过生日？”地陪答：“我在旅游团的名单里发现的。”

请你对此案例进行评析。

(三)思考题

(1)接待计划的主要内容有哪些？
(2)导游的业务准备工作有哪些？
(3)简述导游的心理准备的主要内容。

补充资料

支出结报单

年　月　日　　　　　　　　　　　　　　　　　　　　　　第　号

报销事由	
	申报金额：大写　　　　小写　　付票据　　张　报销人：
领导审批	总经理：　　　主管副总：　　　作业经理：

派团单

团队名称	
导游姓名	
导游证号	
起止日期	
游客人数	
主要行程	
备　注	

×××旅游局制

导游服务质量跟踪调查表

团 名		团 号		天 数	
发接团时间		人 数		导游员	
游览线路					
导游员服务质量	服务态度		沿途是否讲解		
	讲解水平		是否组织文艺活动		
	普通话程度		旅途服务情况		
	与领队配合情况		是否有“导购”现象		
游客意见	满意		基本满意		不满意	
建议	游客签名　　　　联系电话　　　　年　月　日				
备注	(1)为了切实保护旅游者的合法权益,加强对导游人员的监督管理,特制此表。 (2)导游上团时,将此表发给游客,旅游结束后,交回旅行社。 (3)导游不得随意更改团队行程计划。 (4)导游不得随意安排购物点和延长购物时间。 (5)市旅游局质量监督投诉电话:0351－202××××、407××××				

×××旅游局印制

旅游服务质量监督表

×××旅游质量监督投诉电话:0351－407××××

旅行社名称			团 号		领 队	
发团时间			人 数		导游员	
游览线路					天 数	
服务质量情况	用餐标准		满 意	基本满意		不满意	
	住宿标准						
	购物娱乐安排						
	线路景点游览						
	交通工具						
	导游服务						

续表

意见及建议	游客签名　　联系电话　　年　月　日
备注	①为了维护旅游者和旅游经营者的合法权益,加强对旅游服务质量的监督管理,特制此表 ②组团社出发前将此表每人一份发予游客,旅游结束后,交回旅行社 ③旅游质量监督管理部门将依据合同对照检查

×××旅游质量监督管理所制

旅游团接待计划

团队名称		来自何地		语种要求		
抵达时间	月　日班次		离开时间	月　日班次		
游　客	共　人,夫妇　对,单男　人,单女　人,小孩　人				陪同	
住宿饭店	游客房间数	双人间　间 单人间　间	陪同	双人间　间 单人间　间		
团队等级		餐标及要求				
游览活动	月　日	上　午		下　午		
	月　日	上　午		下　午		
	月　日	上　午		下　午		
	月　日	上　午		下　午		
	月　日	上　午		下　午		
用餐安排	月　日	早		中		晚
	月　日	早		中		晚
	月　日	早		中		晚
	月　日	早		中		晚
	月　日	早		中		晚
文娱活动	月　日	时　间		地　点		内　容
包车车号		车　型		数　量		司　机
备　注						

作业人:　　　　　　　　　　　　　　　　年　月　日

单团成本结算单

团　号					总人数： 成人： 儿童：
应收团款			成　本	毛　利	
线　路					
应付费用项目			明细项目	金　额	备　注
地接费	境内地接费				
交通费	订票费				
交通费	火车票				
交通费	交通港接送				
其他费用	纪念品				
其他费用	航空险				
其他费用	旅意险				
其他费用	导游补助				
其他费用	作业补助				
其他费用	退团款				
			人民币合计：		
备　注					

任务三　接站服务

《导游服务质量》规定：全陪"首站接团服务要使旅游团(者)抵达后能立即得到热情友好的接待，旅游者有宾至如归的感觉。"

"在接站过程中，地陪服务应使旅游团(者)在接站地点得到及时、热情、友好的接待，了解在当地参观游览活动的概况。"

实训目标

(一)能力目标

通过本项目实训，使学生掌握接站服务的程序和相关手续，熟练掌握认找旅游团的方法与技巧，能够妥善处理各环节可能出现的问题。

（二）职业素养目标

通过本项目实训，在训练学生观察、判断和感知能力的过程中，培养学生给游客留下热情、友好、办事干练、训练有素的“第一印象”的能力。

实训内容

领队、全陪、地陪服务内容比较

领　队	全陪（首站接团）	地　陪
组织好游客安全出港，积极认找接团导游并主动接头，与全陪、地陪共同核实人数、清点行李	向接待社了解本站接待工作的详细安排情况；应提前半小时到接站地点迎候旅游团；接到旅游团后，全陪应与领队核实有关情况；全陪应协助领队向地陪交接行李	确认旅游团抵达的准确时间；与行李员联络，告知其该团行李送往的地点；熟悉车上音响设备及扩音话筒的使用方法；持接站标志迎候旅游团；认找旅游团；核实实到人数；集中清点行李；带领旅游者上车

接站，是指地陪去机场、车站、码头迎接旅游团。接站服务是地陪服务程序中至关重要的一环，是地陪的首次亮相，要给旅游者留下热情、干练的第一印象。可以说这一阶段的工作直接影响着以后接待工作的质量。

（一）旅游团抵达之前的服务安排

1. 确认旅游团抵达的准确时间

地陪导游员在出发前应再次核实旅游团抵达的准确时间；与旅游车司机联络，商定会合的时间和地点，并且要将旅游团的大概行程通报给司机。核实旅游团抵达的准确时间，切不可凭经验判定，一定要及时询问。

2. 联系行李员

与行李员联络，告知其该团行李送往的地点。

3. 熟悉旅游车上音响设备等的使用方法

在前往交通港的路上，应提前熟悉车上音响设备及扩音话筒的使用方法，并将音量调至最佳状态。

4. 持接站标志迎候旅游团

应在旅游团出站前，持接站牌站在出口醒目的位置，热情迎接团队。接站牌上应写清团名、团号、领队或全陪姓名；接小型团队或无领队、全陪的旅游团时，要写上其中一位客人的名字。

(二)旅游团抵达后的服务

1. 认找旅游团

地陪应站在醒目的地方,并高举接站牌,以方便客人认找。同时,地陪可根据游客的特征及组团社的徽记去判断,并主动询问,核实该团的基本信息;如该团无领队和全陪,应与该团成员逐一核对团名、国别(地区)及团员姓名,无任何出入才能确定是自己应接的团队。

2. 核实实到人数

通常情况下,旅行社作业会尽量避免突然增减人数,但有时也会因故出现实到人数与计划不符的情况;核实实到人数时,如有变化,要及时通知接待社有关部门,以免为后续的工作带来不便。

3. 集中清点行李

在登车之前,地陪应协助旅游者将大件行李集中放在比较安全的位置,并同领队、全陪共同清点核对行李件数,检查有无破损,无误后移交给行李员,并与行李员办理移交手续。行李随游客所乘的旅游车运输时,同样需要核对确认,并且协助司机将行李装入行李箱内。

4. 带领旅游者上车

装好行李之后,要提醒游客检查自己的随身贵重物品是否带齐,然后引导客人上车。客人上车时,地陪应恭候在车门旁,协助或搀扶旅游者上车就座。待旅游者坐稳之后,检查行李物品的放置并礼貌地清点人数,完毕后请司机开车。

▶ 操作步骤

(一)实训准备

(1)提前一周根据教师下发的接待计划进行准备工作。

(2)根据咨询员、领队、全陪、地陪、旅游者、旅游车、司机、行李员等岗位进行分组,认真按照接待计划做好服务准备工作。

(二)实训开始

学习接站服务的服务流程,根据教师讲解的操作要点,进行分组实训。

1. 旅游团抵达之前的服务安排

(1)确认旅游团抵达的准确时间。

(2)联系行李员。

(3)熟悉车上音响设备及扩音话筒的使用方法等。

(4)持接站标志迎候旅游团。

2.旅游团抵达后的服务

(1)认找旅游团。

(2)核实实到人数。

(3)集中清点行李。

(4)带领旅游者上车。

(三)实训结束

(1)学生互评、师生互评。

(2)汇总实训成绩。

实训评价

任务评价表

班级:________ 姓名:________ 考核时间:________

评价项目与内容		小组评价	教师评价	行业评价
课前准备(20分)	下发计划准备			
	分组准备			
程序完整(40分)	确认旅游团抵达的准确时间			
	与行李员联络,告知其该团行李送往的地点			
	提前熟悉车上音响设备及扩音话筒的使用方法,并将音量调至最佳状态			
	持接站标志迎候旅游团			
	认找旅游团			
	核实实到人数			
	集中清点行李			
	带领旅游者上车			
规范服务(10分)	熟知并能正确运用导游服务标准			
应变能力(10分)	遇事情绪稳定、思维敏捷、考虑问题周到,能够及时妥善处理突发事件和特殊问题			

续表

评价项目与内容		小组评价	教师评价	行业评价
职业素养(20分)	具备良好的观察、判断和感知能力,热情友好、办事干练、训练有素			
总成绩				

自主练习

(一)填写本项目实训总结

(二)案例分析

A旅行社组织了一个“四川峨眉山—乐山”旅游团,团内有两个家庭的夫妻都带一个小孩参加旅游。当时小孩的收费情况是这样的:

(1)小孩与父母同住不占床,所以不收住宿费;

(2)小孩乘火车,与父母同铺,只收取火车硬座的小孩票价的费用;

(3)在当地游览乘坐旅游车,小孩要占座位,收取地接交通费;

(4)收取小孩的餐费,为其提供用餐;

(5)旅游门票费不收,届时在景点看具体情况;如果需要买门票,由家长自行购买。

李伟作为全陪,带领着旅游团开始了全程旅游。到达成都后,旅游团入住一家三星级酒店,条件很好,全团游客都很满意,李伟也很开心。但是,从第二天旅游团用早餐时开始,李伟就再也开心不起来了。

酒店的早餐供应为自助式,客人凭餐券就餐。两个小孩的家长找到李伟,言称酒店餐厅向小孩要餐券,没有餐券就需要现付餐费,请全陪给予解决。全陪建议餐费由家长自付,于是引起争执。后来,两个家庭在每天的早餐时,都自费支付了小孩的早餐费用。

紧接着在峨眉山旅游时,李伟遇到了更不开心的事情。进入峨眉山旅游要乘坐景区提供的交通车,小孩也要买票。当时旅行社将这笔费用包含在旅游门票中,由于小孩没有支付门票费,所以李伟告诉两个家庭要由他们自己购买车票。虽然解释了很多,但是两个家庭一直咬定旅游车的费用小孩已经支付过,所以旅行社应该负责。于是又是一场争论,最后还是由两个家庭自己付费。但是,李伟已经在游客面前很被动了。

旅游结束后,两个家庭到组团社投诉,提出因旅行社违约,不但要退赔小孩的餐费和峨眉山的车费,而且要另外予以赔偿。最后组团社向游客赔礼道歉,并且按照游客的要求进行了赔偿。李伟也遭到了领导的批评。

请你对此案例进行评析。

(三)思考题

(1)导游员如何确认旅游团抵达的准确时间？

(2)导游如何在第一时间认找到旅游团？

(3)简述调试话筒的重要性。

(4)为什么应该核实“实到”人数？有变更为什么要及时报告？

补充资料

一、接站牌的制作

接站牌上应写清团名、团号、领队或全陪姓名；接小型团队或无领队、全陪的旅游团时，要写上其中一位客人的名字。

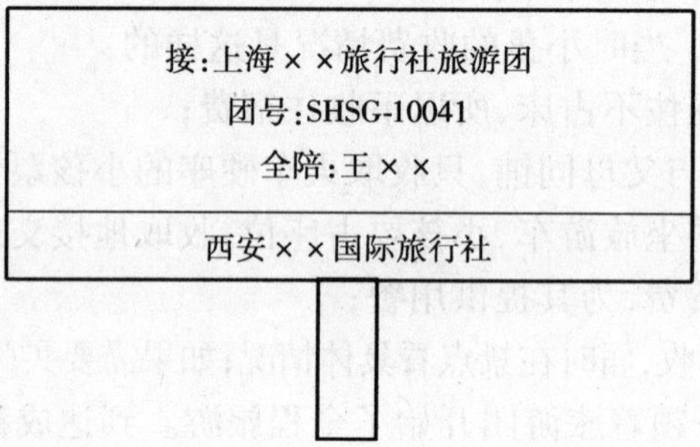

二、接团后清点行李

1. 行李员运送行李

(1)集中有序地摆放行李；

(2)地陪同领队、全陪共同清点行李件数；

(3)检查有无破损；

(4)移交行李员；

(5)办理移交手续。

2. 旅游者自带行李

(1)询问旅游者行李是否带齐；

(2)带领旅游者至旅游车前；

(3)集中有序地摆放行李；

(4)地陪同领队、全陪、司机共同清点行李；

(5)协助司机将行李装车。

任务四 首次导游讲解服务

《导游服务质量》规定:“全陪应代表组团社和个人向旅游团(者)致欢迎辞。欢迎辞应包括表示欢迎、自我介绍、表示提供服务的真诚愿望、预祝旅行顺利愉快等内容。”

“行车过程中,地陪应向旅游团(者)致欢迎辞并介绍本地概况。”

实训目标

(一)能力目标

通过本项目实训,使学生掌握首次导游讲解服务的工作程序,熟练掌握欢迎辞的内容和讲解技巧,掌握市容导游的方法与内容,并能妥善处理各种相关问题。

(二)职业素养目标

通过本项目实训,使学生尽量克服心理恐慌和压力,养成自然、真诚、自信、有吸引力的讲解风格,努力为游客营造轻松、和谐的气氛,培养学生亲切、热情、可信的服务态度。

实训内容

领队、全陪、地陪服务内容比较

领 队	全 陪	地 陪
致欢迎辞(向游客介绍全陪和地陪)	致欢迎辞(应包括表示欢迎、自我介绍、表示提供服务的真诚愿望、预祝旅行顺利愉快等内容)	致欢迎辞,调整时差(首站接团),旅游行程简要介绍,城市概况介绍,沿途风光导游,下榻酒店介绍

(一)致欢迎辞

旅行车启动后,导游人员的讲解服务就正式开始。导游员与游客第一次见面,彼此互不相识,这就需要导游人员应尽快投入工作,营造和谐气氛,缩短与游客的心理距离,给游客留个美好的印象,使游客对导游员产生信任感。因为良好的开端是成功的一半。

导游员讲解的开场白就是向旅游团致欢迎辞。

欢迎辞的内容应视旅游团的性质及旅游团的成员的文化水平、职业、年龄及居住地区等情况有所不同,致欢迎辞的方式也要根据不同的游客,灵活运用。总之,要给游客以亲切、热情、可信之感,使游客进入轻松、愉快、满足的状态。

欢迎辞应包括以下内容:

(1)代表所在接待社、司机和本人欢迎客人光临本地。

(2)介绍自己的姓名及所属单位。

(3)介绍司机。

(4)表示提供服务的诚挚愿望。

(5)预祝旅途愉快顺利。

(二)调整时间(首站入境)

这项工作只限于地陪所接客人为入境旅游的首站。地陪应在致完欢迎辞后介绍两国的时差,请旅游者将自己的表调至北京时间。

(三)旅游行程简要介绍

(1)熟悉旅游行程。

(2)简要介绍旅游者在本地的旅游行程,择重点进行介绍。

(3)介绍时间不宜过长。

(4)行程介绍不宜太死板,应与其他讲解有机结合。

(四)首次沿途导游

首次沿途导游至关重要。有很多内容可以点到为止,为以后的讲解工作做好铺垫。通常在首次沿途导游中主要涉及以下几个方面的内容。

(1)本地风情导游。

(2)市容导游。

(3)介绍下榻饭店。

▶ 操作步骤

(一)实训准备

(1)提前一周根据教师下发的接待计划进行准备。

(2)根据旅游车、司机、旅游者、地陪、全陪、领队等岗位进行分组,认真按照接待计划做好服务准备工作。

(二)实训开始

师生共同学习首次导游讲解的服务流程,由教师讲解操作要点,然后学生分组实训。

1. 致欢迎辞

(1)代表所在接待社、司机和本人欢迎客人光临本地。

(2)介绍自己的姓名及所属单位。

(3)介绍司机。

(4)表示提供服务的诚挚愿望。

(5)预祝旅途愉快顺利。

2. 调整时间(首站入境)

3. 旅游行程简要介绍

4. 首次沿途导游

(1)本地风情导游。

(2)市容导游。

(3)介绍下榻饭店。

(三)实训结束

(1)学生互评、师生互评。

(2)汇总实训成绩。

实训评价

任务评价表

班级:________　　　　姓名:________　　　　考核时间:________

评价项目与内容		小组评价	教师评价	行业评价
课前准备(20分)	下发计划准备			
	分组准备			

续表

评价项目与内容		小组评价	教师评价	行业评价
程序完整(40 分)	致欢迎辞			
	调整时间(首站入境)			
	旅游行程简要介绍			
	本地风情导游			
	市容导游			
	介绍下榻饭店			
规范服务(10 分)	熟知并能正确运用导游服务标准			
应变能力(10 分)	遇事情绪稳定、思维敏捷、考虑问题周到,能够及时妥善处理突发事件和特殊问题			
职业素养(20 分)	讲解风格自然、真诚、自信、有吸引力,气氛轻松、和谐,服务态度亲切、热情、游客至上,符合导游员礼仪礼貌规范			
总成绩				

自主练习

(一)填写本项目实训总结

(二)案例分析

一位贺姓的老导游员在上团中致欢迎辞进行自我介绍时讲:“我姓贺,就是加贝贺,大家不要一听到‘加倍’就紧张,我不是向各位‘加倍’地收钱,也不是领着大家‘加倍’地进店,而是要‘加倍’地为各位服务!”游客在导游员的调侃中,不约而同地大笑了起来,刚上车时的紧张、陌生的感觉顿时消失,全车的气氛马上变得活跃了起来。在导游员接下来的讲解中,谈笑风生,亲切自然,游客的情绪也被带动了起来,导游员与游客就像多年的老朋友一样无拘无束地进行着交流。整个旅游团就是在这样的和谐的气氛中,完成了所有的旅游行程。

请你对此案例进行评析。

(三)思考题

(1)地陪的首次沿途导游的内容是什么?

(2)欢迎辞应包括哪些内容?

(3)欢迎辞中如何拉近游客与导游的距离?

(4)设计一条由本地机场经过市中心到下榻酒店的线路,并进行首次导游讲解训练。

补充资料

欢迎辞的主要类型

一、规范式欢迎辞

要点全面、简单直接,没有华丽的辞藻,也没有幽默表现。适用于规格较高、身份特殊的旅游者。对普通旅游者而言略显单调乏味,甚至会引起反感。

范例

各位游客,大家上午好!

首先我代表北京××国际旅行社欢迎大家来北京旅游,我是大家本次北京之行的导游员××,为我们驾车的是我们的司机李师傅。李师傅已有10年的驾驶经历,驾车经验丰富、技术熟练,在行车安全方面请大家放心。我们乘坐的旅游车的车牌号是京A12345,在旅游景点有许多车和我们旅游车“长”得一样,所以最容易使大家找到自己旅游车的方法就是记住车牌号。北方的气候比较干燥,大家要注意防上火,请多喝水。在这几天的行程中,就由我和李师傅为大家服务,我们俩会竭尽所能为大家提供服务。我的手机号码是139012345×××,大家有事可以随时联系我。最后,预祝大家在北京玩得开心、愉快。

二、聊天式欢迎辞

聊天式欢迎辞,感情真挚,亲切自然,声调高低适中,语速快慢适当,像拉家常一样娓娓道来。这种方式亲切自然,游客易于接受,在不知不觉中与游客已经像老朋友一样熟悉了,尤其适用于以休闲消遣为主要目的的游客。

范例

各位老师,大家好!

说实话,我现在面对大家有点紧张。其实平时也不是这样,这次主要是因为面对着这么多的大学教授，心里有点发虚。接待这个团，我们××旅行社曾经安排了几个导游，但他们都不敢来，怕讲不好让大家笑话。于是我就来了，这并不是说我是最好的，只不过我是胆子最大的，也算是"蜀中无大将，廖化作先锋"。但有一点，请各位放心，我会努力的，我会珍惜这次向各位老师、专家学习的极好机会，在工作中不断充实自己。您呢，也就把我的导游讲解当做是检查学生的功课，请多做指教。好，下面学生做一下自我介绍……

三、调侃式欢迎辞

调侃式欢迎辞风趣幽默，亦庄亦谐，玩笑无伤大雅，自嘲不失小节，言者妙语连珠，听者心领神会。这种形式的欢迎辞，可以使旅游生活气氛活跃融洽，使游客感到轻松愉快，情绪高昂，能有效地消除游客的陌生感及紧张感，但不适用身份较高的游客。

范例

各位来宾，大家早晨好！

首先，我代表司机，代表××旅行社欢迎大家来到美丽的海滨城市——大连，我是××旅行社的导游员，我叫王芳，为了方便记忆，大家可以叫我小王。前方的是司机李师傅，李师傅有多年的驾驶经验，驾驶技术高超，所以大家在行车过程中可以完全放心（介绍自己的姓名及所属单位，并简要介绍司机）。开车的朋友可能听过这样一句话：到了吉林是吉（急）开，到了内蒙古是蒙（猛）开，到了上海是沪（胡）开，那到了大连就是黑白两道都能开。这是因为大连春有百花秋有月，夏有凉风冬有雪，是个四季分明的城市；夏天我们的马路是黑色的，到了冬天我们的马路是白色的，所以我们的师傅是黑白两道混得都熟，大家尽可以放心。接下来这几天就由我和李师傅为大家服务。我的联系方式是139××××××××，有事大家可以随时打电话给我，欢迎大家来"骚扰"。

四、抒情式欢迎辞

抒情式欢迎辞语言凝练、感情饱满，既有哲理的启示，又有激情的感染，引用名言警句，使用一定修辞。这种欢迎辞能激发游客的兴趣，烘托现场的气氛，使游客尽快产生游览欲望与冲动。这种欢迎辞不适合文化较低的游客。

范例

各位朋友，欢迎您到山西来！山西这片土地，似乎很少有人用美丽富饶来描述它，但在这里您却可以嗅到中华大地五千年的芬芳。穿越山西南北，粗犷的黄土高坡向我们展示出一幅尘封的历史画卷。太行山的傲岸，吕梁山的淳朴，恒山、五台山的豪放都会带给您满眼的绿和满腹的情。在这饱含着历史沧桑，充满着浓郁乡情的地方，它独特的文化气息将令您度过一个远离喧嚣和烦躁的阳光假期。

五、安慰式欢迎辞

安慰式欢迎辞语气温和、入情入理，用一片善解人意的话语，拨开游客心中的阴云。这种方式，在游客情绪低落、游兴锐减的情况下使用，可以使游客消除心中的不快，变消极为积极，为以后的行程奠定良好的基础。

范例

各位团友，大家好！

咦，怎么没有回应呀！以往向大家问好，大家都有回答，这次怎么把我撂在地上了（缓和游客情绪）？我想，大家还是为这次飞机晚点恼火吧（说出游客想说的话）！事情已经过去，我们就不要再去想它了，我们不是已经平安到达了吗？大家再看一下面对你们的这张笑脸多么灿烂，应该高兴呀！我们中国有句老话叫“好事多磨”嘛，还有一句话叫“天要下雨，娘要嫁人”，一切只能顺其自然，谁也管不了！大家这次正好赶上“晴间多云偶阵雨”的天气了。好了，我们不去管它了，在这几天的游览中，由我来给大家做导游，我会尽量做到最好（以调侃的语气宽慰游客的不悦心情）。行程上今天应游览的两个景点，我会安排给大家补上的。刚才和领队商量了，明天吃过早饭后，早点出发，先抓紧时间把这两个景点游完，再去下一站，怎么样？不过，我们的司机师傅就要辛苦些了，师傅说了，只要大家满意，他辛苦些也愿意（给出能让游客满意的解决方案）。

模块三　团队抵达后服务

任务一　入店服务

《导游服务质量》规定:“进住饭店服务应使旅游团(者)进入饭店后尽快完成住宿登记手续、进住客房、取得行李。为此,全陪应积极主动地协助领队办理旅游团的住店手续,并热情地引导旅游者进入房间,还应协助有关人员随时处理旅游者进店过程中可能出现的问题。”

“地陪应在抵饭店的途中向旅游者简单介绍饭店情况及入店、住店的有关注意事项,内容应包括:

a) 饭店名称和位置;

b) 入店手续;

c) 饭店的设施和设备的使用方法;

d) 集合地点及停车地点。

旅游团(者)抵饭店后,地陪应引导旅游者到指定地点办理入店手续。

旅游者进入房间之前,地陪应向旅游者介绍饭店内就餐形式、地点、时间,并告知有关活动的时间安排。

地陪应等待行李送达饭店,负责核对行李,督促行李员及时将行李送至旅游者房间。

地陪在结束当天活动离开饭店之前,应安排好叫早服务。”

实训目标

(一)能力目标

通过本项目实训,使学生掌握入住酒店的程序和相关手续,熟练引导旅游者入住酒店，掌握旅游者入住后的查房程序与内容，并能妥善处理各种相关问题。

（二）职业素养目标

通过本项目实训，使学生养成做事有条不紊、快速高效的职业习惯，培养学生热情服务、游客至上的敬业精神。

实训内容

领队、全陪、地陪服务内容比较

领　队	全　陪	地　陪
和地陪共同办理住店手续，分发房卡并登记住房名单，协助旅游者入住并同地陪、全陪查房	协助办理住店手续；记住领队房间号，将自己的房间号告知领队、地陪和游客；掌握地陪联系方式；与地陪和领队查房；若地陪不住酒店，全陪要负责照顾好旅游团	负责办理住店手续，将房卡交领队或全陪；记住全陪、领队的房间号及联系方式；介绍饭店设施、就餐形式、地点、时间；照顾行李进房并查房；带领旅游者用好第一餐；告知当日或次日活动安排；安排好叫早服务

入店服务，是指旅游团（者）抵达饭店后，地陪引导旅游者到指定地点尽快办理好入住手续，进住房间，取得行李，及时了解饭店的基本情况和注意事项，熟悉当天或第二天的活动安排。

（一）办理入店手续

旅游团抵达饭店后，地陪要协助领队和全陪办理住店登记手续（住房名单要由领队或全陪事先准备好），请领队分发住房卡。

导游应掌握团员的房间号，并将自己房号和联系的办法告知游客，以便有事时尽快联系。

地陪住在饭店，应将房间号与电话号码告知领队和全陪；不住饭店，告知联系电话，由全陪负责照顾好旅游团。

（二）介绍饭店设施

进入饭店后，地陪应向游客介绍饭店内的外币兑换处、中西餐厅、娱乐场所、商品部、公共洗手间等设施的位置，并讲清住店注意事项。

（三）照顾行李进房、巡房及处理相关问题

地陪应督促饭店行李员及时将行李送至游客的房间。同时，地陪应与领队、全陪一起对游客入住的房间进行巡视，及时处理住房的有关问题。

（四）带领旅游团用好第一餐

游客进入房间之前，地陪要向其介绍饭店内的就餐形式、地点、时间及餐饮的有关规定。游客到餐厅用第一餐时，地陪应主动引进，向布台员询问本团的桌次；安排客人入座，领队、全陪和地陪随时为客人服务。

（五）宣布当日或次日的活动安排

地陪应向全团宣布当日和第二天活动的安排及集合的时间、地点。

（六）安排好叫早服务

地陪在结束当天活动离开饭店之前，应与领队和全陪商定第二天的叫早时间，并请领队通知全团，地陪则应通知饭店总服务台或楼层服务台。

▶ 操作步骤

（一）实训准备

（1）提前一周根据教师下发的接待计划进行准备。

（2）根据旅游者、地陪、全陪、领队、酒店前厅接待员、行李员等岗位进行分组，认真按照接待计划做好服务准备工作。

（二）实训开始

学习入住酒店的服务流程，根据教师讲解的操作要点，进行分组实训。

（1）将旅游团带至酒店前厅，并找地方让客人休息。

（2）地陪和领队（或全陪）共同办理住店登记手续。

（3）领队（或全陪）分发房卡。

（4）导游掌握旅游团的房间号，并将自己房号和联系的办法告知相关人员。

（5）地陪介绍酒店设施的功能、位置、注意事项及饭店的就餐形式、地点、时间。

（6）照顾行李进房、巡房及处理相关问题。

（7）带领旅游团用好第一餐。

（8）向旅游者宣布当日或次日的活动安排。

(9)安排叫早服务及早餐。

(三)实训结束

(1)学生互评、师生互评。
(2)汇总实训成绩。

实训评价

任务评价表

班级:________　　姓名:________　　考核时间:________

评价项目与内容		小组评价	教师评价	行业评价
课前准备(20分)	下发计划准备			
	分组准备			
程序完整(40分)	办理入店手续			
	记住全陪、领队的房间号及联系方式			
	介绍饭店设施			
	照顾行李进房、巡房及处理相关问题			
	带领旅游团用好第一餐			
	宣布当日或次日的活动安排			
	安排好叫早服务			
规范服务(10分)	熟知并能正确运用导游服务标准			
应变能力(10分)	遇事情绪稳定、思维敏捷、考虑问题周到,能够及时妥善处理突发事件和特殊问题			
职业素养(20分)	服务态度热情、游客至上,符合导游员礼仪礼貌规范			
总成绩				

自主练习

(一)填写本项目实训总结

(二)案例分析

地陪导游员小王接了一个从西安来的团队,团队住的是二星级宾馆。由于当时是旅游旺季,酒店为本团队安排的房间有一间在一层,其他的都在二层,小王把两个女孩子安排在了一层。两个女孩子就是不同意,说离开团队害怕,一定要上二楼住。因为团内其他团员都不愿意住一层,加上宾馆客房满了无法调换,一直闹到后半夜小王才安抚住游客。

请你对此案例进行评析。

(三)思考题

(1)如何理解地陪与领队合作办理住店手续?

(2)导游应该向客人介绍宾馆的哪些设施和分布情况?

(3)如何照顾行李进房并进行查房?

(4)地陪应如何安排叫早服务?

补充资料

一、旅游团队名单

序 号	姓 名	性 别	身份证号	电 话	备 注
01	任××	男			单 间
02	梁××	男			
03	毛××	男			
04	孟××	男			
05	许 ×	男			
06	邢××	男			
07	李××	男			

续表

序 号	姓 名	性 别	身份证号	电 话	备 注
08	冯××	男			夫 妻
09	刘××	女			
10	郝××	女			
11	姚××	女			
12	白××	女			
13	田××	女			
14	任××	女			
15	白××	女			
16	唐××	女			
17	王 ×	女			
18	赵××	女			
19	李××	女			
20	郭 ×	男			领 队
21	王 ×	女			全 陪

二、团队分房名单

序 号	房间号	客人姓名	电 话	备 注
01				单人间
02				
03				
04				
05				
06				
07				
08				
09				
10				
11				领 队
12				全 陪

任务二　核对、商定日程

《导游服务质量》规定:“全陪应认真与领队核对、商定日程。如遇难以解决的问题,应及时反馈给组团社,并使领队得到及时的答复。”

“旅游团(者)开始参观游览之前,地陪应与领队、全陪核对、商定本地节目安排,并及时通知到每一位旅游者。”

实训目标

(一)能力目标

通过本项目实训,使学生了解核对日程的必要性,掌握核对、商定日程的内容,能对常见问题采取合理的应对措施。

(二)职业素养目标

通过本项目实训,使学生养成对待工作认真、细致、负责的职业态度,充分认识搞好领队、全陪、地陪导游服务集体关系、通力合作维护游客合法权益和旅行社利益的重要性和必要性。

实训内容

领队、全陪、地陪服务内容比较

领　队	全　陪	地　陪
应及时与全陪、地陪核对、商定日程;若遇到难以解决的问题,应及时反馈给境外组团社;如果日程与原计划有明显改变,由领队或全陪向游客宣布并说明改动的原因及调整的理由	应及时与领队、地陪商定日程;若遇到难以解决的问题,应及时反馈给国内组团社;及时协调领队与地陪在日程安排方面的分歧	应及时与领队、全陪商定日程;若遇到难以解决的问题,应及时反馈给国内组团社;如果日程与原计划无原则性出入,由地陪向全团宣布

(一)核对、商定日程的必要性

(1)核对、商定日程是旅游团抵达后的一项重要工作,是两国(两地)间导游人员合作的开始。

(2)旅游团的活动内容一般都标明在旅游协议书上,但全陪、地陪与领队仍须再次核对,力争做到万无一失。

(3)核对、商定日程既是对客人的尊重,又可以避免由于意外的出入使自己的工作和双方旅行社陷于被动。

(二)核对、商定日程的时间和地点

核对、商定行程是旅游团抵达后的重要程序,地陪在安排好团队后应尽快与领队、全陪进行这项工作并及时通知到每一位游客,使游客心中有数。如果团队抵达后直接去景点游览,核对、商定日程可选在行车途中;如果团队是先前往酒店的,可选在酒店大堂、咖啡厅、全陪的房间等处。如果日程与原计划无原则性出入,由地陪向全团宣布即可;如果有明显改变,则由领队或全陪向游客宣布并说明改动的原因及调整的理由。

(三)核对、商定日程的常规内容

(1)比较领队、全陪、地陪各自手中的行程计划有无出入。
(2)核对参观游览的景点名称、数目、时间。
(3)核对用餐及用房的标准。
(4)商定自由活动的安排。
(5)落实特殊活动及特殊要求的安排情况。
(6)征求领队、全陪对自费项目的安排意见。
(7)落实离开本地时的交通工具、航班(车次)及时间。
(8)就领队或游客提出的新要求,根据情况予以回答。

(四)核对、商定日程时采取的相应措施

第1种情况

领队或游客提出小的修改意见或要求增加新的游览项目时,地陪应采取以下措施:

(1)对不涉及费用,又不影响计划执行的要求,地陪可酌情给予满足,必要时可向接待社请示。

(2)要求增加新的游览项目时,地陪应及时向接待社有关部门反映,对合理而

又可能满足的项目应尽力予以安排。

(3)新增需要加收费用的项目,要事先向领队或游客讲明,按有关规定收取费用。

(4)对确有困难无法满足的要求,应向领队或游客说明原因并耐心解释。

第2种情况

领队或游客提出的要求与原日程不符且又涉及接待规格时,地陪应采取以下措施:

(1)一般应婉言拒绝,并说明合同的严肃性。

(2)如有特殊理由,并且是由领队提出时,地陪必须请示接待社有关部门。

第3种情况

领队(或全陪)手中的接待计划与地陪的接待计划有部分出入时,地陪应采取以下措施:

(1)地陪或全陪应及时报告各自旅行社查明原因,分清责任。

(2)在双方都能接受的基础上商定调整行程计划。

▶ 操作步骤

(一)实训准备

(1)提前一周根据教师下发的旅游合同和三份接待计划进行准备。

(2)4~8人一组,每组三人分别扮演领队、全陪和地陪,其余同学扮演游客,做好实训准备。

(3)根据旅游合同和接待计划,准备好需要变动的内容(各组不重复)。

(二)实训开始

回忆核对、商定日程的服务流程,根据教师讲解的操作要点,进行分组实训。

(1)学生进入实训场所并分组进行角色扮演、实景模拟。

(2)针对不同场景、不同需要变动的内容,提出解决方案。解决方案要遵循信守合同、努力维护游客合法权益及合理而可能的原则。

(3)日程确定后,由领队或全陪向全团宣布日程,如果有变动要向旅游者说明原因并解释变动的合理性。

(三)实训结束

(1)学生互评、师生互评。

(2)汇总实训成绩。

实训评价

任务评价表

班级：________　　　　姓名：________　　　　考核时间：________

评价项目与内容		小组评价	教师评价	行业评价
课前准备(20分)	下发合同、计划准备			
	分组准备			
	需要变动的内容准备			
程序完整(40分)	比较领队、全陪、地陪各自手中的行程计划有无出入			
	核对参观游览的景点名称、数目、时间			
	核对用餐及用房的标准			
	商定自由活动的安排			
	落实特殊活动及特殊要求的安排情况			
	征求领队、全陪对自费项目的安排意见			
	落实离开本地时的交通工具、航班(车次)及时间			
	就领队或游客提出的新要求，根据情况予以回答			
规范服务(10分)	熟知并能正确运用导游服务标准			
应变能力(10分)	遇事情绪稳定、思维敏捷、考虑问题周到，能够及时妥善处理突发事件和特殊问题			
职业素养(20分)	工作认真、细致、负责，能够充分认识搞好导游服务集体关系、通力合作维护游客合法权益和旅行社利益的重要性			
总成绩				

自主练习

(一)填写本项目实训总结

(二)案例分析

北京导游员小李要接待一个台湾团。根据计划行程,该团于晚上9点10分抵达北京首都国际机场,导游小李顺利地接到了团队。在从机场赴酒店的途中,他向旅游者致欢迎辞,进行了简单的沿途讲解,介绍了该团队在北京的日程安排以及下榻饭店的情况。即将抵达饭店时,他未与领队协商就通知旅游者第二天早上6点叫早,7点出发,开始在北京的参观游览活动。坐在最前面的领队马上说:"6点不行,太早了。"当时小李又说:"那就6点30叫早好了。"领队又说:"6点30也不行,你没看见大家这么晚才到北京都很疲倦吗?你应该给大家留出足够的时间恢复体力。"接着导游小李又问:"那您看几点合适呢?"领队说:"到时候再说吧。"车上气氛立即紧张起来,小李感到十分尴尬……

请你对此案例进行评析。

(三)思考题

(1)领队、全陪、地陪核对、商定日程时一般可能会出现哪些情况?应采取怎样的措施?

(2)请搜集有关旅游日程变更的案例,并进行分析。

补充资料

一、日程变更内容

不同场景、不同需要变动的日程内容一般包括:

(1)领队、全陪、地陪的接待计划有较大出入。

(2)领队、全陪或旅游者提出要增加新的游览项目。

(3)领队或全陪提出小的修改意见。

(4)地陪提出增加自费项目或增加购物点。

(5)领队、全陪或旅游者提出涉及接待规格、有重大调整的要求。

二、核对、商定日程的对象

(1)对国外旅行社组织的一般旅游团,该旅行社若派有领队,可以与领队商谈日程和安排;若领队希望团内有名望的人参加,也应当欢迎。

(2)若旅游团没有正式领队,而团长又是临时推选的,在团内并无威望,此时应与全团一起核对、商定日程。

(3)较正式的代表团,一般有正、副团长,并且团长的威望也较高。对这样的团队可以只同团长、副团长一起商谈日程和节目安排。

(4)重点团、学术团、专业团的要求多,团内成员各有见解,应请团长、副团长和他们认为有必要参加的人一起参加。对学术问题,导游员不应过分介入,对团员的要求应尽量满足。

模块四　参观游览服务

任务一　途中导游服务

《导游服务质量》规定:“在向异地移动途中,无论乘坐何种交通工具,全陪应提醒旅游者注意人身和物品的安全;组织好娱乐活动,协助安排好饮食和休息,努力使旅游团(者)旅行充实、轻松、愉快。”

“在前往景点的途中,地陪应相机向旅游者介绍本地的风土人情、自然景观,回答旅游者提出的问题。”

实训目标

(一)能力目标

通过本项目实训,使学生熟悉途中导游服务的技巧和内容,具备有针对性收集相关讲解素材的工作能力。

(二)职业素养目标

通过本项目实训,使学生养成注重知识积累、条理清晰的职业习惯;善于抓住游客的兴趣点,因人、因团而异提供导游服务。

实训内容

旅游者初来乍到,对一切充满了新奇,首次沿途导游至关重要,但不可立即敞开话题,滔滔不绝地讲述。应该选择旅游者最感兴趣,最急于了解的事物,以满足旅游者的好奇心和求知欲。有很多内容可以点到为止,为以后的讲解工作做好铺垫。通常在沿途导游中主要涉及以下几个方面：

1. 本地风情导游

如地理位置、人口状况、气候特点、风俗习惯等，当地文化概况也要适时介绍。

2. 市容导游

进行沿途景物介绍，如高速公路、立交桥、绿化、小区、商场、市政建设巨大变化等。但要注意，在沿途讲解中，应眼疾嘴快、讲解和所见景物要做到同步。

3. 介绍下榻饭店

地陪在途中应将旅游者即将入住的饭店的基本情况及有关住店注意事项介绍给客人，如饭店名称、位置、距机场、车站的距离、以及入店手续和设备的使用方法等。一方面可以使客人及时了解饭店的基本情况，另一方面也使旅游者在抵达饭店后可以尽快办好入店手续。

4. 宣布当日或次日的活动安排（视团队行程安排而定）

地陪应及时向旅游者介绍当日或次日的活动安排。如当日有安排，应在与领队或全陪核对商定行程之后，再向游客宣布；如当日无安排，应宣布次日的集合时间、地点，并请客人记住车牌号码。

▶ 操作步骤

（一）实训准备

（1）根据教师下发的沿途导游行车路线图进行准备。
（2）分成若干组，每组领取一份旅游行车路线图。
（3）根据实际工作中可能出现的情况设置问题。

（二）实训开始

（1）模拟导游员迎接旅游者上车。
（2）导游员正确持话筒，并开始致欢迎辞。
（3）预报当天的行程安排及天气情况。
（4）根据沿途所行走的路线开始进行景观介绍。
（5）穿插本地风土人情的介绍。
（6）中途应变旅游者的提问。
（7）快到酒店时，对即将入住的酒店进行介绍。
（8）宣布接下来的行程安排情况。

（三）实训结束

（1）学生互评、师生互评。

(2)汇总实训成绩。

实训评价

任务评价表

班级：________ 姓名：________ 、 考核时间：________

评价项目与内容		小组评价	教师评价	行业评价
课前准备(20分)	下发计划准备			
	分组准备			
程序完整(40分)	第一次亮相的精神面貌			
	使用话筒是否正确			
	对沿途景观是否熟悉			
	是否熟悉本地风土人情			
	是否出现冷场、无话可说的现象			
	对旅游者的提问感到紧张、不知所措			
	宣布当日或次日的活动安排			
规范服务(10分)	熟知并能正确运用导游服务标准			
应变能力(10分)	遇事情绪稳定、思维敏捷、考虑问题周到，能够及时妥善处理突发事件和特殊问题			
职业素养(20分)	注重知识积累、条理清晰；抓住游客的兴趣点，因人、因团而异提供导游服务；服务态度热情、游客至上，符合导游员礼仪礼貌规范			
总成绩				

自主练习

(一)填写本项目实训总结

(二)案例分析

我们的旅游车现在是从南向北行驶，前面即将进入市区。请各位留意一下，我们现在看到的这条河，就是山西境内的第一河——汾河。大家都听过《汾河流水哗啦啦》这首好听的歌吧，指的就是这条河。汾河从北向南，全长660公里，几乎贯穿全省。多少年来，山西人就是喝着汾河水一代又一代地繁衍生息，因此也叫山西的母亲河。现在，山西有许多地名都与汾河有关，比如：汾阳、汾西、临汾等，就连山西最有名的酒也叫“汾酒”。汾河从太原市中间穿过，将太原市分为东、西两部分，我们习惯称河东、河西。太原市的河东是政治、经济、商业的主要活动中心，河西则是以工业和高校为主。太原市横跨汾河，两岸共有四座大型公路桥，交通十分方便。我们现在行驶在汾河的东岸，这条路叫做“滨河东路”。各位往车窗左边看，汾河两岸绿草茵茵，小径纵横，这就是太原市政府治理汾河后为太原市民修建的汾河公园。白天，小孩子在这里嬉戏玩耍，晚上，华灯万盏，劳累了一天的人们在这里消夏休闲，被人们誉为太原的“外滩”。

我们入住的饭店山西大酒店马上就到了，下面我简单地介绍一下饭店的情况……

请你对此案例进行评析。

（三）思考题

（1）如何理解沿途导游的重要性？

（2）成功的沿途导游应具备哪些条件？

（3）沿途导游的内容主要包括哪些方面？

补充资料

沿途讲解应遵循的三个原则

一、投其所好原则

导游人员的沿途讲解，要将所见事物作为介绍内容，见物讲物、见人说人，讲解的内容与所见景物同步。因为游客初到一个陌生的城市，对沿途所见一切均有强烈的好奇心。在汽车经过的地方，常常就所见景物心中涌出“这是什么？”的疑问时，如果导游人员及时给予解释，就能满足游客。切忌漠视游客的心理，而大讲其他与沿途景物不搭界的内容，因为这些内容在未来几天游览中是有讲解的机会的。

二、取舍得当原则

对沿途的所见景点应该做选择性的介绍，做到取舍得当。平淡无奇的不讲，旅游者忌讳的不讲，看不清楚的不讲，有损当地形象的不讲。要讲那些游客感兴趣的、能体现当地特色的、具有标志性意义的内容。有些景物，对于当地人可能是司空见惯，不以为然，但由于地域差异和文化差异的客观存在，对游客来讲可能就是新奇的，比如，竹子在我国的南方是非常普通的，但北方人反而会感兴趣，反观北方的白杨树，对于南方人也同样有吸引力。

三、灵活多变性原则

沿途导游讲解的内容没有固定模式，贵在灵活。既要迎合游客的好奇心理，也要根据实际情况掌握，做到反应敏捷，语言精练，时机恰当，指示明确，点到为止。

任务二　游览中导游服务

《导游服务质量》规定：“抵达景点前，地陪应向旅游者介绍该景点的简要情况，尤其是景点的历史价值和特色。抵达景点时，地陪应告知在景点停留的时间，以及参观游览结束后集合的时间和地点。地陪还应向旅游者讲明游览过程中的有关注意事项。”

“抵达景点后，地陪应对景点进行讲解。讲解内容应繁简适度，应包括该景点的历史背景、特色、地位、价值等方面的内容。讲解的语言应生动，富有表达力。

“在景点导游的过程中，地陪应保证在计划的时间与费用内，旅游者能充分地游览、观赏，做到讲解与引导游览相结合，适当集中与分散相结合，劳逸适度，并应特别关照老弱病残的旅游者。

“在景点导游的过程中，地陪应注意旅游者的安全，要自始至终与旅游者在一起活动，并随时清点人数，以防旅游者走失。”

实训目标

（一）能力目标

通过本项目实训，使学生掌握参观游览中导游服务的规范程序，能够做到认真准备、热情服务、圆满完成讲解服务，具备掌控团队游览进程的能力，使整个游览过程安全、顺利、愉悦。

（二）职业素养目标

通过本项目实训，使学生养成多方面、多渠道积累景区相关知识、待客服务热情友好的职业习惯，提升组织、管理服务水平。

实训内容

在前往参观游览景点的途中，地陪应做以下工作：

(一)向旅游者介绍当日活动安排

出发时，导游人员应先将当天的活动安排讲解清楚。如参观景点的名称、途中所需时间、午晚餐的时间与地点等，让旅游者做到心中有数。

(二)介绍即将游览景点的历史背景和特色

在途中，地陪应向客人简单介绍即将参观游览景点的相关背景知识，以满足客人想了解景点的特色及其历史文化价值的迫切心情。但是，为了使客人更深入地了解景点知识，地陪导游人员在途中的介绍应简略些，以宏观介绍为主，为接下来的讲解做好铺垫即可。

(三)抵达景点时的导游服务

1. 交代游览注意事项

下车前，提醒客人贵重物品随身携带，记住旅游车的标志、车号、停车地点和开车时间。尤其是下车和上车地点不同时，则更要再三强调，并且要有一旦客人找不到集合地点时的应对措施。

2. 在景点示意图前，要讲明游览路线和集散地点

3. 讲明游览中的有关注意事项

比如，景点哪里不可以拍照，在特定的游览区域应遵守怎样的规定，以及在景点中面对小商小贩强行向旅游团兜售物品的行为的应对防范措施等，向旅游者作出明确的提醒。

4. 游览中的导游讲解

游览中的导游讲解是导游服务的主体内容。地陪应始终带领本团旅游者沿着游览线路对所见景物进行精彩的导游讲解。讲解的内容、方式要因人而异、繁简适度。做到三结合：讲解和引导相结合，集中与分散相结合，详与略相结合。导游员应对景点的历史背景、特色、地位、价值等方面的内容作全面详细的讲解，同时也要给客人留有思考、回味的空间。讲解的语言应生动、轻松、富有表现力，能够引起客人的兴趣。

5. 留意游客的动向，防止旅游者走失

在景点游览的过程中，地陪应随时注意旅游者的安全，要特别关照年老体弱的旅游者。在景点的每一次移动时都要清点人数。通常情况下，地陪走在团队的最前面，领队走中间，全陪走后面，三人密切配合，随时注意周围环境，防止意外发生。

▶ 操作步骤

(一)实训准备

(1)提前一周根据教师布置的接待任务进行准备。
(2)进行分组，认真按照接待任务做好语言和知识准备。

(二)实训开始

(1)根据教师讲解的操作要点进行分组实训。
(2)地陪导游员向旅游者问候并介绍当日活动安排。
(3)途中进行沿途风光导游讲解。
(4)抵达景点前，扼要介绍景点的历史背景和特色。
(5)抵达景点时，告知旅游者停车场和景点的位置关系以及旅游者车牌号码。
(6)在景点示意图前，告知旅游者在该景点的游览路线和停留时间。
(7)告知旅游者离开该景点的集合地点和时间。
(8)提醒旅游者在景区中注意人身和财产安全并预防走失。
(9)对景点内容进行有针对性的讲解。
(10)与全陪、领队配合时刻观察旅游者的动向，以防走失。

(三)实训结束

(1)学生互评、师生互评。
(2)汇总实训成绩。

实训评价

任务评价表

班级：　　　　　　　　　　姓名：　　　　　　　　　　考核时间：

评价项目与内容		小组评价	教师评价	行业评价
课前准备(20分)	下发接待任务			
	分组准备			
	语言、知识准备			

续表

评价项目与内容		小组评价	教师评价	行业评价
程序完整(40 分)	向旅游者问候			
	介绍当日活动安排			
	相机介绍沿途风光			
	扼要介绍景点的历史背景和特色			
	告知旅游者停车场状况			
	介绍游览路线和停留时间			
	告知旅游者离开该景点的集合地点和时间			
	提醒旅游者游览注意事项			
	讲解内容有针对性			
	与全陪 、领队密切配合			
规范服务(10 分)	熟知并能正确运用导游服务标准			
应变能力(10 分)	遇事情绪稳定、思维敏捷、考虑问题周到,能够及时妥善处理突发事件和特殊问题			
职业素养(20 分)	多方面、多渠道积累景区相关知识,待客服务热情友好,提升组织、管理服务水平			
总成绩				

自主练习

(一)填写本项目实训总结

(二)案例分析

某旅行社的导游员小李根据社里的安排,负责接待一个旅游团。在去往景区的路上,有些客人就急不可待地向他询问有关景区的情况,小李告诉客人,“不要急,到了景区后我会将景区的相关内容全部介绍给大家”。到景区后,有客人问他,游览这个景区需要多久,小李仍然很有礼貌地告诉客人,“进入景区,一定要跟着我走，否则第一不会很好地了解景区，第二可能会丢失，因为入口和出口是不同的”。后来客人都不再提出问题了，于是小李按照自己的带团和讲解方式热情地为客人服务。结果在整个参观过程中，他发现自己团队的客人少了一半，都跑去听别的导游员讲解了。即使留下来的游客也是默默地跟着走，不再和他有沟通和互动。在参观结束集合时，整个团队气氛非常沉闷，而且还有几位客人一直没有上车，大家都焦急地等待，小李也忙着到处寻找。在耽误了近一个小时后，这几位客人终于姗姗来迟了，当小李问他们情况时，客人说，“我们并不知道集合时间，所以当然不知道自己迟到了”。小李无言以对。

请你对此案例进行评析。

(三)思考题

(1)地陪导游员在抵达景点前如何进行景点的背景介绍？

(2)游览中的导游讲解有哪些具体要求？

(3)游览中导游人员应如何防止旅游者走失？

补充资料

导游员旅游旺季的带团技巧

在旅游旺季，许多景点游人很多，十分拥挤，不但秩序混乱，而且游览质量也难以保证。在这种特殊的环境中，要带好旅游团，确保“走得进去、拉得出来、玩得尽兴、游得安全”，导游员就应该采取一些超常规的做法。

一、合理利用“时间差”、“空间差”

所谓利用“时间差”，就是指设法避开景点的人流高峰时间，在游人相对较少的空当，组织、安排旅游团的游览。所谓利用“空间差”，就是指设法避开人流集中的游览线路，在大多数游客离开此景点即将去彼景点游览时，你却已率团游览完了彼景点开始此景点的游览了。如此与人流高峰交叉易位，达到较为理想的游览效果。

二、改变常规游览方法

考虑到景点的实际情况，在到达景点之前，就进行较为详细的讲解，以防止在景点游览时因人数过多而造成讲解的不足。到达景点后，要将游览路线、注意事项、集合时间与集合地点向游客交代清楚，尤其是紧急应变措施更要明确。这就需要导游员要头脑灵活，果断处事，不要一成不变地组织安排旅游活动。

三、时刻注意“安全第一”

在人流密集、十分拥挤的景点，要特别注意旅游团的安全。要事先向游客说明情况，请大家相互跟紧，预防走失。在人流较稠密、较为集中的大门口、通道、桥梁上尽快通过，不要停留。在通过游人蜂拥的楼梯、石磴、软索桥等狭窄的空间时，宁可晚一些，也不要强行抢行，必要时可以与游客商量取消该项目，决不可冒险行事。

任务三　返程导游服务

《导游服务质量》规定："旅游团（者）在结束当日活动时，地陪应询问其对当日活动安排的反映，并宣布次日的活动日程、出发时间及其他有关事项。"

实训目标

（一）能力目标

通过本项目实训，使学生能够了解返程导游服务的操作要点，掌握返程导游服务的工作内容，具备灵活的带团能力。

（二）职业素养目标

通过本项目实训，使学生养成因人、因团而异提供针对性导游服务的职业意识，培养学生吃苦耐劳的敬业精神。

实训内容

从景点、参观点返回饭店的途中，地陪应视具体情况做以下工作：

（一）回顾当天活动

返程途中，应回顾当天参观、游览的内容，即对当天所游览的内容作总结，重要景点的特点应再次强调，以便帮助客人加强对景点的理解和记忆。

（二）风光导游

如不是原路返回时，应该对沿途风光进行导游讲解，尤其是那些与去程途中不同的风景要适时介绍。

（三）宣布次日的活动日程

结束当天的活动后，应该在车上征询旅游者对当天日程安排的反映，同时向大家预报次日的活动日程和出发时间等有关事项。

（四）提醒注意事项

在返回饭店之前，地陪应考虑到旅游者可能要外出自由活动，所以应将他们可能去的地方作简单说明，比如，逛街应去哪里，打出租车的大致费用，带上饭店的地址和电话，尽量结伴前往等。

（五）安排叫早时间和约定早餐时间

地陪应对本地的游览行程了如指掌，准确把握时间。宣布时间的最好场所就是在回饭店前的车上，应准确告诉客人第二天的时间安排。如有一些不确定因素，比如不知道饭店的早餐时间，就在客人下车回房间和外出之前尽快了解，迅速通知到客人。

▶ 操作步骤

（一）实训准备

（1）提前一周根据教师下发的接待计划，拟定一条返程路线。
（2）进行分组，分为旅游者和导游员两组。
（3）根据模拟角色进行相关内容的准备。

（二）实训开始

（1）根据教师讲解的实训操作要点，进行分组实训。
（2）首先回顾当天的游览内容，并对精品景点进行提炼。
（3）征询旅游者对当天活动日程安排的意见。
（4）帮助旅游者梳理重点景点，并帮助旅游者重点记忆和理解。
（5）适时介绍与去程不同的沿途景观。
（6）对旅游者可能在自由活动时的目的地模拟提示注意事项。
（7）向旅游者宣布接下来的行程安排。
（8）安排好叫早服务。
（9）角色互换，进行下一轮实训。

(三)实训结束

(1)学生互评、师生互评。

(2)汇总实训成绩。

实训评价

任务评价表

班级:________ 姓名:________ 考核时间:________

评价项目与内容		小组评价	教师评价	行业评价
课前准备(20分)	下发计划准备			
	角色分组准备			
	相关服务准备			
程序完整(40分)	是否回顾当天游览行程			
	是否征询客人对当日活动日程安排的意见			
	是否对精品景点进行提炼			
	是否帮助客人重点记忆			
	是否能够相机介绍与去程途中不同的风景			
	是否提示注意事项			
	是否宣布次日活动安排			
	是否安排叫早服务			
规范服务(10分)	熟知并能正确运用导游服务标准			
应变能力(10分)	遇事情绪稳定、思维敏捷、考虑问题周到,能够及时妥善处理突发事件和特殊问题			
职业素养(20分)	因团而异提供针对性导游服务,吃苦耐劳,服务态度热情、游客至上,符合导游员礼仪礼貌规范			
总成绩				

自主练习

(一)填写本项目实训总结

(二)案例分析

导游员小李连着带了三个团了,在第三个团的返程中,因为实在太困了,结果在车上就睡着了,当他醒来的时候已经到了酒店了,客人们都拿着行李下车了,小李突然想到明天送团的时间及注意事项都还没有向客人讲,可是客人已经下去一半多了。小李只好挨着房间跟客人讲第二天早上的时间安排和注意事项,十几个房间走下来,重复了十几遍时间和注意事项,小李真是累得精疲力竭了。

请你对此案例进行评析。

(三)思考题

(1)地陪导游员应如何做好返程服务?

(2)简述地陪导游员在返程服务中应提醒的注意事项。

补充资料

导游讲解小知识

返程途中,导游员可以相机补充一些与景点相关的知识或普及一些中国文化方面的知识,比如,中国十大名花及中国十大传世名画。

一、中国十大名花

王者之香——兰花　　花中之魁——梅花　　花中之王——牡丹

凌霜绽妍——菊花　　月月常开——月季　　繁花似锦——杜鹃

清丽脱俗——荷花　　花中娇客——茶花　　十里飘香——桂花

凌波仙子——水仙

二、中国十大传世名画

东晋·顾恺之《洛神赋图》

唐·阎立本《步辇图》

唐·张萱、周昉《唐宫仕女图》

唐·韩滉《五牛图》

五代·顾闳中《韩熙载夜宴图》

北宋·王希孟《千里江山图》
北宋·张择端《清明上河图》
元·黄公望《富春山居图》
明·仇英《汉宫春晓图》
清·郎世宁《百骏图》

模块五　导游讲解服务

任务一　导游讲解语言技巧

实训目标

(一)能力目标

通过语音、语调和节奏的训练,使学生逐步达到语音规范、语调优美,能够自然流畅地进行讲解,并具备在旅游服务过程中正确、规范、优美地提供语言服务的能力。

(二)职业素养目标

通过本项目实训,使学生从语音、语调、语速等方面养成职业语言习惯,逐步形成导游讲解的职业态度和职业自豪感。

实训内容

导游语言表达技能,是指导游人员在向游客传递信息和表达思想感情的过程中,对语言的组织和技巧的运用。

(一)控制语速

语速,是指说话时语流速度的快慢。导游人员的说话速度既不能过快,也不能过慢。语速过快,难以使游客的思维与导游人员保持同步,给游客留下的印象不深,甚至听后即忘;语速过慢,会使游客感到厌烦,造成游客观赏时间的减少。语速也不能自始至终以一种恒定不变的中速进行，这样游客听起来也会感到乏味。因此，恰到好处的语速对导游人员的导游讲解效果起很重要的作用。

讲话的艺术在于适中。导游讲解的语速应是语速适中，有快有慢，善于变化。导游人员一是要根据导游讲解的对象来调节自己的语速，如对中青年游客，语速可略快；而对老年游客，语速要适当放慢。二是要根据导游讲解内容而定，对重要的内容或要特别强调的内容，语速要放慢一些，以便游客记忆，如重要景观、年代、规模、人名、数字、旅行时间、集合地点等，而对那些不太重要的内容或众所周知的事情，则语速可适当加快。

（二）富于变化

导游语言作为一种艺术语言，要求导游人员在导游讲解时，语音、语调标准优美、自然正确又富于变化、悦耳动听，令听者感到亲切自然，从而产生感染力，打动游客的心弦，激发他们的游兴。例如，对外语导游来讲，这里所说的"正确"，是指导游人员在用外语讲解时语音要标准，语调要符合外国人讲话的习惯；优美、自然，是指语言流畅、起伏有度，使游客听起来悦耳、舒服。

节奏是导游语言艺术性的要求之一，一般是指导游讲解的节奏和声调的节奏。

(1)讲解的节奏。应视游客的具体情况和时空条件而定，要徐疾有致、快慢相宜。

(2)声调的节奏。导游讲解时，导游人员的声音要富有感情色彩，要抑扬顿挫，但不矫揉造作；声调要适时变化，要有音乐般的节奏感。

音调和节奏体现着导游语言的艺术性和趣味性，直接影响着游客的审美效果，导游人员必须予以高度重视。

（三）表达准确

导游人员的语言表达，必须力求达到准确性、逻辑性和生动性的三个统一。

1. 导游语言的准确性

导游语言的准确性，是指导游人员的语言在遣词造句、叙事上要以事实为基础，准确地反映客观实际。无论说古论今、议人叙事、讲故事、说笑话，都要力求做到准确无误。

(1)严肃认真的科学态度是导游语言表达准确的前提。首先，导游人员要有竭诚为游客服务的思想及对游客负责的态度，说话时才能实事求是地予以表达。其次，要有锲而不舍、勤学苦练的科学精神，能不断进取，使自己语言中的每一个词语符合语境并贴切地反映客观实际。

(2)了解、熟悉所讲、所谈的事物和内容，是运用好语言的基础。导游人员对所讲、所谈的事物和内容有充分的准备，谙熟于胸，讲起来不仅侃侃而谈、旁征博引，而且遣词造句也十分贴切，就能准确地反映所讲、所谈事物的本来面貌，易于为游客所接受和理解。

(3)遣词造句准确，词语组合、搭配恰当是语言运用的关键。一个句子或一个意思要表达确切、清楚，就要在选择恰当词汇的基础上，按照语法规律和语言习惯进行有机组合和搭配。如果用词不当，组合搭配不好，表述不清，会使信息传递失真，游客反应也不会好。

2. 导游语言的逻辑性

导游语言的逻辑性，是指导游人员的语言要符合思维的规律性。

(1)思维要符合逻辑规律，语言要有层次感并保持连贯性。

导游人员要学习一点形式逻辑和辩证逻辑。形式逻辑是研究思维的形式结构及其规律的科学；辩证逻辑是关于思维的辩证发展规律的科学，即从事物本身矛盾的发展、运动、变化来观察、把握、研究事物的内在联系及其相互转化的规律性。导游人员的思维至少应做到，在同一事件的思维过程中，要保持自身思想的同一；对同一对象不能作出两个矛盾的判断，不能同时既肯定又否定，思想必须保持前后一贯、互不矛盾；两个相矛盾的判断只能承认其中之一是真的，作出非此即彼的明确选择，不能两者都否定，也不能模棱两可。导游人员若能掌握并正确地运用这些逻辑形式，遵守形式逻辑的思维规律，就会使自己的思维处于确定的、前后一贯的、有条理的状态。再把将要讲的内容分成前后次序，即先讲什么、后讲什么，使之层层递进、条理清楚、脉络清晰，从而在语言表达上始终保持一致，具有较强的逻辑性和层次感。

(2)学习一些基本的逻辑方法。主要的逻辑方法有比较法、分析法与综合法、抽象法、演绎法与归纳法。

3. 导游语言的生动性

导游语言的表达力求使用形象化的语言，以创造美的意境；使用鲜明生动的语言，以增加语言的情趣性；使用幽默诙谐的语言，以增强语言的感染力。

要使语言具有生动性，除了把握好语音、语调之外，在语言表达上还要注意修辞。

▶ 操作步骤

(一)实训准备

(1)提前一周根据教师布置的讲解任务进行准备。

(2)进行分组，分别准备 15 分钟的讲解词，自由选择讲解内容。

(3)准备导游讲解语言应用实例的情境材料。

(二)实训开始

(1)根据教师讲解的操作要点——语言的运用原则和基本要求,进行分组实训。

(2)地陪导游员依次进行讲解练习。

(3)语速适中,并能够根据讲解内容调整语速。

(4)音量适中,并能够根据讲解内容调整音量。

(5)语音、语调标准优美、自然正确又富于变化、悦耳动听,从而产生感染力。

(6)遣词造句准确无误。

(7)能够控制气息,做到平缓起伏、运用自如。

(8)讲解具有逻辑性。

(三)实训结束

(1)学生互评、教师点评。

(2)汇总实训成绩。

实训评价

任务评价表

班级:________ 姓名:________ 考核时间:________

评价项目与内容		小组评价	教师评价	行业评价
课前准备(20 分)	布置讲解任务			
	分组准备			
	物质准备			
程序完整(40 分)	讲解内容选择是否恰当			
	语速是否适中(200 字/分钟)			
	音量是否适中			
	措辞是否准确			
	是否具有逻辑性			
	语音语调是否优美			
	气息是否平缓			
	声音的可闻度			

续表

评价项目与内容		小组评价	教师评价	行业评价
规范服务(10分)	熟知并能正确运用导游服务标准			
应变能力(10分)	遇事情绪稳定、思维敏捷,能够灵活回答旅游者的问题			
职业素养(20分)	从语音、语调、语速等方面养成职业语言习惯;逐步形成导游讲解的职业态度和职业自豪感;服务态度热情,符合导游员礼仪礼貌规范			
总成绩				

自主练习

(一)填写本项目实训总结

(二)案例分析

佛教在中国广为流传,深深植根的重要结果是佛寺梵刹遍布名山大川、五湖四海。它们千姿百态,风格各异,庄严雄伟,精美华丽,与其周围的自然山水协调一致,创造了以佛寺为中心的整体的艺术环境,影响了人们的宗教信仰,陶冶了人们的审美情趣。

——梁晓虹等《中国寺庙宫观导游》

认真阅读以上段落,揣摩语音、语调、措辞方面的使用。

(三)思考题

(1)对导游人员的语音、语调有哪些要求?

(2)导游人员应如何控制讲解的语速?

补充资料

导游语言的“八有”要素

1. 言之有物

导游讲解的内容要充实,有说服力;导游语言要具有鲜明的思想性;不讲空话、套话，不玩弄华丽辞藻。

2. 言之有据

导游讲解必须有根有据，令人信服，不得胡编乱造、张冠李戴。

3. 言之有理

导游人员说话要诚实可信，不尚虚文，言之有理，述之有据，入情入理，以理服人。

4. 言之有情

导游人员的言语要友好，富有人情味，让游客感到亲切、温暖。

5. 言之有礼

导游人员的言语要文雅，谦虚敬人，令游客听后赏心悦耳。

6. 言之有神

导游人员在讲解时要精神饱满，声音传神，要多用形象化的语言，引人入胜。

7. 言之有趣

导游人员说话诙谐、幽默、风趣会令人愉悦，有助于活跃气氛，提高游兴。

8. 言之有喻

适当比喻，以熟喻生，生动易懂，游客倍感亲切，会留下深刻美好的印象。

导游讲解的“八有”要素中，言之有理体现导游语言的思想性(亦称哲理性)；言之有物、言之有据体现导游语言的科学性和知识性；言之有神、言之有趣、言之有喻体现导游语言的艺术性和趣味性；言之有礼、言之有情则是导游人员的道德修养在导游讲解中的具体体现。

任务二　自然景观类景区景点导游讲解

《导游服务质量》规定：“抵达景点后，地陪应对景点进行讲解。讲解内容应繁简适度，应包括该景点的历史背景、特色、地位、价值等方面的内容。讲解的语言应生动，富有表达力。”

实训目标

(一)能力目标

通过本项目实训，使学生具备对山地、水体、动植物等自然景观的讲解能力。

(二)职业素养目标

通过本项目实训,使学生养成深入学习和刻苦钻研业务知识的职业习惯,逐步形成吃苦耐劳的敬业精神和对家乡的热爱。

实训内容

(一)山地景观讲解

1.花岗岩山地景观

景观特征:岩性坚硬,具有发达的节理。山体核心高大,成为突出的主峰,雄伟险峻;主峰周围群峰簇拥,峰谷相间,犹如一朵朵含苞待放的莲花。花岗岩山丘由于表面受到球状风化,大多起伏和缓、浑圆多姿,或方或圆、或人或兽,惟妙惟肖。如华山、九华山、黄山的莲花峰等。此外,还有泰山、衡山、井冈山、千山、崂山、大兴安岭、小兴安岭、祁连山、天涯海角、鼓浪屿、普陀山。

2.岩溶地貌景观

又叫喀斯特地貌景观。这是由碳酸类岩石在特定的地质、水文、气候条件下,受地表水和地下水的溶蚀和冲蚀作用而形成的造型奇特的地貌景观。

(1)地上景观:可分为石芽、峰丛、峰林、孤峰四个阶段,还有落水洞、天生桥、漏斗等。

(2)地下景观:地下暗河、地下湖及洞穴堆积物、石钟乳、石笋、石柱、石花、石瀑布、石幔(贵州的织金洞、山西的禹王洞),以及石灰华阶地(美国的黄石公园、中国四川的黄龙—九寨沟、云南的白水台)等。

3.砂岩与丹霞山地景观

属于从中生代到早第三纪发育的一套富含红色氧化铁、砂砾岩与页岩交互成层的陆相红色岩系,是经内外应力地质作用所形成的。

景观特征:以方山、石墙、石柱、奇峰等陡峻峰林地貌为主要造型的绚丽赤壁丹崖丘陵景观。如广东仁化县丹霞山、福建的武夷山、江西的龙虎山、安徽的齐云山、河北承德的磬锤峰、广东的金鸡岭、湖南张家界等。

4.地质公园山地景观

地质公园是由一系列具有特殊科学意义、稀有性和美学价值的能够代表某一地区的地质历史、地质事件和地质作用的地质遗迹或者拼合成一体的多个地质遗址所组成,它不仅具有地质意义,还具有考古、生态学、历史或文化价值。

目前,我国已有世界地质公园18处,分别是:黄山、庐山、云台山、丹霞山、张家界、石林、五大连池、嵩山、雁荡山、泰宁、克什克腾、兴文、王屋山、泰山、雷琼、镜泊湖、伏牛山、房山等地质公园。

(二)水域类旅游景观

水是自然界分布最广、最活跃的因素之一,有“风景的血脉”之美誉,同时还是最富吸引力和参与性的康乐型自然旅游资源。

1. 河川峡谷景观

我国是一个径流资源十分丰富的国家,流域面积超过1000平方千米的河流就有1500多条,大小河流总长度在42万千米以上。如五大水系:黑龙江、黄河、长江、珠江、钱塘江。峡谷类:长江三峡、金沙江虎跳峡、雅鲁藏布大峡谷。

2. 湖泊水库景观

湖泊是陆地上的洼地积水而成。我国是个多湖泊的国家,天然湖泊面积在1平方千米以上的有2800多个,总面积达8万平方千米。湖泊的称谓较多,也有称泊、沼、池、淀、漾、错、海子、诺尔等。

按成因分为以下几种:

(1)构造湖:由于地壳的构造运动而形成的断陷盆地蓄水而成。具有幽深、清静、山水和谐、自然环境优美的特点。如滇池、洱海等。

(2)河迹湖:由于河流泥沙阻塞河道或分割水域而成。位于大河中游的平原地区,视野开阔,水产丰富。如鄱阳湖、洞庭湖、洪泽湖、巢湖等。

(3)海迹湖:又称潟湖,是古海湾被沙嘴、沙坝等封闭而成的湖泊。分布在沿海三角洲冲积平原上,湖区地势低平,一片水乡泽国风光。如西湖、太湖等。

(4)堰塞湖:由于山崩下来的碎石、泥石流、火山喷发的熔岩、冰川携带的冰碛物等阻塞河道而成。如黑龙江的五大连池、镜泊湖、西藏的纳木错湖等。

(5)火山口湖:由于火山喷发后在火山口积水而成。地处山峰顶部,水源补给以雪水、雨水、泉水为主,水深质清,视野开阔,环境优美。如长白山天池、云南腾冲大龙潭等。

(6)风蚀湖:因风沙吹蚀作用形成的洼地积水而成。分布于我国沙漠地区,多为时令湖和小型湖泊。如敦煌的月牙泉、内蒙古的居延海等。

(7)冰川湖:因冰川的刨蚀或冰碛作用形成的洼地积水而成。分布于我国西北地区。如新疆天山的天池和喀纳斯湖,青藏高原的冰川湖(西藏的纳木错)。

(8)岩溶湖:也称溶蚀湖,是碳酸岩类岩层的溶蚀洼地积水而成的湖泊。形状不规则,大小不一,水不深,我国西南地区分布较多。既有地上湖,又有地下湖。如贵州的草海、昆明的黑龙潭。

(9)人工湖：即人工水库，它们一般兼有防洪、灌溉、蓄水、发电、养殖、交通、旅游等多种功能。著名的有浙江千岛湖、黑龙江松花湖、三门峡水库、长江三峡等。以杭州西湖和北京颐和园的昆明湖最具代表性。

3. 瀑布景观

瀑布是从河床的纵断面裂处或悬崖上倾泻而下的水流，属于声形色并茂的动态景观。

(1)差别侵蚀型瀑布，是构造运动在河床中造成断层，加上水流对河床的差别侵蚀造成的，如黄河壶口瀑布。

(2)岩溶型瀑布，是流水的溶蚀、侵蚀作用造成，有的在陆地上，有的则在溶洞中，如贵州的黄果树瀑布。

(3)熔岩型瀑布，是火山喷出的熔岩阻塞了河道或湖泊的出口后，水流就从熔岩高坎上跌落造成的，如吊水楼瀑布和长白飞瀑。

(4)其他阻塞型瀑布，是山崩、泥石流的堆积物和冰川夹带的冰碛物阻塞沟谷而形成的，这类瀑布较为少见。

4. 海洋景观

海洋是世界最大的水体，约占地表总面积的71%。海洋与海岸、天气、天象、海船、渔港、灯塔等不同自然与人文景观的组合形成了优美的海域风光。中国有着总长3.2万千米的海岸线，其中大陆海岸线北起鸭绿江口，南至北仑河口，长1.8万千米；沿岸岛屿6500多个，岛屿海岸线1.4万千米。

(1)基岩海岸：它的特征是岸线曲折，岬弯相间，深入陆地的港湾众多，海水深大，适合做大中型港址。

我国的基岩海岸分布较广，如辽东半岛(大连金石滩)、山东半岛、杭州湾以南、台湾东部海岸等都属于基岩海岸。根据岩性和水动力条件的不同，又可分为海蚀地貌和海积地貌：前者如海蚀崖、海蚀平台、海蚀穴(浙江普陀山的梵音洞和潮音洞)、岸滩等，后者如沙堤、沙嘴、连岛沙洲等。

(2)平原海岸：在河流、海流、波浪等动力作用下，由泥沙堆积而成。地势平坦，岸线平直。

(三)动植物旅游景观

动植物通过生命过程中表现出的形、态、声、色、香等审美因素，起着不可替代的特殊构景作用，植被也因此有“山水的肌肤”、“风景的容颜”之称。

1. 植物景观

中国植物种类约30 000种，仅次于马来西亚和巴西，居世界第三位，其中不乏珍稀植物，如银杏、银杉、金钱松、白豆杉、珙桐等。植物具有观赏、造园、食用等价值，另外植物可以净化空气，吸附粉尘，减少噪声，调节气候，起到美化和净化环境的作用。

(1)森林景观。我国森林面积居世界第六位，但森林覆盖率极低，仅12%，居世界后列。我国的天然森林资源主要分布在东北的大、小兴安岭和长白山，西南的横断山区和藏东南，长江中下游的山地丘陵区。

(2)草原景观。草原是在干旱、半干旱气候下，由旱生、半旱生的草本植物组成的植被类型。我国世界级天然大草原的面积仅次于澳大利亚、俄罗斯和美国，居世界第四位，主要分布于西部半干旱地区及高寒地区，包括内蒙古、青海、西藏、天山四大草原。

(3)古树名木。古树名木或因历史久远、或因名人亲植、或因传说故事、或因外形奇特，不仅给景区增色不少，更给游客留下难忘的印象。

(4)奇花异草。中国栽培花卉历史悠久，花卉名品众多，据统计，中国拥有名贵花卉近6000种。如牡丹、山茶花、杜鹃花、兰花、莲花，其中不少花卉因其本身的特性和品质而具有独特的象征意义而被人们所喜爱。

2. 动物景观

野生动物的形色、动态、声音与其生态环境的结合，共同构成了我国自然景观中最生动的部分。我国鸟类约占世界鸟类的1/9，超过整个欧洲、北美洲。此外，我国还有许多特有珍稀动物。中国脊椎动物约4400种，约占世界种数的10%，有近百种脊椎动物是闻名于世的珍稀特有种。如大熊猫、金丝猴、扭角羚羊、台湾猴、扬子鳄、中华鲟、白鲟、白唇鹿、黑颈鹤。无脊椎动物粗略估计不少于100万种。

(1)珍禽异兽。我国珍禽异兽比较集中的地区为：以小兴安岭和长白山为主的东北地区，有东北虎、紫貂、梅花鹿、丹顶鹤等珍奇动物；青藏高原东缘以川西为主的山区，有大熊猫、金丝猴、大鲵（娃娃鱼）、亚洲蜂鸟、峨眉琴蛙等珍奇动物；云南西双版纳地区，有长臂猿、亚洲象、绿孔雀等珍奇动物；华南地区，有华南虎、长臂猿、坡鹿等珍奇动物。

(2)著名野生动物栖息地与特殊的动物群落。我国著名的禽鸟类栖息地：驰名中外的鹤乡——黑龙江扎龙自然保护区，世界最大的白鹤越冬栖息地——江西鄱阳湖候鸟保护区，高原湖泊鸟类王国——青海湖鸟岛等；我国著名的猴类栖息地：以保护金丝猴为主的四川南坪县白河自然保护区，以保护猕猴为主的海南南湾自然保护区、海南猴岛等。

(四)山水相依景观

山为骨骼,水为灵魂,树木花草为毛发,成为综合性景观的特点。讲解的关键在于对彼此的相辅相成的美感。

(五)主次相连景观

或以水体景观或以山地景观为主要内容的景观同时辅以其他元素,就应该重点突出地讲解,如九寨沟以水为主,黄山以山体为主,这是重点讲解内容,但是其他的元素又是该景观的重要组成部分,需要予以强调其作用,以形成完整的讲解。

▶ 操作步骤

(一)实训准备

(1)提前一周根据教师布置的讲解任务进行准备。
(2)进行分组,分别准备山地类、水体类、动植物类等自然景观模型。
(3)准备、查询导游讲解语言应用实例的材料。

(二)实训开始

(1)根据教师讲解的操作要点,进行分组实训。
(2)提醒旅游者游览注意事项,进行安全讲解。
(3)对自然景观的总体概括讲解。
(4)能够对自然景观中代表性的特征进行讲解。
(5)能够使用恰当的导游讲解方法。
(6)讲解内容应充分体现文化内涵和价值。
(7)整个讲解程序设计合理,能够突出自然景观的突出特点。

(三)实训结束

(1)学生互评、师生互评。
(2)汇总实训成绩。

实训评价

任务评价表

班级：________ 姓名：________ 考核时间：________

评价项目与内容		小组评价	教师评价	行业评价
课前准备（20 分）	布置讲解任务			
	分组准备			
	讲解资料准备			
程序完整（40 分）	是否提示游览注意事项			
	讲解用语是否恰如其分			
	是否突出景观特征			
	讲解角度是否恰当			
	讲解方法是否得当			
	是否具有文化内涵			
	是否具有文化价值			
规范服务（10 分）	熟知并能正确运用导游服务标准			
应变能力（10 分）	遇事情绪稳定、思维敏捷，能够回答旅游者的相关问题			
职业素养（20 分）	使学生能够养成深入学习和刻苦钻研业务知识的职业习惯，逐步形成吃苦耐劳的敬业精神和对家乡的热爱			
总成绩				

自主练习

（一）填写本项目实训总结

（二）案例分析

黄河壶口瀑布

“黄河之水天上来，奔流到海不复回。”唐代大诗人李白对黄河的赞美，只有您来到了黄河壶口瀑布才能真切地感受到。黄河自青海源头沿途汇集了 40 多条大的支流和千条小溪，来到了晋峡大峡谷，水流从500多米宽骤然收束到40多米，从龙槽口飞流而下，落入深潭，形成这巨大的瀑布，犹如茶壶注水，“壶口瀑布”因此得名。

看着这奔腾而来的黄河水，好似千万匹骏马，势不可挡。惊涛巨浪，以排山倒海之势，注入壶口，形成这震撼心魄的瀑布。站在岸边，望着这奔涌的瀑布，您可以产生各种各样的联想。中国人在黄河上面寄托了太多的情感，黄河已经成为了中国人的不屈不挠、勇往直前的性格象征。而最能体现黄河性格的也就是壶口瀑布。“不到壶口大瀑布，不识黄河真面目。”著名诗人光未然正是来到了这里，才被黄河这巨大的力量所感染，于是写出了著名的《黄河大合唱》，“风在吼，马在叫，黄河在咆哮……”体现了中国人民奋起抗日的坚强意志，成为一曲民族精神的颂歌。

请你分析以上讲解内容。

(三)思考题

(1)自然景观的讲解要求有哪些？

(2)导游人员应如何引导旅游者对自然景观进行审美？

(3)动植物景观的讲解要求有哪些？

补充资料

导游员如何引导游客观景赏美

导游，是指导游人员通过观赏和讲解的方式，引导旅游者对自然风光景象进行形式上、内容上和意境上的审美体验过程。导游人员依照审美法则，带领旅游者面对自然风光的具体审美对象，通过对其形态、色彩、声音等特征的欣赏、接触，达到增长见识、陶冶情性的目的。所以，导游员应灵活掌握观景赏美的方法。

一、动态观赏和静态观赏

无论是山水风光还是古建园林，任何风景都不是单一的、孤立的、不变的画面形象，而是活泼的、生动的、多变的、连续的整体。游客漫步于景物之中，步移景异，从而获得空间进程的流动美。

在某一特定空间，观赏者停留片刻，作选择性的风景观赏，通过联想、感觉来欣赏美、体验美感，这就是静态观赏。这种观赏形式时间较长、感受较深，人们可获得特殊的美的享受。如在黄河壶口瀑布的岸边伫立，眼看着奔涌而来的滔滔黄河水顿时收入了狭窄的壶口，旋即跌落深潭，形成万马奔腾的巨浪，令人震撼心魄；当站在悬空寺下，仰望着挂在悬崖峭壁上的天下奇观时，又令人赞叹不已。

二、观赏的距离和角度

距离和角度是两个不可或缺的观景赏美因素。自然美景千姿百态，变幻无穷，对一些奇峰巧石,只有从一定的距离和特定的角度去看,才能领略其风姿神韵。如从长江游轮上观赏三峡胜景神女峰时,远远望去,朦胧中看到的是一尊风姿秀逸、亭亭玉立的中国美女雕像。然而,若借助望远镜观赏神女峰,只会令人失望的,因为看到的只是一堆石头而已。又如,在黄河壶口瀑布远望南边山峰,犹如一位斜卧的女人,高高的胸脯、秀美的刘海发,被人誉为"黄河母亲像";而在七狼窝大桥的东端再望山峰,则看到的是一头正向山头狂奔的"神牛",这就是由于观赏角度不同造就的不同景观。导游人员带团游览时,要适时地指导游客从最佳距离、最佳角度并以最佳的时机和方法去观赏风景,使其获得美感。

三、观赏时机

观赏美景要掌握好时机,即掌握好季节、时间和气象的变化。清明踏青,重阳登高,春看兰花,秋赏红叶,冬观蜡梅,都是自然万物的时令变化规律造成的观景赏美活动;在陵川的王莽岭看晨曦中的旭日东升、云山雾海,黄昏时的晚霞夕照、云雾蒸腾,美不胜收;在五台山东台、北台和中台顶有时能看到佛光,这些都是因时间的流逝及光照的转换造成的美景。

变幻莫测的气候景观是欣赏自然美景的一个重要内容。云雾缭绕中的黄山美景令人回味无穷;庐山之美就在缥缈含蓄的云雾之中;游漓江,晴天的奇峰侧影、阴天的云雾山中、雨天的漓江烟雨,景景都令人流连忘返。

四、观赏节奏

观赏节奏应视观赏内容,观赏者的年龄、体质、情趣和情绪以及具体的时空条件来确定并随时调整。如果游览活动安排得太紧,观赏速度太快,不仅使游客筋疲力尽达不到观赏目的,还会损害他们的身心健康,甚至会影响旅游活动的顺利进行。因此,导游人员要注意调节观赏节奏,帮助游客保持最佳审美状态。

导游人员应通过自己的导游讲解,力争使游客从一般的以生理快感为特征的"悦耳悦目"的审美体验,升华到以精神愉悦为特征的"悦心悦意"的审美层次,最终进入以道德和理性审美为特征的"悦志悦神"的至高境界。

任务三　人文景观类景区景点导游讲解

实训目标

(一)能力目标

通过本项目实训,使学生具备对人文景观类景区景点的讲解能力。

(二)职业素养目标

通过本项目实训,使学生养成深入学习和刻苦钻研业务知识的职业习惯,逐步形成吃苦耐劳的敬业精神和对家乡的热爱。

实训内容

(一)古代建筑概述

中国的古代建筑类别丰富,式样众多。按性质和功能可以分为宫殿、民居、寺院、园林、陵基、桥梁、宝塔、石窟等;按建筑材料可以分为砖石建筑、木构建筑等;按规模可以分为组群建筑、单体建筑及建筑小品等。这些建筑形式都有各自的特征,构成精彩纷呈的建筑文化体系。作为一名导游人员,在带团讲解中,会涉及古建筑的导游,因此,导游员必须努力地了解和掌握古建筑方面的知识,将古建筑所包含的中国传统文化介绍给旅游者。

(二)中国古建筑的结构类型

中国古代建筑从材料的应用方面,可分为两大类,一是木结构建筑,一是砖石结构建筑。

1. 木结构建筑

木结构建筑最主要的特征就是以木材构成各种形式的梁架,以作为整个建筑物的承重结构的主体。在中国,木结构建筑成为殿堂厅室的主要结构方式。

木结构建筑由于受到材料的局限,不可能建得过高过大,为了解决这个问题,就出现了以组群而形成规模的组合方式。由各个单体建筑组成院落,在组合中做到主次分明,左右对称,规模宏伟,气势雄壮。建筑组群成为我国古代木结构建筑的显著特点和卓越创造,如北京的故宫、承德的避暑山庄等大型的寺庙景观,都属于组群方式。

由于木结构的特点,中国建筑的外部特征尤其明显。首先是屋顶的变化,样式纷多,全由结构所决定。漂亮的曲线、展翅欲飞的檐角、建筑物前面的木制门窗的装饰,以及金碧辉煌的油饰彩画,为古建筑带来了特有的造型艺术。

2. 砖石结构建筑

砖石结构建筑在中国建筑物中仅次于木结构建筑。除了作为木结构建筑的辅助补充结构外,如墙脚、柱础、台基、墙体等,砖石结构建筑还作为独立的建筑形式在中国古建筑中占有重要的地位,取得很大的成就。如万里长城、赵州桥、十三陵、嵩岳寺塔及石窟建筑等。

(三)古代建筑讲解要点

1. 古建筑材料的使用及结构特征

中国古代人民生活在长江、黄河流域,这里植被繁茂,森林资源丰富,劳动人民很自然地用木材建造窝棚。因此,木材就是最适当的建筑材料。而西方则以石材为主。这种建筑材料的不同,为其各自的建筑艺术提供了不同的结构特征和美学特征。

从原始社会末期起,我国建筑便形成了以木构架结构为主的独特风格。我国木构建筑的结构体系主要有抬梁式、穿斗式和干栏式等。

2. 完整而富有变化的平面布局

中国古代建筑讲究完整的院落组织,在平面布局方面有一种简明的组织规律,这就是每一处住宅、宫殿、官衙、寺庙等建筑,都是由若干单座建筑和一些围廊、围墙之类环绕成一个个庭院而组成的。即形成由间,单座建筑,庭院,组群的一个过渡。

中国古建筑群的平面布局,无论帝王的宫殿、坛庙、陵寝、衙署、寺庙宫观,还是四合院式民居,都是采用中轴线对称均衡布局,主体建筑居中,附属建筑左右对称,形成整齐严谨、主次分明的布局风格,以表现统治者至高无上的威严和宗教教义的庄严肃穆、礼敬崇高。如北京四合院、北京故宫。

3. 优美的建筑造型和丰富多彩的装饰

建筑不仅仅是技术科学,而且是一门艺术。中国古代建筑经过长时期的努力,同时吸收了中国其他传统艺术,特别是绘画、雕刻、工艺美术等造型艺术的特点,创造了丰富多彩的艺术形象,如飞檐翘角、色彩鲜艳、红墙黄瓦的宫殿,朴素淡雅、简洁实用的民居以及极具美学艺术的各种木雕、石雕、砖雕、斗拱、彩画等。

4. 建筑与环境的巧妙融合

建筑是空间的艺术、环境的艺术,中国古建筑在天人合一思想指导下,特别讲究在整体布局与设计上与周围环境的和谐统一。中国古代的设计师、艺术家和工匠们,在进行设计时,对周围的山川形势、地理特点、气候条件、林木植被等,都要进行认真的调查研究,务使建筑布局形式、色调体量等与周围环境相适应,从而构成一个大的环境空间,达到天人合一的艺术效果。

5. 传统文化与古建筑的有机结合

任何建筑都是它所属的那个民族和那个时代的文化“音符”。中国传统文化表现为敬天祀祖的儒家礼制文化、天人合一的道家风水文化、农禅并重的佛教世俗文化、民俗禁忌的原始宗教文化、君权至上的皇家等级思想、家长为中心的家族思想等,这些都在古建筑中得到充分反映。

(四)宗教建筑讲解要点

宗教建筑在中国古代建筑中有着重要的地位,并对传统的建筑产生着重要的影响。佛教、基督教、伊斯兰教世界三大宗教再加上中国本土产生的道教,合称中国四大宗教。首先是佛教建筑,由于传入中国较早,在布局上,采用了中国传统的中轴线左右对称的寺院布局方式;而伊斯兰教和基督教建筑大部分还保留着外来的建筑特色,如伊斯兰教的清真寺,体现出浓郁的阿拉伯建筑风格,以穹顶建筑为代表,内部装饰也趋于朴实;基督教建筑的教堂,其建筑风格也以西方的罗马式、哥特式及拜占庭式为主,有较高的观赏价值。

1. 宗教建筑的基本格局

了解宗教建筑的基本格局是使游客了解宗教建筑的功能和作用的重要前提,这就需要导游人员在带领旅游团游览第一座宗教建筑时就要讲清基本格局,使旅游者对宗教建筑有个基本的了解,以后就可以只讲那些有特色的内容。这样做,既避免了讲解的重复,也突出了特点,使游客始终保持旺盛的游览情趣。

2. 宗教建筑的艺术特征

导游员在佛教建筑的导游中,要突出其艺术特色,突出其与众不同的独特之处。比如,宗教建筑中有的造型别致,有的材料特殊,有的环境奇特,有的因规模宏大,都具有非常强的艺术性;还有塑像不仅具有丰富的宗教内涵,还能体现其艺术因素。所以导游员在对佛像的讲解中,突出艺术方面的内容十分必要。

3. 宗教建筑的思想内涵

宗教建筑是举行法事活动的场所,因此,必然带有浓重的宗教色彩,其建筑形式也必然会表现出强烈的宗教信仰的主题思想。所以,讲解要突出其思想内涵和历史背景。

▶ 操作步骤

(一)实训准备

(1)提前一周根据教师布置的讲解任务进行准备。

(2)进行分组,分别准备人文景观类讲解资料,如古建园林、古镇民居、民俗风情、博物馆或主题公园等。

(3)准备导游讲解语言应用实例的材料,根据景观特点,能够正确选择讲解内容。重点突出、具有文化底蕴。

(二)实训开始

(1)根据教师讲解的操作要点,进行分组实训。

(2)提醒旅游者游览注意事项,进行安全讲解。

(3)对人文景观的总体概括讲解。

(4)能够对人文景观中代表性的特征进行讲解。

(5)能够使用恰当的导游讲解方法。

(6)讲解内容应充分体现文化内涵和价值。

(三)实训结束

(1)学生互评、师生互评。

(2)汇总实训成绩。

实训评价

任务评价表

班级:________　　姓名:________　　考核时间:

评价项目与内容		小组评价	教师评价	行业评价
课前准备(20分)	布置讲解任务			
	分组准备			
程序完整(40分)	是否提示游览注意事项			
	讲解用语是否恰如其分			
	是否突出景观特征			
	讲解角度是否恰当			
	讲解方法是否得当			
	是否具有文化内涵			
	是否具有文化价值			
规范服务(10分)	熟知并能正确运用导游服务标准			
应变能力(10分)	遇事情绪稳定、思维敏捷、考虑问题周到,能够及时妥善处理突发事件和特殊问题			

续表

评价项目与内容		小组评价	教师评价	行业评价
职业素养(20 分)	能够深入学习和刻苦钻研业务知识,具备吃苦耐劳的敬业精神和热爱家乡的优良品质			
总成绩				

自主练习

(一)填写本项目实训总结

(二)案例分析

天坛

天坛始建于明永乐十八年(1402 年),它位于北京正阳门外东侧,占地面积 273 公顷,坛域北为圆形,南为方形,以象征“天圆地方”。周围筑坛墙两道,将全坛分为内坛、外坛两部分。外坛象征着城郊环境自然野趣。内坛为祭祀场所,分南北两大部分,北部叫“祈谷坛”,南部叫“圜丘坛”。天坛正是“祈谷”、“圜丘”两坛的总称。

天坛是世界上最大的祭天建筑群,是中国古代帝王的专用祭坛,历朝历代帝王都在国都建有类似的专用建筑,用来祭天。这里看到的是明、清两代的天坛。古人和古代帝王为什么要祭天呢?

古人见到天高远莫测,虚空浩渺。它日明月辉,斗转星转,冬去春来,寒来暑往,行云布雨又雷迅风烈,既有一定的规律,又千变万化。对人类来说既可赐福,又可降灾,于是古人便认为“天”是决定世间万物、人间祸福的至高无上的主宰。因而对天倍加崇敬,并逐渐形成了祭天的礼俗。连人间最高的权威者皇帝,也以天的儿子自居,自称“天子”,借以表现自己的显贵。

古人所说的天就是“宇宙”,就是“大自然”。在科学尚不够发达的古代,“祭天”主要是表达古人对大自然的崇敬与尊重,同时表达了古人想掌握大自然的愿望。祭天大典是明清两代帝王实行的一种礼仪。通过严肃、繁细的礼仪,表示对天的一种崇敬,强调王权的神授,帝王是上天的代表,从而也加强了帝王在人间至高无上的统治。

请你分析以上讲解内容。

(三)思考题

(1)如何对中国古建筑进行讲解?

(2)如何讲解中国的宗教建筑?

补充资料

人文景观,是指人类活动所留下的具有观赏价值的痕迹或实物。它们是人类历史发展的见证,在内容、形式、结构、格调等方面都具有历史特点,同时还表现出明显的地方特点和民族风格。一个国家或一个地区独具特色的民族状况、历史发展、文化艺术及物质文明和精神文明的内容等,都可以构成人文景观。

人文景观是重要的旅游资源,也是重要的旅游吸引物。在漫长的历史长河中,经过自然力和战火与人为的破坏,能够保存下来的人类所创造的并且凝结着人类聪明与智慧的遗迹和遗物已经极为稀少,因而对后人具有一种神秘感。为了更好地了解历史,继承文明,人们对祖先遗留下的罕见的历史活动遗址、古建筑、历史文物古迹也越来越感兴趣。观赏历史人文景观越来越成为人们出游的选择目的。

我国历史悠久,地域辽阔,民族众多,几千年的文明历史所留下的具有深厚的文化内涵和鲜明特征的人文景观灿若群星,遍及祖国的各个角落。它们以其独特的魅力,吸引着国内外众多的旅游者。因此,人文景观已经成为我国导游人员主要的导游讲解内容。

模块六　旅行沿途娱乐活动

任务一　导游员调节气氛的方法

实训目标

(一)能力目标

通过本项目实训,使学生熟悉带团过程中常用的调节气氛的方法,掌握组织娱乐活动的技巧,理论与实践相结合,更好地掌握带团的技能。

(二)职业素养目标

通过本项目实训,使学生养成因人、因团而异提供针对性导游服务的职业意识,培养学生一切为了游客的敬业精神。

实训内容

(一)旅途中调节气氛应遵循的原则

(1)选择有健康意义的活动内容。

(2)尊重游客,勿取笑他人。

(3)参与活动的行为举止要文明。

(4)杜绝黄色笑话与黑色幽默。

(5)活动要适合适宜。

(6)组织旅途活动不要重复。

(二)旅途中调节气氛的方法

1. 脑筋急转弯

脑筋急转弯打破了人们的常规思维定式,给人一种意想不到的解答,并且它们通俗易懂、出人意料又诙谐机巧。若导游员能够运用得当,可以调节旅途气氛。

2. 猜谜语

谜语是一种采用隐喻、迂回的方式对某种事物进行描述,而猜谜者通过思考、分析、猜测、判断后才能得出正确结论的文化娱乐活动。在我国古代,谜语被称为叟辞、隐语、灯虎、春灯和灯谜等。在夏、商、周时,已有隐语出现。有人说"谜"字是南朝文学家鲍照创始的,此种说法是否确凿,还有待考证。不过,据南朝著名文学理论家刘勰《文心雕龙·谐隐》篇说:"自魏代以来,颇非俳优,而君子嘲隐,化为谜语。"谜语的内容十分广泛,格式多样。一条谜语由谜面、谜目和谜底三个部分构成。猜谜语的方法主要有会意法、象形法、拟人法、离合猜谜法四种。

在长途旅行中,猜谜语既可以活跃旅途气氛,又可启迪智慧,还可使导游与游客之间的关系融洽,增加游客对导游的信任度。但是要注意,在组织猜谜语活动时,首先,要密切关注游客的反应;其次,选取的谜语不宜太难,应尽量选择经过短暂思考就能得出答案又比较有趣味性的谜语。

3. 成语接龙

成语接龙是中华民族传统的文字游戏。它有着悠久的历史,也有广泛的社会基础,是老少皆宜的民间文化娱乐活动。同时成语又是体现我国文字、文化、文明的一个缩影。成语接龙规则多样化,一般熟知的是采用成语字头与字尾相连不断延伸的方法进行接龙。

成语接龙的方法:第一,用四个字成语的最后一个字与下一句成语的第一个相同的字(音同就可以),首尾相接不断延伸,形成长龙。第二,在成语接龙中,第一句成语称为龙头句,该成语的第一个字则称为龙头字。同时把首尾相接的这个字,称为关节字。第三,若数龙组合,则每个龙头字组成一个主题词。

导游员做成语接龙游戏时应注意的技巧:首先,游客的年龄结构应当年轻,精力比较旺盛;其次,该游戏的时间应控制在 20 分钟左右;最后,尽量和参观的景点或当地风土人情有关联。

4. 绕口令

绕口令又称为"拗口令"、"吃口令"和"急口令",就是将声母、韵母或声调极易混淆的字反复重叠,组成拗口的句子,一口气念出来测验人们的口齿伶俐和反应的程度。导游员应注意绕口令的技巧:首先,适合 20 岁左右的游客做该游戏;其次,绕口令不要过于复杂和绕口,重在娱乐性和参与性。

(1)单韵母练习。

(2)鼻韵母练习。

(3)复韵母练习。

(4)唇音练习。

(5)舌尖中音练习。

(6)舌根音、舌面音练习。

(7)翘舌音、平舌音练习。

5. 吃鸡游戏

吃鸡游戏的规则:导游员要求每位游客说出吃鸡的某个部位和烹调方法,而且部位不可重复。5 秒钟之内如果答不上来,则表演节目;如果游客全部答对,则导游员表演节目。

6. 近景小魔术

(1)纸牌小魔术。拿一张纸,写上两张牌。例如,红 2 黑 2。但是不给游客看。将纸插在牌的中间。然后翻给游客看。纸被夹在了红 2 和黑 2 之间!

做法:纸上写的是最上面的和最下面的牌。插好后,翻给游客看的时候,右手拿着纸的上半部分背面对着纸,左手拿下面的那部分压在纸上。这样就能给游客一个错觉!

(2)硬币小魔术。先准备一枚硬币让游客检查,再让游客做个标记,然后表演者就说我要从嘴里吃进去,再从脖子后面传出来。结果把硬币放在嘴里,然后游客看表演者的手里已经什么都没有了,但表演者又从脖子后面拿出来了。

做法:在说:“我要从嘴里放进去再从脖子后面拿出来”时,表演者已经将硬币放在脖子后面了。但还要装着拿着硬币的动作。接下来就是装神弄鬼,做吞咽的动作,还要表现自己很难受,这段做得越长越好,就是让观众忘了你刚才做的动作,然后你再从脖子后面拿出来就行了。

(3)扑克牌小魔术。一副扑克、一张纸、一支笔。从整副扑克中拿出两叠放在桌上,其中一叠是 4 张 3,另一叠是随意 3 张牌;自己转过身,让对方选择其中一叠;然后你在纸上写下:你将选择“3”的那一叠。

做法:如果对方选择了 4 张 3 的那叠牌,则在数字上符合;要是他选择的是另外随意的 3 张牌,则在牌数上符合,怎么都是“3”那叠。

▶操作步骤

(一)实训准备

(1)搜集适合旅游车厢活动的材料。

(2)准备个人开展活动的道具。

(二)实训开始

(1)认真学习娱乐游戏的规则及技巧。

(2)学生进入实训场所并分组进行角色扮演、情境模拟。

导游小赵所带的团队由于旅途较长,在旅游车上游客表现出沉闷、烦躁、抱怨的情绪。

导游员站在车门处迎候客人上车;导游员面对游客正确站立,手持话筒,面带微笑,准备进行调节气氛的活动。

(3)分组进行猜谜语、脑筋急转弯表演。

(4)分组进行成语接龙的表演。

(5)分组进行绕口令的表演。

(6)分组进行接唐诗表演。

(7)玩吃鸡游戏。

(8)表演近景小魔术。

(三)实训结束

(1)学生互评、师生互评。

(2)汇总实训成绩。

实训评价

任务评价表

班级:________　　姓名:________　　考核时间:________

评价项目与内容		小组评价	教师评价	行业评价
课前准备(20分)	下发计划准备			
	分组准备			
程序完整(40分)	站在车门处迎候客人上车			
	面对游客正确站立,手持话筒,面带微笑			
	模拟猜谜语、脑筋急转弯表演			
	模拟成语接龙表演			

续表

评价项目与内容		小组评价	教师评价	行业评价
程序完整（40分）	模拟绕口令表演			
	玩吃鸡游戏			
	表演近景小魔术			
规范服务（10分）	熟知并能正确运用导游服务标准			
应变能力（10分）	遇事情绪稳定、思维敏捷、考虑问题周到，能够及时妥善处理突发事件和特殊问题			
职业素养（20分）	服务态度热情、游客至上，符合导游员礼仪礼貌规范，具备针对性导游服务的职业意识和一切为了游客的敬业精神			
总成绩				

自主练习

(一)填写本项目实训总结

(二)案例分析

导游员小王做地陪出团，她这次所带的客人是一些做生意的老板们，他们热情、开朗，一路上热热闹闹，小王做了很多适合旅游车厢内开展的活动，客人们也都很配合。但等到他与客人们做起脑筋急转弯的游戏时，客人们总也猜不对，车厢内开始变得沉默起来，有的客人干脆不参与，睡了觉。

请你对此案例进行评析。

(三)思考题

(1)导游员在组织绕口令游戏时应注意哪些问题？

(2)如何组织游客进行猜谜语活动？主要方法有哪些？

(3)导游人员在旅途中调节气氛时应遵循哪些原则？

补充资料

适合旅游车厢调节气氛的活动

一、脑筋急转弯

●全世界死亡率最高的地方在哪里？（在床上）

●借什么不用还？（借光）

●公共场所，两个人正在热烈地交谈，可围观的人却一句话也听不到，这是为什么？（他们用哑语交谈）

●太平洋的正中间是什么？（是“平”字）

●大家都不想得到的是什么？（得病）

●如果你要想使梦成为现实，首先要做什么？（先要做梦）

●芳芳走到学校门口把学生证掉了，她该怎么办？（捡起来）

●什么饭最残忍？（煲仔饭）

●在动物园里，大象鼻子第一长，第二长的呢？（小象）

●一只凶猛的饿猫，看到老鼠，为何拔腿就跑？（跑去追老鼠）

●阿研的口袋里共10个硬币，漏掉了10个硬币，口袋里还有什么？（一个破洞）

●小明拿了100元去买一个75元的东西，但老板却只找了5元给他，为什么？（他只拿了80元给老板）

●什么水永远用不完？（泪水）

●家人问医生病人的情况，医生只举起5个手指，家人就哭了，是什么原因呢？（三长两短）

●什么东西晚上才生出尾巴呢？（流星）

●什么英文字母很多人都喜欢听呢？（CD）

●飞机在天上飞，突然没油了，什么东西先掉下来？（油压表指针）

●一年四季都盛开的花是什么花？（塑料花）

●什么路最窄？（冤家路窄）

●什么时候有人敲门，你绝不会说请进？（在厕所里）

●一群惧内的大丈夫们正聚集在一起商量怎样重振男子汉雄风，突然听说他们的老婆来了，大家四处逃窜，唯独一人没跑，为什么？（吓死了）

●森林中有10只鸟，小明开枪打死了一只，其他9只却都没有飞走，为什么？（鸵鸟，它们是跑的）

●两对父子去买帽子，为什么只买了三顶？（爷爷、爸爸和儿子）

- 铁锤锤鸡蛋为什么锤不破？（锤当然不会破了）

二、猜谜语

- 两扇大黑门，中间一个小白人（猜一食物） 谜底：瓜子
- 麻屋子，红帐子，里面住着个白胖子（猜一食物） 谜底：花生
- 半空中，一个碗，下雨下不满（猜一物） 谜底：鸟巢
- 青石板，石板青，青石板上钉银钉（猜一自然景观） 谜底：夜空
- 青鱼背，鲤鱼身，白天张口，晚上吃人（猜一物） 谜底：房屋
- 黄金布，包银条，身体弯弯两头翘（猜一食物） 谜底：香蕉
- 青橄榄，两头尖，中间有个活神仙（猜一器官） 谜底：眼睛
- 红门楼，白院墙，里面坐个胖儿郎（猜一器官） 谜底：嘴巴
- 稀奇稀奇真稀奇，拿人鼻子当马骑（猜一物） 谜底：眼镜
- 四四方方一块田，一块一块卖铜钱（猜一食物） 谜底：豆腐
- 一双玉燕靠地飞，早上出门夜里归（猜一物） 谜底：鞋子
- 北平解放之后（打四川一地名） 谜底：成都
- 介胄之士（打湖北一地名） 谜底：武汉
- 柳暗花明又一村（打河南一地名） 谜底：新乡
- 刘关张结义遗址（打台湾一地名） 谜底：桃园
- 日照清流涌（打山西一地名） 谜底：阳泉
- 抵达分水处（打山西一地名） 谜底：临汾
- 固若金汤（打河北一地名） 谜底：保定
- 兵家必争之地（打香港一地名） 谜底：旺角
- 上下四方无险情（打安徽一地名） 谜底：六安
- 起锚扬帆（打中国一市名） 谜底：上海
- 恪守信誉（打贵州一地名） 谜底：遵义
- 金银铜铁（打江苏一地名） 谜底：无锡
- 菩萨岭（打广东一地名） 谜底：佛山
- 持久和平（打陕西一地名） 谜底：延安
- 贺佳节又逢喜事（打中国一市名） 谜底：重庆
- 春回大地（打江苏一地名） 谜底：苏州

三、成语接龙

巧夺天工——功败垂成——程门立雪——学无止境——精忠报国——过眼云烟——烟消云散——三顾茅庐——鹿死谁手——首当其冲——冲锋陷阵——震耳欲聋——龙飞凤舞——物以类聚——居高临下—— 霞光万道——道貌岸然

目不斜视——视死如归——鬼鬼祟祟——岁岁平安——安土重迁——千山万

水——水性杨花——哗众取宠——重峦叠嶂——张冠李戴——戴月披星——兴意盎然——冉冉升起——旗帜鲜明——名垂千古——古道热肠——畅所欲言——言不及义

勇往直前——前途无量——梁上君子——自吹自擂——雷霆万钧——军令如山——山重水复——父债子还——欢天喜地——滴水穿石——石破天惊——兢兢业业——夜不闭户——囫囵吞枣——凿壁偷光——光怪陆离——离心离德——德才兼备——背道而驰——痴人说梦——梦寐以求

人言可畏——畏首畏尾——唯命是听——铤而走险——先入为主——煮鹤焚琴——沁人心脾——披星戴月——跃跃欲试——十全十美——眉开眼笑——笑口常开——开路先锋——风吹草动——东施效颦

祸国殃民——民不聊生——绳锯木断——短小精悍——邯郸学步——不依不饶——扰民伤财——才高八斗——斗志高昂——昂首挺胸——雄姿英发——发愤图强——强人所难——男女有别——别开生面——面面俱到——盗亦有道——刀枪不入——如沐春风——风尘仆仆——铺张浪费——沸沸扬扬——洋洋洒洒

痴心妄想——响彻云霄——销声匿迹——继往开来——来日方长——长话短说——说三道四——肆无忌惮——弹尽粮绝——绝处逢生——生花之笔——敝帚自珍——针锋相对

四、绕口令

1. 单韵母练习

● 坡上立着一只鹅，坡下就是一条河。宽宽的河，肥肥的鹅，鹅要过河，河要渡鹅，不知是鹅过河，还是河渡鹅？

● 山上五棵树，架上五壶醋，林中五只鹿，箱里五条裤。伐了山上树，搬下架上醋，射死林中鹿，取出箱中裤。

● 山前有只虎，山下有只猴。虎撵猴，猴斗虎；虎撵不上猴，猴斗不了虎。

2. 鼻韵母练习

● 扁担长，板凳宽，扁担没有板凳宽，板凳没有扁担长。扁担绑在板凳上，板凳不让扁担绑在板凳上。

● 一平盆面，烙一平盆饼，饼碰盆，盆碰饼。

● 任命是任命，人名是人名，任命不能说成人名，人名也不能说成任命。

● 山前有个严圆眼，山后有个严眼圆，二人山前来比眼，不知是严圆眼的眼圆，还是严眼圆比严圆眼的眼圆？

3. 复韵母练习

● 磨房磨墨，墨碎磨房一磨墨；梅香添煤，煤爆梅香两眉灰。

● 出南门,走六步,见着六叔和六舅,叫声六叔和六舅,借我六斗六升好绿豆;过了秋,打了豆,还我六叔六舅六十六斗六升好绿豆。

● 哥挎瓜筐过宽沟,过沟筐漏瓜滚沟。隔沟挎筐瓜筐扣,瓜滚筐空哥怪沟。

● 山前有个崔粗腿,山后有个崔腿粗。二人山前来比腿,不知是崔粗腿比崔腿粗的腿粗,还是崔腿粗比崔粗腿的腿粗?

4. 唇音练习

● 老方扛着黄幌子,老黄扛着方幌子。老方要拿老黄的方幌子,老黄要拿老方的黄幌子,末了儿方幌子碰破了黄幌子,黄幌子碰破了方幌子。

● 粉红墙上画凤凰,红凤凰,粉凤凰,粉红凤凰,花凤凰。

● 吃葡萄不吐葡萄皮儿,不吃葡萄倒吐葡萄皮儿。

● 八百标兵奔北坡,北坡炮兵并排跑,炮兵怕把标兵碰,标兵怕碰炮兵炮。

5. 舌尖中音练习

● 你会炖炖冻豆腐,你来炖我的炖冻豆腐;你不会炖炖冻豆腐,别胡炖乱炖炖坏了我的炖冻豆腐。

● 老罗拉了一车梨,老李拉了一车栗。老罗人称大力罗,老李人称李大力。老罗拉梨做梨酒,老李拉栗去换梨。

● 有个面铺门朝南,门上挂着蓝布棉门帘,摘了蓝布棉门帘,面铺门朝南;挂上蓝布棉门帘,面铺还是门朝南。

● 大刀对单刀,单刀对大刀,大刀斗单刀,单刀夺大刀。

6. 舌根音、舌面音练习

● 七加一,再减一,加完减完等于几?七加一,再减一,加完减完还是七。

● 你也勤来我也勤,生产同心土变金。工人农民亲兄弟,心心相印团结紧。

● 一班有个黄贺,二班有个王克,黄贺、王克二人搞创作,黄贺搞木刻,王克写诗歌。黄贺帮助王克写诗歌,王克帮助黄贺搞木刻。由于二人搞协作,黄贺完成了木刻,王克写好了诗歌。

● 小郭画了朵红花,小葛画了朵黄花,小郭想拿他的红花换小葛的黄花,小葛把他的黄花换了小郭的红花。

7. 翘舌音、平舌音练习

● 天上有个日头,地下有块石头,嘴里有个舌头,手上有五个手指头。不管是天上的热日头、地下的硬石头、嘴里的软舌头、手上的手指头,还是热日头、硬石头、软舌头、手指头,反正都是练舌头。

● 三山屹四水,四水绕三山;三山四水春常在,四水三山四时春。

● 长虫围着砖堆转,转完砖堆钻砖堆。

● 师部司令部指示:四团十连石连长带四十人在十日四时四十四分按时到达

师部司令部，师长召开誓师大会。

● 早招租，晚招租，总找周邹郑曾朱。

● 紫瓷盘，盛鱼翅，一盘熟鱼翅，一盘生鱼翅。迟小池拿了一把瓷汤匙，要吃清蒸美鱼翅。一口鱼翅刚到嘴，鱼刺刺进齿缝里，疼得小池拍腿挠牙齿。

● 字纸里裹着细银丝，细银丝上趴着四千四百四十四个似死似不死的小死虱子皮。

● 石、斯、施、史四老师，天天和我在一起。石老师教我大公无私，斯老师给我精神食粮，施老师叫我遇事三思，史老师送我知识钥匙。我感谢石、斯、施、史四老师。

● 石狮寺前有四十四个石狮子，寺前树上结了四十四个涩柿子，四十四个石狮子不吃四十四个涩柿子，四十四个涩柿子倒吃四十四个石狮子。

● 从南边来了个喇嘛，提拉着五斤塔嘛。从北边来了个哑巴，腰里别着个喇叭。提拉塔嘛的喇嘛，要拿塔嘛换别喇叭哑巴的喇叭；别喇叭的哑巴，不愿意拿喇叭换提拉塔嘛喇嘛的塔嘛。提拉塔嘛的喇嘛，拿塔嘛打了别喇叭的哑巴一塔嘛；别喇叭的哑巴，拿喇叭打了提拉塔嘛的喇嘛一喇叭。也不知是提拉塔嘛的喇嘛拿塔嘛打坏了别喇叭哑巴的喇叭，还是别喇叭的哑巴拿喇叭打坏了提拉塔嘛喇嘛的塔嘛。提拉塔嘛的喇嘛敦塔嘛，别喇叭的哑巴吹喇叭。

任务二　导游常用才艺

实训目标

(一)能力目标

通过本项目实训，使学生了解各种个人才艺的要领以及表演时的注意事项，掌握常用的个人才艺娱乐项目，培养学生的个人才艺，使学生能够在带团的过程中，能展示自己的才艺，调动游客的游兴，活跃气氛。

(二)职业素养目标

通过本项目实训，使学生养成不断学习、不断进取的职业态度，提升组织能力和服务水平。

实训内容

(一)歌曲与戏剧表演

要求至少能唱5首地方歌曲,1首欢迎的歌曲,1首祝福的歌曲。

1.演唱歌曲时的注意事项

导游员为游客演唱歌曲主要是活跃气氛,使旅途生活更为丰富。因此,导游员演唱歌曲时应注意以下环节:

(1)选择适合自己的歌曲,并且要选则内容健康、积极、正面的歌曲。

(2)掌握好音准和节奏。

(3)导游员可以演唱本地歌曲或游客家乡的歌曲,这样可以加深游客对本地的印象,并能够引起游客的共鸣。

2.地方民歌或戏曲(以山西为例)

悠远的历史,积淀出丰厚的文化,作为民间艺术形式的山西民歌,也是蔚为大观。山西被誉为"民歌的海洋",音乐发展比较早。据统计,现在已经收集起来的民歌达2万余首。山西民歌有着悠久的历史,"日出而作,日入而息,凿井而饮,耕田而食,帝何力于我哉?"相传就是尧时期的民歌。《诗经》中的《唐风》、《魏风》都是产生在山西的古老民歌。明清时期,山西进入民歌的盛行时期,著名的有《抱琵琶》、《绣荷包》等。山西民歌主要分为五种:山歌、号子、小调、秧歌、套曲。除此之外,山西还是中国戏曲发祥地之一,出现于明代的"蒲州梆子"逐步发展成为今天的山西四大剧种:晋剧、蒲剧、北路梆子和上党梆子。著名剧目有《打金枝》、《算粮》、《三娘教子》等。除戏剧外,山西还有很多的秧歌、小戏等,如祁太秧歌、广灵秧歌、左权小花戏、万荣花鼓、浮山木偶戏、孝义皮影等。

3.训练歌曲

《人说山西好风光》、《桃花红杏花白》、《五哥放羊》、《走西口》。

(二)讲故事与说笑话

1.讲故事、说笑话时的注意事项

讲故事、说笑话是导游员常用的导游技巧,也是检验导游员是否口才出色的一种手段。通过讲故事、说笑话,使游客保持愉悦和放松。这样可以使导游员在带团中能够获得意想不到的效果。在讲故事、说笑话时应注意以下环节:

(1)导游员讲故事、说笑话,要尽量在轻松、愉快的氛围下进行。

(2)要十分熟悉所讲故事和笑话的内容和情节,能够流利地描述每个细节。

(3)导游员在说笑话时,应把握好恰到好处的时机,特别是抖包袱的时机,这

样可以引导游客产生强烈的心理期待。在故事引人入胜时，掌握速度和节奏，抖出包袱，会使游客感到大出意料，获得最佳效果。

(4)注意声音和表情的运用。导游员在讲笑话时，对角色通过声音和表情来进行夸张模仿，刻画其生动有趣的形象，以引起游客的强烈共鸣。

(5)利用停顿，吸引游客的注意力。尤其是在转换语气或准备换到下一节时，停顿一下，这样可以引起大家的好奇心，从而对所讲的笑话印象深刻。

(6)切莫在客人笑之前自己先笑。

(7)忌讲黄色笑话和政治笑话。

2. 以万荣笑话为例训练讲笑话

山西省万荣县是中华民族的发祥地之一，史书上曾有“皇天后土”的记载。自轩辕黄帝在这里“扫地为坛祭后土”至宋真宗皇帝，先后有8位皇帝24次在这里祭祀。汉武帝8次巡幸河东，7次到这里祭祀，并留下了千古绝唱——《秋风辞》。

“万荣笑话”是山西省运城市万荣县荣河镇土生土长的土特产，它生动有趣，机智幽默，来源于人们生活中的谐趣言行，是万荣及河东地区群众的口头创作，广泛地流传于山西及全国的许多省市。如今“万荣笑话”已被列入国家级非物质文化遗产名录。在“万荣笑话”的家乡，还修建了中国万荣笑话博览园，是中华大地上首家以笑文化为载体的娱乐园，是黄河金三角地区乃至全国的一张亮丽的文化名片。

▶ 操作步骤

(一)实训准备

(1)分组准备歌曲及故事、笑话若干。

(2)准备讲故事、说笑话所用道具。

(二)实训开始

(1)根据教师讲解的操作要点和注意事项，学习歌曲表演、讲故事和说笑话的方法。

(2)教师示范演唱一首歌曲或讲一个故事(笑话)。

(3)学生分组进行演唱歌曲、讲故事和说笑话表演。

(三)实训结束

(1)学生互评、师生互评。

(2)汇总实训成绩。

实训评价

任务评价表

班级：________ 姓名：________ 考核时间：________

评价项目与内容		小组评价	教师评价	行业评价
课前准备（20分）	下发计划准备			
	分组准备			
程序完整（40分）	活动前准备			
	模拟歌曲表演			
	模拟讲故事和说笑话表演			
规范服务（10分）	熟知并能正确运用导游服务标准			
应变能力（10分）	遇事情绪稳定、思维敏捷、考虑问题周到，能够及时妥善处理突发事件和特殊问题			
职业素养（20分）	养成不断学习、不断进取的职业态度，提升组织能力和服务水平；态度热情、游客至上，符合导游员礼仪礼貌规范			
总成绩				

自主练习

（一）填写本项目实训总结

（二）案例分析

小李是一位刚刚工作的新导游。在工作中，小李积极、认真，一切为游客着想，全心全意地为游客服务。某天她带团去景点游览。在途中，当她刚刚介绍完景点概况，一位游客对她说："李导，给我们唱首歌吧！"小李最担心游客提出让她唱歌，因为她唱歌总走调。每次碰到这种情况，她总是搪塞过去。于是她对游客说："对不起，我唱歌跑调，五音不全，还是不唱了吧！"一些游客开玩笑说："没关系，我们就爱听跑调的。”可是小李还是坚持不唱，游客们只好作罢。车上的气氛变得尴尬起来，小李也非常不好意思，不知道该怎么办才好。

请你对此案例进行评析。

(三)思考题

(1)你认为如何用你的歌声带动游客的兴趣，从而起到调节气氛的作用？

(2)讲故事、说笑话时应注意哪些问题？

(3)结合山西的地方特色，掌握几首地方民歌和戏曲。

补充资料

一、山西民歌推荐曲目

1.《人说山西好风光》

人说山西好风光，地肥水美五谷香；左手一指太行山，右手一指是吕梁；站在那高处望上一望，你看那汾河的水呀，哗啦啦地流过我的小村庄。

杏花村里开杏花，儿女正当好年华；男儿不怕千般苦，女儿能绣万种花；人有那志气永不老，你看那白发的婆婆，挺起那腰杆也像十七八。

2.《桃花红杏花白》

桃花来你就红来，杏花来你就白。爬山越岭寻你来呀，啊格呀呀呆。

榆树来你就开花，圪枝来你就多，你的心眼比俺多呀，啊格呀呀呆。

锅儿来你就开花，下不上你就米，不想旁人光想你呀，啊格呀呀呆。

啊……

桃花来你就红来，杏花来你就白，爬山越岭寻你来呀，啊格呀呀呆。

金针针你就开花，六瓣瓣你就黄，盼望和哥哥(妹妹)结成双呀，啊格呀呀呆。

3.《五哥放羊》

正月里，正月正，正月十五挂红灯，红灯挂在大门外，单等五哥他上工来。

六月里，二十三，五哥放羊在草滩，身披那个蓑衣，他手里拿着伞，怀中又抱着放羊的铲。

九月里，秋风凉，五哥放羊没衣裳，小妹妹有件小袄袄，改了一改领口，你里面穿上。

十二月，一年满，哥算账转家园，有朝一日天睁眼，我来与五哥他把婚完，哎哟那个哎哟，哎哎来哎哎哟，我来与我五那个哥哥把婚完。

4.《走西口》

哥哥我走西口，小妹妹也实在难留，手拉着我哥哥的手，送我送到大门口。哥哥我出村口,小妹妹也有句话儿留,走路那个走大路,人马多来解忧愁。紧紧地拉着哥哥的袖,汪汪的泪水止不住地流,只怕哥哥我不能带你一起走,只盼哥哥我早回到家门口。

哥哥我走西口,小妹妹也苦在心头,这一走要到多少的时候,盼我也要白了头。紧紧地拉着哥哥的袖,汪汪的泪水止不住地流,纵有千言万语难瞧我回头,只盼哥哥我早回家门口。

紧紧地拉着哥哥的袖,汪汪的泪水止不住地流,纵有千言万语难瞧我回头,只盼哥哥我早回到家门口,只盼哥哥我早回到家门口。

5.《汾河流水哗啦啦》

汾河流水哗啦啦,阳春三月看杏花,待到五月杏儿熟,大麦小麦又扬花。九月那个重阳你再来,黄澄澄的谷穗好像是狼尾巴。

6.《亲圪蛋下河洗衣裳》

亲圪蛋下河洗衣裳,双腿腿跪在石头上呀,小亲圪蛋。小手手红来小手手白,搓一搓衣裳把小辫甩呀,小亲圪蛋。小亲亲来小爱爱,把你的好脸扭过来呀,小亲圪蛋。你说扭过就扭过,好脸要配好小伙呀,小亲圪蛋。

7.《绣荷包》

初一到十五,十五月儿高,那春风摆动杨呀杨柳梢。三月桃花开,情人捎书来,捎书书带信信要一个荷包袋,一绣一只船,船上张着帆,里面的意思情郎你要自己猜。二绣鸳鸯鸟,栖息在河边,你依依我靠靠,永远不分开。郎是年轻汉,妹如花初开,收到这荷包袋,郎你要早回来。收到这荷包袋,郎你要早回来。

二、各地民歌推荐曲目

(1)东北民歌:《阿里郎》、《道拉基》、《新货郎》、《乌苏里船歌》

(2)河北、河南、山东民歌:《小放牛》、《放风筝》、《回娘家》、《编花篮》、《沂蒙山小调》

(3)西北民歌:《信天游》、《南泥湾》、《绣金匾》、《赶牲灵》、《知道不知道》、《山丹丹开花红艳艳》、《花儿与少年》、《在那遥远的地方》、《半个月亮爬上来》

(4)内蒙古民歌:《牧歌》、《美丽的草原我的家》、《敖包相会》、《赞歌》、《草原之夜》、《我骑着马儿过草原》、《草原上升起不落的太阳》

(5)新疆民歌:《达坂城的姑娘》、《花儿为什么这样红》、《吐鲁番的葡萄熟了》、《掀起你的盖头来》、《打起手鼓唱起歌》、《玛依拉》、《阿拉木汗》、《克拉玛依之歌》

(6)西藏民歌:《翻身农奴把歌唱》、《北京的金山上》、《青藏高原》、《珠穆朗玛》

(7)四川、云南民歌:《太阳出来喜洋洋》、《绣荷包》、《康定情歌》、《马铃儿响

来玉鸟儿唱》、《远方的客人请你留下来》、《蝴蝶泉边》、《阿瓦人民唱新歌》、《月光下的凤尾竹》

(8)广西、贵州民歌:《赶圩归来》、《采茶歌》、《山歌好比春江水》、《桂花开放幸福来》、《月亮出来》、《飞歌》

(9)湖北、湖南民歌:《洪湖水浪打浪》、《龙船调》、《浏阳河》、《刘海砍樵》、《挑担茶叶上北京》

(10)安徽、江西民歌:《对花》、《凤阳花鼓》、《八月桂花遍地开》、《映山红》、《请茶歌》、《十送红军》

(11)广东、海南民歌:《彩云追月》、《步步高》、《请到天涯海角来》、《渔家姑娘在海边》、《我爱五指山我爱万泉河》

(12)福建、台湾民歌:《鼓浪屿之歌》、《采茶扑蝶》、《外婆的澎湖湾》、《阿里山的姑娘》、《娜鲁湾情歌》

(13)江苏、浙江民歌:《四季歌》、《采红菱》、《茉莉花》、《紫竹调》、《太湖美》、《月儿弯弯照九州》、《扁担歌》、《数鸭蛋》、《采茶舞曲》

三、接团、送团常用曲目

《请跟我来》、《快乐老家》、《友谊地久天长》、《送别》、《祝你平安》、《远方的客人请你留下来》

四、山西万荣笑话示例

(1)有个人上集卖驴,回头看一看,驴没了,手里只有半截缰绳。回到家里,妻子又哭又骂埋怨他:"你这么大的人,连驴都能丢了。你咋不骑上呢?你骑上它能丢了吗?"他安慰妻子说:"多亏我是牵着。要是骑着,那不连我也一起丢了。

(2)夫妻俩抱着孩子在路上正走着,忽然下起雨来。妻子接过来孩子赶紧往前跑。丈夫是个慢性子,仍然一步一步慢慢走着。妻子说:"下雨啦,快往前跑呀!"丈夫慢条斯理地问她:"前面不下雨?"

(3)老万在公交站点等公共汽车,车来之后,听到喇叭中说:"请前门上车……"老万刚从前门上了车,就听见喇叭中又说:"……请后门下车……"老万赶忙又从后门下了车,一看站牌,还在原地,老万感叹道:"这公共汽车就是快,不大会工夫就已经转了一圈了!"

(4)老万赶着坐火车,他刚一进站,火车就开动了。他连跑带喊让停车,火车就是不理他,而且越开越快,气得他跺脚发誓:"好吧,咱明天再说!"第二天,他买好票,早早坐在候车室里,他又第一个排队进了站,可就是不上车。眼看火车慢慢地开走了,他才举着手里的车票,瞅了火车一眼说:"哼!昨天你轻轻闪了我一下,今天我可美美闪你一下,看你以后还敢吗?"

(5)安安刚睡着,就叫蚊子叮了一口。他起来赶蚊子,却怎么也赶不出去。没法,便指着蚊子说:“好吧,你不出去我出去。”边说边就出了房子,把门使劲闭严,得意地说:“哼,我今晚不进屋睡了,非把你饿死不可!”

(6)一个万荣人和一个武汉人在火车上遇见之后,吹开了牛皮。武汉人说:“黄鹤楼天下第一,高不见顶呀。”万荣人说:“我们万荣有座飞云楼,半截子插在云里头,那年差点把美国的高空无人侦察机撞下来。”武汉人又说:“去年我们黄鹤楼上跳下一个人,三十分钟才落地!”万荣人说:“去年我们飞云楼上也跳下来一个人,可警察却说他跳下来之前就已经死了。”武汉人问:“那他是怎么死的?”万荣人说:“他是被饿死的!楼实在太高了!”

(7)白局长带车到太原开会,和司机到五一大楼买东西。司机本想把车停到停车场,但停车要十元钱,于是他就开着车绕着大楼前的五一广场转圈。交警见了奇怪,拦住他问:“你是不是需要帮助?怎么不停地在这儿转圈?”司机说:“停车费比油钱还贵呢。”

(8)菜市场有个嘴特甜的卖菜人,见了谁都叫得特亲热。这天小万老婆来市场,卖菜人老远就喊:“嫂子,看我这韭菜多鲜呀,捎一捆回去给我哥和咱侄儿包饺子吧!”小万老婆于是提上一捆韭菜就走,卖菜人喊道:“嫂子,还没给钱呐。”小万老婆说:“你哥一会从这路过,你跟他要吧。”卖菜人说:“可我不认识我哥呀。”过路人都笑道:“你连你哥都不认识,你哄谁呢。”

(9)前些年,老万家里很穷,可他很有骨气,从不巴结有钱人。有个暴发户不相信花钱买不来巴结和奉承,于是找到老万说:“你没钱我有钱,你不想巴结我吗?”老万说:“你有钱又不给我,我凭啥巴结你?”暴发户说:“我把家产分给你三成,你巴结我吗?”老万说:“我三成,你七成,这不公平,我不能巴结你。”暴发户说:“那我分给你一半呢?”老万说:“你一半我一半,咱俩一样多,我凭啥巴结你?”暴发户生气地说:“我把家产全给你,这你该巴结我了吧?”老万说:“这样我比你有钱了,照你的意思,应该是你巴结我了吧。”

(10)老万和老荣相约,二人都用最节约的方法请对方喝一次酒。到了老荣请客的那一天,老荣打开录音机,老荣的声音便传了出来:杏花村酒一瓶,莲菜、花生、牛肉、粉皮、猪蹄、豆腐干各一盘,请老万享用。轮到老万请客了,老万掏出一张纸,上面画着一瓶汾酒和几盘菜,旁边写着一个请字。老万的老婆一见就发了火:“人家请你喝杏花村酒,你怎么请他喝这么贵的酒,那咱们不是吃了大亏了?”老万说:“咱们不吃亏,杏花村酒是四个字,汾酒是贵些,却少写两个字,省了咱不少墨水和气力哩。”

(11)老荣要去运城,到汽车站一问,车票要三元,老荣嫌贵没坐,背着行李朝运城走去。走了半天,到了临猗,实在累得不行,进汽车站一问,去运城的票价是二元,他便骂本县汽车站,都是到运城,你凭啥要三元?还是临猗的东西便宜!

(12)小荣和老婆在家看电视，老婆说："城里的天气可真不好，一年比一年热。"小荣说："你怎么知道？"老婆说："你看城里的姑娘们去年热得露胳膊露腿，今年开始热得露肚子了，明年可热得她们穿什么呀。"

(13)老万在北京逛街，有个人问他是什么地方的人，老万说："万荣的"。北京人说，不知道万荣这么个地方。老万就说："万荣你都不知道，和你们这儿报社看门房的二虎一个县的呀。"回了儿子家，老万把这事跟儿子讲了，儿子说："以后到了大地方，不要说自己是万荣的，就说是山西的。"老万记在心头，回万荣时在太原转车，又有人问他是什么地方的人，老万说："我是山西的！"

(14)老万去北京看儿子，他买了一张硬座票，上车没有座位，转了几节车厢后，进了软座车厢找到个座位坐下，舒舒服服地抽起烟来。过了会儿，乘务员过来对他说："无烟车厢，抽烟罚款！"老万刚交了罚款，乘务员检查了他的火车票，说："硬座票坐软座车厢，罚款！"老万交了罚款离开了软座车厢。到了太原，他叫了辆黄面的，一看座位是软座，就蹲在了座位前面，司机一边抽烟一边问他为什么不坐在座位上，老万冷笑道："你以为我不知道，硬座票坐软座是要罚款的，我还知道，这是无烟车厢，你想勾起我的烟瘾再罚我的款，没门！"

(15)兄弟二人听说父亲病重，急忙从县城往回赶。到汽车站，班车已经开走了，他们只得步行往家走。弟弟是个急性子，走着走着就跑了起来。哥哥说："你跑得再快也不顶事，路还是那么长！"

(16)甲乙二人到山西医学院找一位老乡。他们从前门进去，转了一圈，没有找着人，又从后门走出来。甲扭头一看，发现这个门边也挂着一块长条牌子，上面写着山西医学院。他醒悟地说："怪不道咱们找不见人，原来这里有两个医学院。走，咱们再到这个医学院找一找。"

(17)省城工作的儿子，用一百八十元买了一件鸭绒风雪衣，寄给在农村的父亲。父亲一生劳苦艰辛，省吃俭用。老人要是知道这件风雪衣花了一百八十元，那还不心疼出病来。于是他写信说买的是减价货，只花了八十元。父亲收到风雪衣心想："好老天爷！一件袄就八十元？"他舍不得穿，拿到集上卖了一百元，并给儿子写了回信："你捎的风雪衣我卖了，还挣了二十元。你赶快再买十件捎回来，爸还能给你挣二百元。"

模块七　餐饮与购物服务

任务一　餐饮服务

《导游服务质量》规定："旅游团（者）就餐时，地陪的服务应包括：

a）简单介绍餐馆及其菜肴的特色；

b）引导旅游者到餐厅入座，并介绍餐馆的有关设施；

c）向旅游者说明酒水的类别；

d）解答旅游者在用餐过程中的提问，解决出现的问题。"

实训目标

（一）能力目标

通过本项目实训，使学生能够掌握餐饮服务的工作流程，具备餐饮服务和处理用餐时特殊情况的工作能力。

（二）职业素养目标

通过本项目实训，使学生养成做事细致、周到、有条不紊的职业习惯，培养学生尽心尽力为游客提供规范化和个性化服务的职业精神。

实训内容

（一）计划内的团队正餐服务

（1）地陪应提前了解游客的每一次用餐情况，落实并确认用餐的地点、时间、人数、标准及特殊要求等。

(2)用餐时,引导客人入座,并适时介绍相关的特色菜。

(3)在用餐过程中,地陪应巡视团队用餐情况一到两次,及时解答客人在用餐过程中的问题及监督餐厅的服务质量。

(4)在用餐快要结束时,向客人宣布饭后的时间安排,并通知全陪和领队。

(5)用餐结束后,地陪应严格按要求如实填写“餐费结算单”。

(二)品尝风味

1.计划内的品尝风味

旅行社通常会在当地停留期间的几次正餐中,安排一次当地的风味餐。地陪应该对风味餐作专门的介绍,尤其是对能够体现风味餐特色的菜肴,要作详细的讲解,必要时可以亲自示范个别菜肴的食用方法。原则是让游客感受到有幸的体验。

2.计划外的品尝风味

名山、名水、名胜之处必有名吃。计划外的风味餐,通常是客人在旅游地临时提出的,并希望地陪能够给予合理的建议。这时地陪不可强行推荐,应积极介绍本地有代表性的餐厅或老字号,真正让客人能够对当地的特色饮食有全面的了解,并且有选择的余地。如果客人需要帮忙预订,应向旅游者真实讲明订餐标准;如旅游者邀请导游员参加,应注意不要反客为主。同时还要注意不可强人所难。有些导游员的出发点是好的,希望客人能够品尝当地风味,但要注意到客人的爱好和禁忌,也许你认为好吃的东西,别人反而很忌讳。所以,要顺其自然,点到即可。

▶ 操作步骤

(一)实训准备

(1)提前一周根据教师下发的实训计划,自行设计情境。

(2)根据旅游者、计调人员、饭店工作人员、导游员等角色进行分组,认真按照接待计划做好餐饮服务准备。

(二)实训开始

(1)根据教师讲解的操作要点,进行分组实训。

(2)导游员与旅行社计调进行沟通。

(3) 详细了解饭店的信息,确定游客在饭店就餐的时间、用餐要求并了解与饭店的结算方式。

(4)根据接待计划,落实并确认用餐的地点、时间、人数、标准及特殊要求等。

(5)用餐时,引导客人入座,并适时介绍相关的特色菜。

(6)向旅游者讲清酒水的类别及标准。

(7)巡餐一到两次。

(8)介绍本地特色风味。

(9)向旅游者宣布餐后的安排。

(10)填写餐费结算单。

(11)征求旅游者用餐意见。

(三)实训结束

(1)学生互评、师生互评。

(2)汇总实训成绩。

实训评价

任务评价表

班级:________　　　　姓名:________　　　　考核时间:________

评价项目与内容		小组评价	教师评价	行业评价
课前准备(20分)	下达餐饮服务任务			
	分组准备			
程序完整(40分)	是否与计调人员沟通			
	是否落实用餐地点、标准等			
	是否引导旅游者入座			
	是否向旅游者讲清酒水标准			
	是否巡餐并解决问题			
	是否讲解特色菜肴			
	是否征求旅游者用餐意见			
规范服务(10分)	熟知并能正确运用导游服务标准			
应变能力(10分)	遇事情绪稳定、思维敏捷、考虑问题周到,能够及时妥善处理突发事件和特殊问题			
职业素养(20分)	做事细致、周到、有条不紊,尽心尽力为游客提供规范化和个性化服务			
总成绩				

自主练习

(一)填写本项目实训总结

(二)案例分析

地陪小陈带一个新加坡团入住酒店,协助领队办理完入住手续后,小陈与领队约好15分钟后在二楼餐厅集合。15分钟后领队来到餐厅,小陈已在餐厅等候,但却没见到游客。原来,小陈以为领队会通知游客,而领队也认为小陈会通知游客,结果两人都没有通知游客。小陈和领队赶紧分头去打电话。等游客到齐后,小陈把领队介绍给主管服务员后便走开了。用完餐后,领队通过餐厅服务员通知小陈,小陈匆匆赶来与餐厅结账。

请你对此案例进行评析。

(三)思考题

(1)《导游服务质量》对地陪导游员在餐饮服务中有哪些具体要求?

(2)地陪导游员为什么要对地方特色菜肴进行讲解?

补充资料

导游员的餐饮服务作用

团队餐的形式大致分为正餐、风味餐和宴会二种,不论是哪一种,导游员都应发挥以下几个作用。

一、沟通作用

导游员是游客和旅行社协作单位的桥梁,尽管协作单位会按合同要求照章办事,但导游员对于客人细节方面的要求与餐厅的协调还是必要的,一个窗明几净、舒适优雅的用餐环境会使游客有一种愉悦的情绪,再加上服务员整洁如新的衣着和彬彬有礼的服务,客人就会感到很亲切,而可口的饭菜和一些细节要求的满足,才会使客人有"宾至如归"的感觉。这就需要导游员与餐厅认真沟通,以满足游客的用餐要求。

二、督促作用

旅行社同酒店、餐厅的合作关系通常都是经了解、协商,然后通过合同的形式确定下来的,一般情况下不会出现什么问题,但也不排除偶尔发生一些意外情况。

因此，导游员有责任对餐厅的服务进行监督，比如，用餐环境、饭菜质量、所提供的餐标等，一旦发现问题要及时纠正和弥补，以确保客人用餐的质量。

三、保障作用

导游员应严格按照旅行社的安排，带领团队到旅游定点餐厅用餐，确保团队客人用餐时不会食用变质或不干净的食物，如发现食物、饮料不卫生，或有异味变质的情况，要求餐厅负责人道歉，必要时向旅行社领导汇报。

四、讲解作用

导游员的讲解作用不仅仅是在指导客人游览景点方面，可以说贯穿于整个游程的方方面面。用餐时，如遇到具本地特色的食物，导游员就有责任就其特点、风味、工艺等进行简单讲解，使客人吃得“心中有数”。

餐饮服务是导游服务中的一个重要方面，看似简单的一个“吃”，但却决定着你是否给了游客一次愉快的旅行，对于导游员的接待质量和接待能力也是一次考验。

任务二　购物服务

《导游服务质量》规定：“旅游团（者）购物时，地陪应：

a）向旅游团（者）介绍本地商品的特色；

b）随时提供旅游者在购物过程中所需要的服务，如翻译、介绍托运手续等。”

实训目标

（一）能力目标

通过本项目实训，使学生具备引导购物的能力，掌握旅游商品的促销技巧。同时能够对旅游商品进行讲解，更重要的是，在进行购物引导的过程中具备诚信的服务意识。

（二）职业素养目标

通过本项目实训，使学生养成耐心、细致、周到的职业习惯，正确把握游客心理，满足游客愿望，塑造诚信品质。

实训内容

购物是旅游中的重要活动，但也是目前游客比较敏感的问题，因此在处理这类问题时，导游员一定要有章可循，妥善处理。

(1)严格按照接待计划执行，到旅游定点商店购物，避免次数过多，不得强迫游客购物。

(2)安排购物时，应讲明停留时间及注意事项，如实介绍商品质量和商品特色。

(3)地陪有义务提醒游客不要与当地小商小贩纠缠，以免上当受骗。

(4)如商店出售假冒伪劣和质次价高的商品，地陪有义务维护游客的合法权益。

▶ 操作步骤

(一)实训准备

(1)提前一周根据教师下发的购物服务实训计划进行准备。

(2)根据导游员、旅游者、售货员等角色进行分组，并准备有关当地主要旅游产品种类、特性的背景资料。

(二)实训开始

(1)根据教师讲解的操作要点进行分组实训。

(2)导游员介绍当地有代表性的旅游商品并进行导购和旅游商品的促销工作，其他同学扮演旅游者给导游员提出各种相关的问题，并最终决定是否购买某种旅游商品。

(3)严格按照接待计划执行，到旅游定点商店购物。

(4)应讲明停留时间及注意事项。

(5)教给客人鉴别旅游商品优劣的知识。

(6)能用简练、准确的语言描述旅游特产和旅游商品的主要特性。

(7)把握恰当的推销时机，使用恰当的促销语言。

(8)及时了解游客的需求，调整自己的讲解。

(9)正确处理游客买到不满意商品的问题。

(10)正确处理旅游者退换货的要求。

(11)正确处理旅游者购买大型商品的问题。

(12)正确处理旅游者购买贵重物品的要求。

（三）实训结束

（1）学生互评、师生互评。
（2）汇总实训成绩。

实训评价

任务评价表

班级：________ 姓名：________ 考核时间：________

评价项目与内容		小组评价	教师评价	行业评价
课前准备 （20分）	下发购物计划			
	分组准备（含地方特色商品背景资料）			
程序完整 （40分）	是否到旅游定点购物商店			
	是否规定购物时间			
	是否提醒购物注意事项 是否如实介绍商品			
	是否教给旅游者简单的鉴定商品的方法			
	促销技巧和促销方法是否得当			
	是否能够了解旅游者的需求			
规范服务 （10分）	熟知并能正确运用导游服务标准			
应变能力 （10分）	遇事情绪稳定、思维敏捷、考虑问题周到，能够及时妥善处理突发事件和特殊问题			
职业素养 （20分）	注重使学生养成耐心、细致、周到的职业习惯；正确把握游客心理，满足游客愿望；塑造诚信品质，服务态度热情、游客至上，符合导游员礼仪礼貌规范			
总成绩				

自主练习

(一)填写本项目实训总结

(二)案例分析

某旅游团在昆明游览。导游人员安排旅游团2个小时的购物后,带团来到世博园游览,当时已到下午5时,世博园规定6时开始清园,也就意味着游客最多可在园中游览1个小时。游客感到时间安排得太少,而购物安排时间又太长,完全是导游人员的责任。于是游客向旅行社提出投诉,并强烈要求第二天重游世博园。

请你对此案例进行评析。

(三)思考题

(1)导游员带领客人购物,为什么要到旅游定点购物商店?

(2)根据自己的理解,谈谈如何能够更好地促销旅游商品?

补充资料

导游人员在购物中的作用

旅游者往往对旅游目的地的情况缺乏了解,尤其是购物中,对当地的特产、可值得购买的物品到底是什么,也常常知之甚少。如果没有导游人员的协助,旅游者的购物活动往往就陷入一种盲目性。导游人员在旅游的购物活动中的作用主要如下。

一、主导作用

导游人员适时地介绍当地的旅游纪念品及特产,可以使游客加深了解商品并激发购买的欲望。导游人员根据游客的需要,安排一定的时间带领游客选择某些商店购物,体现了导游人员在旅游购物中的主导作用。

二、参谋作用

在购物前,旅游团的游客要向导游人员征询意见,了解情况;在购买中,要详细了解商品的性能、特色及售后服务的有关规定,请导游人员帮助挑选商品。因此,导游人员在游客购物中起着不可替代的参谋作用。

三、维权作用

导游人员要带旅游团到定点商店购物,到价钱公道、质量有保证的商店去购物。在购物中，导游人员要提醒游客不要上当受骗，以免掉入购物陷阱。对商店不按质论价，出售伪劣商品、以次充好的行为，导游人员有责任向商店负责人反映、交涉。在游客购买了伪劣商品后，导游人员有义务积极协助游客予以掉换。总之，在游客的购物中，导游人员自始至终地要维护游客的合法权益。

模块八　出境领队服务

任务一　出境前业务准备工作

《旅行社出境旅游服务质量》规定:出团前,“领队接收计调人员移交的出境旅游团队资料时应认真核对查验。”“出境旅游团队资料通常包括团队名单表、出入境登记卡、海关申报单、旅游证件、旅游签证/签注、交通票据、接待计划书、联络通讯录等。”

实训目标

(一)能力目标

通过本项目实训,使学生了解出境团的几个环节;并具备出团前服务准备的能力,掌握出团前的工作准备程序。

(二)职业素养目标

通过本项目实训,使学生养成认真、细致、有条理的职业习惯,形成注重细节、逐项落实准备工作的工作作风。

实训内容

(一)出发前的业务准备

1. 熟悉团队情况

了解客人职业、姓名、年龄,以及重点客人、特殊照顾对象及特殊要求。

2. 核对各种票据

(1)机票的核对,包括中英文姓名、前往目的地国家或地区。

(2)行程的核对,包括国际段和国内段行程、日期、航班、各地逗留时间等。

(3)名单表的核对,核对实际出境旅游人数与“中国公民出境旅游团队名单表”是否一致。

(4)护照内容核对,包括正文页与出境卡项目一致,出境卡两页是否盖章,出境卡是否与前往目的地相符,签证的有效期、签证水印及签字等。

(二)出团必需品准备

(1)护照、机票、已办妥手续的“中国公民出境旅游团队名单表”。

(2)团队计划、自费项目表。

(3)国内外重要联系电话号码。

(4)客人房间分配表(按境外住宿酒店数目准备)。

(5)航班时刻表。

(6)游客胸牌、行李标签。

(7)旅行社社旗、社牌、名片。

(8)客人问卷表、领队日记簿。

(9)旅行包(核对该团是否提供)。

(10)各国入、出境卡及海关申报卡。

(11)预算团费。

(12)随身日用品(如闹钟、计算器、签字笔、剪刀、信封等)。

(13)常用药品(感冒药、镇痛剂、止泻药、消炎药、晕车药等)。

▶ 操作步骤

(一)实训准备

(1)提前一周根据教师下发的出境接待计划进行准备。

(2)根据旅游者、出境领队、计调人员等角色进行分组,认真按照接待计划做好业务准备。

(二)实训开始

1. 根据教师讲解的操作要点,进行模拟实训

2. 与计调人员移交出团资料

了解旅游团成员的基本情况:旅游团的名称、团号;成员的姓名、性别、年龄、职

业、宗教信仰、饮食禁忌、生活习惯等；较有影响的成员、需特殊照顾的以及知名人士的情况。

3. 移交出境旅游行程表

了解国际段和国内段行程安排，如日期、航班、各地逗留时间；游览线路、时间、景点交通工具的安排；食宿标准、档次；购物、娱乐安排以及自费项目等。

4. 掌握联络电话

了解组团社和接团社的联系人和联络方式以及遇到紧急情况的联络方式。

5. 移交“中国公民出国旅游团队名单表”

“名单表”一式四联：出境边防检查专用联、入境边防检查专用联、旅游行政部门审验专用联、旅行社自留专用联。领队只需带其中的一、二联即可。

6. 核对旅游团成员的证件、签证、机票和表格

(1)核对游客护照、护照内的签证以及“中国公民出国旅游团队名单表”。

护照重点检查：姓名、护照号码、签发地、签发日期、有效期、是否本人签名；签证重点检查：签发日期、截止日期、签证号码；名单表重点检查其信息是否和护照以及签证信息一致。

(2)核对机票及行程。

主要核对乘机人姓名、乘机日期、航班号。将机票信息与旅游行程进行对照，核对航班号、日期和起飞时间。

(3)核对全团境外住房分配情况。

7. 做好个人各项物质准备

(三)实训结束

(1)学生互评、师生互评。

(2)汇总实训成绩。

实训评价

任务评价表

班级：________　　姓名：________　　考核时间：________

评价项目与内容		小组评价	教师评价	行业评价
课前准备 (20分)	下发出境接待计划准备			
	熟悉各项计划内容			

续表

评价项目与内容		小组评价	教师评价	行业评价
程序完整（40分）	与计调人员移交出团资料			
	了解团员组成情况			
	与计调人员移交出境旅游行程表			
	了解相关行程内容			
	与计调人员移交机票、证件及各种表格			
	核对证件签证及各种表格			
	熟悉各项服务要求			
	能够做好各项出境物质准备			
规范服务（10分）	了解证件、签证及表格的使用，能够规范服务			
应变能力（10分）	遇事情绪稳定、思维敏捷、考虑问题周到，能够及时妥善处理突发事件和特殊问题			
职业素养（20分）	做事认真、细致、有条理，注重细节，逐项落实准备工作			
总成绩				

自主练习

（一）本项目实训总结

（二）案例分析

某国际旅行社组织了一个去泰国的旅游团，在出境前，导游未对游客讲解有关风俗和禁忌，结果一游客参与了街头的扑克赌博，被当地警方处以重罚，并驱逐出境。游客认为，由于旅行社没有讲清楚泰国的有关法律，致使自己遭重罚并被驱逐出境，要求赔偿。

请你对此案例进行评析。

（三）思考题

（1）出境旅游前，领队的准备工作有哪些？

（2）出境前，旅游领队和计调人员的移交工作主要有哪些？

补充资料

出境旅游领队人员管理办法

第一条　为了加强对出境旅游领队人员的管理，规范其从业行为，维护出境旅游者的合法权益，促进出境旅游的健康发展，根据《中国公民出国旅游管理办法》和有关规定，制定本办法。

第二条　本办法所称出境旅游领队人员（以下简称“领队人员”），是指依照本办法规定取得出境旅游领队证（以下简称“领队证”），接受具有出境旅游业务经营权的国际旅行社（以下简称“组团社”）的委派，从事出境旅游领队业务的人员。

本办法所称领队业务，是指为出境旅游团提供旅途全程陪同和有关服务；作为组团社的代表，协同境外接待旅行社（以下简称“接待社”）完成旅游计划安排，以及协调处理旅游过程中相关事务等活动。

第三条　申请领队证的人员，应当符合下列条件：

（一）有完全民事行为能力的中华人民共和国公民；

（二）热爱祖国，遵纪守法；

（三）可切实负起领队责任的旅行社人员；

（四）掌握旅游目的地国家或地区的有关情况。

第四条　组团社要负责做好申请领队证人员的资格审查和业务培训。

业务培训的内容包括：思想道德教育，涉外纪律教育，旅游政策法规，旅游目的地国家的基本情况，领队人员的义务与职责。

对已经领取领队证的人员，组团社要继续加强思想教育和业务培训，建立严格的工作制度和管理制度，并认真贯彻执行。

第五条　领队证由组团社向所在地的省级或经授权的地市级以上旅游行政管理部门申领，并提交下列材料：申请领队证人员登记表，组团社出具的胜任领队工作的证明，申请领队证人员业务培训证明。

旅游行政管理部门应当自收到申请材料之日起15个工作日内，对符合条件的申请领队证人员颁发领队证，并予以登记备案。

旅游行政管理部门要根据组团社的正当业务需求合理发放领队证。

第六条　领队证由国家旅游局统一样式并制作，由组团社所在地的省级或经授权的地市级以上旅游行政管理部门发放。

领队证不得伪造、涂改、出借或转让。

领队证的有效期为3年。凡需要在领队证有效期届满后继续从事领队业务的,应当在届满前半年由组团社向旅游行政管理部门申请登记换发领队证。

领队人员遗失领队证的,应当及时报告旅游行政管理部门,并声明作废,然后申请补发;领队证损坏的,应及时申请换发。

被取消领队人员资格的人员,不得再次申请领队登记。

第七条　领队人员从事领队业务,必须经组团社正式委派。

领队人员从事领队业务时,必须佩戴领队证。

未取得领队证的人员,不得从事出境旅游领队业务。

第八条　领队人员应当履行下列职责:

(一)遵守《中国公民出国旅游管理办法》中的有关规定,维护旅游者的合法权益;

(二)协同接待社实施旅游行程计划,协助处理旅游行程中的突发事件、纠纷及其他问题;

(三)为旅游者提供旅游行程服务;

(四)自觉维护国家利益和民族尊严,并提醒旅游者抵制任何有损国家利益和民族尊严的言行。

第九条　违反本办法第四条,对申请领队证人员不进行资格审查或业务培训,或审查不严,或对领队人员、领队业务疏于管理,造成领队人员或领队业务发生问题的,由旅游行政管理部门视情节轻重,分别给予组团社警告、取消申领领队证资格、取消组团社资格等处罚。

第十条　违反本办法第七条第三款规定,未取得领队证从事领队业务的,由旅游行政管理部门责令改正,有违法所得的,没收违法所得,并可处违法所得3倍以下不超过人民币3万元的罚款;没有违法所得的,可处人民币1万元以下罚款。

第十一条　违反本办法第六条第二款和第七条第二款规定,领队人员伪造、涂改、出借或转让领队证,或者在从事领队业务时未佩戴领队证的,由旅游行政管理部门责令改正,处人民币1万元以下的罚款;情节严重的,由旅游行政管理部门暂扣领队证3个月至1年,并不得重新换发领队证。

第十二条　违反本办法第八条第一项规定的,按《中国公民出国旅游管理办法》的有关规定处罚。

第十三条　违反本办法第八条第二、三、四项规定的,由旅游行政管理部门责令改正,并可暂扣领队证3个月至1年;造成重大影响或产生严重后果的,由旅游行政管理部门撤销其领队登记，并不得再次申请领队登记，同时要追究组团社责任。

第十四条　旅游行政管理部门工作人员玩忽职守、滥用职权、徇私舞弊，构成犯罪的，依法追究刑事责任；未构成犯罪的，依法给予行政处分。

第十五条　本办法由国家旅游局负责解释。

第十六条　本办法自发布之日起施行。

任务二　行前说明会

《旅行社出境旅游服务质量》规定："出团前，组团社应召开出团行前说明会。在会上，组团社应：

a）向旅游者说明出境旅游的有关注意事项，以及外汇兑换事项与手续等；

b）向旅游者发放'出境旅游行程表'、团队标志和'旅游服务质量评价表'；

c）相关的法律法规知识以及旅游目的地国家的风俗习惯；

d）向旅游者翔实说明各种由于不可抗力/不可控制因素导致组团社不能（完全）履行约定的情况，以取得旅游者的谅解。"

实训目标

（一）能力目标

通过本项目实训，使学生了解开行前说明会的重要性，并培养开行前说明会的工作能力。

（二）职业素养目标

通过本项目实训，使学生养成耐心、细致的职业习惯，形成热诚服务与坚持原则相统一的服务态度。

实训内容

旅游团队出境前，组织全体游客召开"出境旅游说明会"是出境游十分重要的程序。在说明会上，要将有关事项告知每一位客人；同时借此机会达到领队与客人、客人与客人相互认识的目的，以便于开展以后的团队组织工作。

领队应该参与说明会，并与游客见面。说明会上对出境旅游有关事项的讲解，可以由领队讲，也可以由旅行社的该团队作业人员讲解。为了表现出旅行社对旅游团队的重视和关心，团队出境前的说明会也可以由出境部经理主持，重要的团队可邀请旅行社总经理参加并讲话。召集时间一般定于出团前一天至一周内。

（一）说明会的内容

说明会的内容应尽量全面、具体，有些不是很确定的事情，也应先大致提到，使客人有心理准备。主要包括以下内容：

(1)欢迎辞。主要内容为感谢大家对旅行社的信任，表示欢迎参加旅游团队。

(2)领队自我介绍。表明为大家服务的工作态度，并请大家对领队的工作予以配合和监督。

(3)对每位客人提出要求。注意统一活动，强调文明旅游规范，强化时间观念及相互之间团结友爱。

(4)行程说明。可以按行程表逐一介绍，但必须强调：行程表上的游览顺序有可能因交通等原因发生变化。同时说明哪些活动属于自费项目，客人可以自由选择参加。介绍目的地国家概况及风俗习惯。同时对游客提出要求，讲清注意事项，落实分房、交款等事项。

(5)通知集合时间、地点。在机场或港口指定位置集合；时间通常要比航班离港时刻提前2小时；如乘火车或汽车，也要在发车1小时前到达指定位置集合。

(6)提醒客人带好有关物品。如洗漱用品和拖鞋、衣物、常用药品等(有些境外的酒店是不提供此类物品的)。

(7)货币的携带与兑换。中国海关规定每位出国旅游人员可携带人民币20 000元，可兑换美元5000元。

(8)提醒注意人身安全。告诫客人在境外要注意安全，特别是在海滨或自由活动时。

(9)财物保管。告诫客人注意个人财物的保管；向客人讲清在酒店客房如何保管贵重物品，介绍酒店保险箱的使用方法；在旅途中托运行李时，如何保管贵重和易损物品等基本旅游知识。

(10)出入境时注意事项。告知有关国家的法律和海关规定，说明过关程序及有关手续。同时告诫团员境外机场庞大复杂，离散后寻找不易，所以一定要集体行动等。

另外，对首次出境旅游的客人，最好将旅游中的其他有关事项作逐一介绍。

(二)应重点落实的内容

(1)分房。
(2)国内段返程机票的确认。
(3)有无提前出发、在出境口岸等候会合的团员。
(4)是否有单项服务等特殊要求。
(5)饮食方面的特殊要求。

▶ 操作步骤

(一)实训准备

(1)提前一周根据教师下发的出境旅游接待计划及行程安排进行准备。

选择若干个我国公民出境旅游的热点国家,并设计若干个不同类型的团队。目的地国家(地区)和团队类型交叉组合,组成若干个出境旅游团。

(2)根据旅游者、出境领队等角色进行分组,每组自由选取不同的国家,认真做好行前说明会的准备工作。

(二)实训开始

(1)根据教师讲解的操作要点,进行分组实训。
(2)要以良好的精神面貌和礼貌的语言亮相。
(3)致欢迎辞,向游客发放"出境旅游行程表"、"旅游服务质量评价表"和团队标志等。
(4)着重强调时间,尤其是出发时间,将自己的手机号告诉游客。
(5)从食、住、行、游、购、娱六个方面对旅游行程进行说明(包括出境、入境手续与注意事项,旅游行程)。
(6)介绍旅游目的地国家的基本情况、风俗习惯和相关的法律法规知识,并提出要求。
(7)告知外币兑换方式等。
(8)公布分房名单。
(9)强调集合时间,回答游客的问题,登记游客的特殊要求。

(三)实训结束

(1)学生互评、师生互评。
(2)汇总实训成绩。

实训评价

任务评价表

班级：________　　姓名：________　　考核时间：________

评价项目与内容		小组评价	教师评价	行业评价
课前准备（20分）	下发出境旅游计划			
	分组准备，自选目的地国家			
	按照说明要求进行准备			
程序完整（40分）	是否提前通知到所有参团旅游者			
	是否致欢迎辞并作自我介绍			
	是否发放旅游行程安排、意见咨询表、旅游纪念品及团队标志			
	是否对行程进行逐日讲解			
	是否从六大要素进行说明			
	是否提醒注意事项、出入境常识及海关规定			
	是否介绍当地民俗风情			
	是否征询分房意见			
	是否告知外币兑换方式及国际电话使用方式			
	是否将自己的联络方式留给旅游者			
	是否强调时间观念、集体意识和境外纪律			
	是否强调国家意识及民族尊严			
规范服务（10分）	熟知并能正确运用导游服务标准			
应变能力（10分）	遇事情绪稳定、思维敏捷、考虑问题周到，能够及时妥善处理突发事件和特殊问题			
职业素养（20分）	耐心、细致，热诚服务与坚持原则相统一；服务态度热情、游客至上，符合导游员礼仪礼貌规范			
总成绩				

自主练习

(一)填写本项目实训总结

(二)案例分析

我国一旅行团到澳大利亚旅游,在澳大利亚海关接受入境检查时,一位旅客随身携带的真空包装的鸡翅、鸡腿被澳方官员查获,另一位旅客携带的真空包装的乡巴佬鸡蛋更引起澳方官员的特别关注,甚至叫来了警犬和边防警察。最终两位游客受到食品销毁、罚款1000澳元的处理。因为澳大利亚检疫法明文规定,禁止罐头肉食、蛋、蛋类制品等入境,违者将被处以220澳元至6万澳元的罚款甚至监禁。而中国游客均未在入境卡上填写携带有上述违禁品。

请你对此案例进行评析。

(三)思考题

(1)出境旅游为什么要开行前说明会?

(2)行前说明的主要内容有哪些?

补充资料

港澳行前说明会

各位团友,大家好!

我是各位×年×月×日港澳游的领队×××,很高兴认识大家。今天我将我们此次的行程安排及旅游注意事项向各位作一说明,同时借此机会我们团友之间也可以相互认识,以方便大家在今后的旅游活动中互相理解和关照,我相信,我们的旅游会顺利、圆满,大家也会成为很好的朋友。接下来,我将从以下几个方面向各位说明,如果有什么问题请在我说明之后提出来。

一、出入境

抵达海关时,应将护照、入境申请表备妥,排队验证。在柜台前地上有一条黄线,等候进入,不得超越此线。边检大厅不得大声喧哗。接受海关检查时,要据实申报应税物品。

在回国入境时,可以携带小家电用品,摄像机、带变焦镜头的照相机要报关上税。游客禁止携带水果和农作物。出入国境严禁携带各种武器、弹药和易燃易爆物品、无线电收发报机及主要器材、动植物以及色情音像制品、文字印刷品等国家规定的所有违禁物品。不要替陌生人携带物品过境。

二、安全问题

身份证、港澳证是团员在境内、外旅游期间的有效证件，请妥善保管，切勿遗失。贵重物品请随身携带。请不要将金银首饰放在枕头下，为了安全起见，请将钱与贵重物品寄存在酒店保险箱或随身携带；房间内的保险箱或酒店前台的保险箱是酒店提供的免费服务，请牢记保险箱密码。进入酒店房间后，请协助领队检查房间设备，了解安全通道的位置。出门时，应锁好门窗，以防失窃。港澳全程为三星住宿标准。离开酒店房间时，要清点行李用品，以免遗失。港澳地区行车方向与国内相反，过马路时请游客先看左后看右，遵守交通规则。每到一处请记住当地导游的电话。如果您在旅游景点不慎与团队走失，请您在原地等候，并且在有明显的标志下等候，切勿自己寻找团队、旅游车。请勿单人外出随意行动。自由活动期间，请携带酒店地址卡片、证件，三五人结伴而行；如有走失，搭出租车即可返回酒店。

三、其他注意事项

港澳地区饮食较为清淡，可根据个人口味自备咸菜、辣椒酱、方便面等小食品，请注意密封包装；不用餐时餐费不退。请自备洗漱用品、拖鞋。酒店房间内的小酒吧或冰箱内食品、饮料食用后，请自觉到前台付款。

港澳地区年平均温度23℃，请携带必要的行李物品，着轻便的休闲装，注意天气变化，携带防晒防雨用品。旅游车上空调较凉，请随身准备厚外套。请游客自备常用药品和自身所需药品以及防止晕船、晕车的药品。请根据自身健康状况选择适度的娱乐节目。

遵守当地的风俗习惯，如有违反团队规定和作出有损其他团员利益的行为，领队有权制止。

旅游期间，请听从领队和导游的安排，在旅游景点先听导游讲解再自由活动。

乘坐旅游车或其他交通工具时，请自觉排队，不要争抢座位，互相谦让。

出国旅游请注意团队整体形象，有组织有纪律，如遇到问题或困难，请及时与领队协商。

因航空公司、天气及政策性因素产生的费用自理。

成人请携带身份证，未成年人请携带户口本原件（以备登机时用）。

在旅游期间请保持轻松、愉快的心情。

四、货币

澳门地区使用港币和澳币，大型购物商场也收人民币。1元人民币约等于1.24澳元、1.21港元（以2011年6月汇率为参考点）。此外，国内通用的银联卡，在港澳地区也可刷卡消费。

五、时差

所有团员旅游时请务必遵守时间，港澳地区与北京时间相同。

六、购物

香港、澳门是自由免税港，许多世界顶级名牌服装、皮包、首饰、化妆品都很值得购买；可以在导游带去的香港、澳门旅游局指定的购物店购买，也可以在自由活动期间自由选购；如果需要购买摄像机或带变焦镜头的照相机，建议在自由活动时间全面比较选购。

七、小费及自费（已包含）

请按照国际惯例付给各地导游及司机小费。除了行程所列项目之外，香港还可以选择“夜游维多利亚港”的自费节目；澳门可以自费参加刺激的赛狗或赛马活动。以上自费节目可自愿参加。

祝大家旅途愉快！

任务三　出入境服务

《旅行社出境旅游服务质量》规定：“领队应告知并向旅游者发放通关时应向口岸的边检/移民机关出示/提交的旅游证件和通关资料（如：出入境登记卡、海关申报单等），引导团队依次通关。

向口岸的边检/移民机关提交必要的团队资料（如：团队名单、团体签证、出入境登记卡等），并办理必要的手续。

领队应积极为旅游团队办妥乘机和行李托运的有关手续，并依时引导团队登机。

飞行途中，领队应协助机组人员向旅游者提供必要的帮助和服务。”

实训目标

（一）能力目标

通过本项目实训，使学生熟悉领队导游服务各环节的程序，掌握出入境的相关手续及规定。

(二)职业素养目标

通过本项目实训,使学生养成严谨、细致、有条理的职业习惯,提升服务的专业性、准确性,维护游客的尊严。

实训内容

(一)办理中国出境手续

(1)提前到达集合地点,通常可以提前 5~10 分钟。

(2)集合清点人数。

(3)将需要在海关申报的团员的护照分出,让其持护照、机票由红色通道进关。

(4)托运行李过安检,办理登机手续;如果是联程机票,最好提前取下当日乘机联;统计托运行李件数,清点准确,并保存好行李牌。

(5)通过卫生检疫,出示黄皮书,或购买药物领取黄皮书。

(6)过边检时,按"团队名单表"的顺序排队,依次通过。

不在"团队名单表"上登记的客人可走其他通道,填写出境卡;提醒注意站在一米线后,以体现对现场工作人员的尊重和旅游团队成员的良好素质。

(7)将"团队名单表"交边境检察官审核,边检留存一份,另一份加盖边检章后,交领队收存,在回国入境时依此核查使用。

(8)通过安检、候机、登机。

(二)办理国外入境手续

(1)到达旅游目的地后,要办理入境手续,通常称为"过三关",即卫生检疫、证照查验、海关检查。

(2)入境的 E/D 卡及申报单的表卡应事先填妥。不论在飞机上或是在机场,都应事先将规定查验的资料备妥,将证件收齐。

(3)带团出机场时,从入境边检开始,再接着领取行李至海关,按顺序接受检查。

(4)领队如先于客人通过移民关卡,应回头照顾团员,并请已过关的团员协助接取行李。

(5)待全团入境后,经检查行李件数无误后,方可离开。

(6)出关与当地接待人员联络,移交行李,然后带旅游团员登车。

▶ 操作步骤

(一)实训准备

(1)提前一周根据教师下发的出境旅游行程计划进行准备。

(2)根据旅游者、海关人员、出境旅游领队等角色进行分组。

(二)实训开始

1. 根据教师讲解的操作要点,进行分组实训

2. 出中国境

(1)领队提前到达等候,比规定时间至少早10分钟。将队旗直立竖起等待旅游团到达。

(2)根据名单为游客签到,确定所有游客都到达集合地点。

(3)发表简短讲话,告知下面将要办理的登机、海关等手续。

(4)领队收齐全团游客的护照、机票到"团队"专用柜台办理,托运行李过安检,办理登机手续,统计托运行李件数,清点准确,并保存好行李牌。

(5)将边检、登机所需物品发给游客:证件、机票、登记卡等。将需要在海关申报的团员的护照分出,让其持护照、机票由红色通道进关。海关通道分为"红色通道"(亦称"应税通道")和"绿色通道"(亦称"免税通道")。

(6)通过卫生检疫,出示黄皮书。

(7)过边检时,填写出境卡;按"团队名单表"的顺序排队,依次通过;提醒注意站在一米线后。

(8)将"团队名单表"交边境检察官审核,边检留存一份,另一份加盖边检章后,交领队收存,在回国入境时依此核查使用。

3. 入他国境服务

(1)卫生检疫。各个国家的形式有所不同,有的需要查验黄皮书和健康申报单;有的只是对游客进行检视。

(2)办理入境手续。出示证件(护照、签证、机票、入境卡等)。

(3)领取托运行李。

如行李破损或遗失,持行李牌报机场行李部门。如确认丢失,填写行李报失单由航空公司解决。

(4)办理入境海关手续。

(三)实训结束

(1)学生互评、师生互评。

(2)汇总实训成绩。

实训评价

任务评价表

班级：________ 姓名：________ 考核时间：________

评价项目与内容		小组评价	教师评价	行业评价
课前准备（20分）	下发出境行程计划			
	分组准备			
程序完整（40分）	是否提前到达			
	是否确认所有客人到达			
	是否向客人讲清登机、安检、入关等相关手续程序			
	是否熟悉入境及海关的申报要求及出入境的国家政策规定			
	是否熟悉行李托运的相关规定			
	是否懂得“团队名单表”的使用方法			
	是否会填写出入境卡			
规范服务（10分）	熟知并能正确运用导游服务标准			
应变能力（10分）	遇事情绪稳定、思维敏捷、考虑问题周到，能够及时妥善处理突发事件和特殊问题			
职业素养（20分）	工作严谨、细致、有条理；服务专业、准确，维护游客的尊严；态度热情、游客至上，符合导游员礼仪礼貌规范			
总成绩				

自主练习

(一)填写本项目实训总结

(二)案例分析

旅游者张某报名参加某国际旅行社组织的新马泰出境游,并按照旅行社的要求提交了本人护照以办理签证。其间,旅行社工作人员小李曾发现他的护照有问题,但允诺会为其办理。之后,旅行社通知他签证办妥,按期出团。临上飞机领队王某告诉他,团队办的是落地签证,须到泰国后才可以办理。当旅游团到达曼谷机场办理手续时,签证官却因张某的护照有效期不足6个月,不符合办理签证的条件,拒绝其入境。当天晚上,张某和一些非法移民被共同安置在移民监,第二天被遣返回国,这一切使他感到十分屈辱。回国后,张某向旅游管理部门投诉,并向旅行社提出了赔偿请求。

请你对此案例进行评析。

(三)思考题

(1)旅游领队在出入境时的主要工作有哪些?

(2)旅游领队为什么要熟悉出入关的程序?

(3)出入境时的红色和绿色通道的区别是什么?

补充资料

出入境知识——我国出入境旅游有效证件

一、护照

护照是一国主管机关发给本国公民出国或在国外居留的证件,证明其国籍和身份。护照一般分外交护照、公务护照和普通护照三种,有的国家为团体出国人员(旅游团、体育队、文艺团体)发给团体护照,中国为出境旅游的公民发给一次性有效的旅游护照。

外交护照。发给政府高级官员、国会议员、外交和领事官员、负特殊外交使命的人员、政府代表团成员等。持有外交护照者在外国享受外交礼遇(如豁免权)。

公务护照。发给政府一般官员,驻外使、领馆工作人员以及因公派往国外执行文化、经济等任务的人员。

普通护照。发给出国的一般公民、国外侨民等。

在中国,外交、公务护照由外事部门签发,普通护照由公安部门签发。如今中华人民共和国护照的有效期一般为10年,签发给16岁以下儿童的为5年,取消延期的规定。香港特区护照的有效期一般为10年,签发给16岁以下儿童的为5年;澳门特区护照的有效期一般为10年,签发给18岁以下儿童的为5年。

二、签证

签证是一国主管机关在本国或外国公民所持的护照或其他旅行证件上签注、盖印,表示准其出入本国国境或者过境的手续。华侨回国探亲、旅游无须办理签证。

签证分外交签证、礼遇签证、公务签证、普通签证等,还可分为入境签证、入出境签证、出入境签证和过境签证。旅游签证属于普通签证,在中国为L字签证(发给来中国旅游、探亲或因其他私人事务入境人员)。签证上规定持证者在中国停留的起止日期。

9人以上的旅游团可发给团体签证。团体签证一式三份,签发机关留一份,来华旅游团两份(一份用于入境,一份供出境用)。

签证的有效期限不等,获签证者必须在有效期内进入中国境内,超过期限签证则不再有效。

希望进入中国境内的外国人须持有效护照(必要时提供有关证明,例如来华旅游者申请签证须出示中国旅游部门的接待证明)向中国的外交代表机关、领事机关或者外交部授权的其他驻外机关申请办理签证。但在特定情况下,例如事由紧急,确实来不及在上述机关办理签证手续者,可向公安部授权的口岸签证机关申请办理签证。

中国公安部授权的口岸签证机关设立在下列口岸:北京、上海、天津、大连、福州、厦门、西安、桂林、杭州、昆明、广州(白云机场)、深圳(罗湖、蛇口)、珠海(拱北)。

持联程客票搭乘国际航班直接过境,在中国停留不超过24小时不出机场的外国人,免办签证。要求临时离开机场的,需经边防检查机关批准。

随着国际关系和旅游事业的发展,许多国家间签订了互免签证协议。

三、港澳居民来往内地通行证

港澳居民来往内地通行证是港、澳同胞来往于香港、澳门与内地之间的证件,由广东省公安厅签发,有效期10年。另有入出境通行证,也由广东省公安厅签发,有效期为5年。

四、台湾居民来往大陆通行证

台湾居民来往大陆通行证是台湾同胞来祖国大陆探亲、旅游的证件,经口岸边防检查站查验并加盖验讫章后,即可作为进出祖国大陆和在内地旅行的身份证明。该证由我国公安部委托香港中国旅行社签发,证明为一次性有效,出境时由口岸边防检查站收回。

模块九　常见问题和突发事件的预防与处理

任务一　旅游活动计划和日程变更的预防与处理

《导游服务质量》规定的路线或日程变更的处理原则如下：

（1）旅游团（者）要求变更计划行程。旅游过程中，旅游团（者）提出变更路线或日程的要求时，导游人员原则上应按合同执行，特殊情况报组团社。

（2）客观原因需要变更计划行程。旅游过程中，因客观原因需要变更路线或日程时，导游人员应向旅游团（者）作好解释工作，及时将旅游团（者）的意见反馈给组团社和接待社，并根据组团社或接待社的安排做好工作。

实训目标

（一）能力目标

通过本项目实训，使学生熟悉旅游活动计划和日程变更的处理原则，能够灵活、妥善地处理带团过程中旅游活动计划和日程的变更。

（二）职业素养目标

通过本项目实训，使学生认识旅游活动计划和日程的法律严肃性，注重日程安排的科学性、合理性与灵活性，形成信守合同、努力维护游客合法权益的服务意识。

实训内容

(一)主观要求变更计划或活动日程的处理

旅游活动日程一旦商定,就成为旅游合同,各方面都应严格执行,一般不予更改。在旅游过程中,旅游团(游客)提出变更计划或活动日程的要求时,导游员原则上应该坚持按合同执行,特殊情况应上报组团社,并按其要求和指示做好变更工作。

(二)客观需要变更计划或活动日程的处理

在旅游过程中,由于客观原因造成的变更,主要是指一些不可预料或控制的客观因素(如天气、交通、自然灾害等)、不可抗拒的意外突发事件、旅游者突然伤病等,迫使旅游路线或日程更改。

1. 延长在某地的旅游时间

(1)与旅行社联系,重新落实用餐、用房、用车的安排。

(2)调整活动日程,酌情增加游览景点。

(3)如推迟离开本站,须及时通知下一站。

2. 缩短在某地的游览时间

(1)尽量抓紧时间,把计划内的景点游览安排完成。

(2)如提前离开,要及时通知下一站。

(3)向旅行社领导及有关部门汇报,及时办理相关退订事宜。

3. 被迫改变部分旅游计划

(1)减少(超过半天)或取消一地的游览时间时,全陪应报告组团社,由组团社作出决定并通知有关地接社。

(2)以精彩的内容和最佳的安排激起游客的兴趣,使新的安排得到游客认可。

▶ 操作步骤

(一)实训准备

(1)提前一周根据教师下发的情境资料、书面旅游合同、变更计划进行准备。

(2)根据情境材料中的角色进行分组。

(二)实训开始

(1)学习旅游活动计划和日程变更的处理原则和方法,根据教师讲解的操作要点和注意事项进行模拟实训。

(2)情境导入。

情境1:广东一旅游团按计划于10月2日10:30飞抵成都,10月6日19:30乘飞机离开成都。由于正赶上国庆长假,成都地接社未能按计划为该团买到机票,只好安排该团乘加班机于10月6日14:20飞离成都。

情境2:一旅游团在南京游览,计划于5月4日11:30飞离该市。但由于暴雨,接待社接到通知,当天航班取消,预计第二天起飞,具体起飞时间等候通知。

情境3:山西一旅游团一行25人到西安旅游,原计划在4天的游览时间内,先参观秦始皇兵马俑,再游览华清池,但因交通堵塞,不能参观华清池,地陪想带领游客去参观秦始皇陵来代替华清池。

(3)模拟地陪针对以上情境与全陪、领队和游客进行协商。

(4)模拟地陪对以上问题进行处理。

(三)实训结束

(1)学生互评、师生互评。

(2)汇总实训成绩。

实训评价

任务评价表

班级:________　　姓名:________　　考核时间:________

评价项目与内容		小组评价	教师评价	行业评价
课前准备(20分)	下发计划准备			
	分组准备			
程序完整(40分)	主观要求变更计划或活动日程的处理			
	客观需要变更计划或活动日程的处理			
	延长在某地旅游时间的处理			
	缩短在某地游览时间的处理			
	被迫改变部分旅游计划的处理			
规范服务(10分)	熟知并能正确运用导游服务标准			

续表

评价项目与内容		小组评价	教师评价	行业评价
应变能力 （10 分）	遇事情绪稳定、思维敏捷、考虑问题周到，能够及时妥善处理突发事件和特殊问题			
职业素养 （20 分）	认识到旅游活动计划和日程的法律严肃性，注重日程安排的科学性、合理性与灵活性；服务态度热情，符合导游员礼仪礼貌规范；信守合同，努力维护游客合法权益			
总成绩				

自主练习

（一）填写本项目实训总结

（二）案例分析

某旅行社导游员小杜，接待了本公司自组的一个日本陶瓷研修团，团员为日本陶艺界的专家。该团于傍晚抵达景德镇，计划在此住一晚。次日白天参观景德镇市内的几个古陶瓷遗址，晚餐后乘坐 20:00 的国内航班离开景德镇。团队抵达的当晚，团长的朋友——一位景德镇考古界的名人应邀来酒店探望团长。他告诉团长，在距离景德镇市内 30 公里的乡下，最近刚发现了一个规模巨大、具有极高研究价值的元代窑址。团长听后非常兴奋，当即提出次日一早赶往窑址参观，并把这种想法告诉了领队。领队及时把团长的意思告诉小杜，希望小杜尽可能满足团长的要求。

请你对此案例进行评析。

（三）思考题

（1）客观原因需要变更计划和日程时，导游员该怎么处理？

（2）如何向游客做好变更计划后的解释工作？

（3）旅游团将要乘坐的航班临时晚点，导游员该怎么处理？

补充资料

一、旅游活动计划和日程变更的处理依据与标准

(1)依据国务院颁布实施的《导游人员管理条例》第13条的规定：

导游人员应当严格按照旅行社确定的计划，安排旅游者的旅行、游览活动，不得擅自增加、减少旅游项目或者中止导游活动。

导游人员在引导旅游者旅行、游览过程中，遇到可能危及旅游者人身安全的紧急情形时，经征得多数旅游者的同意，可以调整或者变更接待计划，但是应当立即报告旅行社。

(2)依据旅行社与游客签订的旅游合同处理。

(3)依据国家标准GB/T15971—1995《导游服务质量》规定处理。

二、旅游活动计划和日程变更处理时的注意事项

(1)导游服务集体要协商一致，协商后才可作出变更计划的决定。

(2)做好游客的耐心解释工作，对需要变更的事项透明化。

(3)把握好游客提出的变更计划的合理性和可操作性，不能轻易作出承诺。

(4)在费用问题上，向客人做出申明：人力不可抗拒因素导致的费用增加，旅行社不负担。

(5)要与旅行社有关部门沟通，并及时通知下一站。

(6)变更后合理安排活动日程，突出代表性景点，以精彩的介绍吸引游客，消除游客的消极情绪。

任务二　漏接、空接、错接的预防与处理

实训目标

(一)能力目标

通过本项目实训，使学生能够妥善处理漏接、空接、错接的事故，并学会协调各方的工作。

(二)职业素养目标

通过本项目实训，使学生养成认真、细致、严谨的职业习惯，形成注重细节、勇

于担当的工作作风，培养职业责任意识。

实训内容

（一）漏接的预防与处理

漏接，是指旅游团（游客）抵达一站后，没有导游人员迎接的现象。

1. 漏接的预防

（1）认真阅读接待计划。

（2）核实交通工具到达的准确时间。

（3）提前抵达接站地点。

2. 漏接的处理

（1）自身原因造成漏接时，导游人员应实事求是地向游客说明情况，诚恳地赔礼道歉，采取弥补措施，用更加热情、周到的服务完成计划内的全部活动内容。

（2）客观原因造成漏接时，导游人员不可认为与己无关而草率行事，而应立即与接待社有关部门联系，查明原因；向游客进行耐心、细致的解释，以防引起误解；尽量采取弥补措施努力完成计划，使游客的损失减少到最低限度；必要时可请旅行社的领导出面赔礼道歉或酌情给游客一定的物质补偿。

（二）错接的预防与处理

错接，是指导游人员在接站时未认真核实，接了不应由他（她）接的旅游团（游客）。错接属于责任事故。

1. 错接的预防

（1）熟悉接待计划中的客源地旅行社和目的地组团旅行社的名称、团号、人数、领队姓名（无领队的团核实旅游者姓名）、下榻饭店等信息。

（2）地陪应提前到达接站地点迎接旅游团。

（3）接团时认真核实。

（4）提高警惕，严防社会其他人员非法接走旅游团。

2. 错接的处理

（1）错接发生在同一家旅行社接待的两个旅游团时，地陪应立即向领导汇报，经领导同意，地陪可不再交换旅游团。

（2）如是地陪兼全陪，则应交换旅游团并向游客道歉。

（3）若是另外一家旅行社的旅游团时，地陪应立即向接待社领导汇报，设法尽快交换旅游团，并向游客实事求是地说明情况并诚恳道歉。

(三)空接的处理

空接,是指由于某种原因旅游团推迟抵达某站,导游人员仍按原计划预定的班次或车次接站而没有接到旅游团。

地陪应立即与本社有关部门联系并查明原因。推迟时间不长,地陪可留在接站地点继续等候,迎接旅游团的到来;推迟时间较长,要按本社有关部门的安排,重新落实接团事宜。

▶ 操作步骤

(一)实训准备

(1)提前一周根据教师下发的情境资料进行准备。

(2)根据情境材料中的角色进行分组。

(二)实训开始

(1)学习处理漏接、空接、错接事故的方法,根据教师强调的操作要点进行模拟实训。

(2)情境导入。

情境1:广西一旅游团按计划乘 MH435 航班于 8 月 15 日 18:15 飞抵昆明市,地陪提前 30 分钟到机场迎接,航班准时到达,但没有接到客人。

情境2:地陪小裴接一日本团,7:30 出发去火车站,因为从他自己家骑车 10 分钟就能到达,旅游团 8:00 到站。但由于早高峰期间交通堵塞,小裴 8:10 才到达火车站。

情境3:导游员小张按接待计划去机场接一个 25 人旅游团。航班准时到达。人数、团名一一对上号后,小张带着团队上车。当车到达酒店门口时,全陪突然提出疑问说他们住的酒店不是这家。当全陪拿出接待计划和小张核对后,小张才知道自己接错了团。

(3)分组讨论漏接、空接、错接事故的预防与处理。

(4)分组模拟导游员对以上问题进行处理。

(三)实训结束

(1)学生互评、师生互评。

(2)汇总实训成绩。

实训评价

任务评价表

班级：　　　　　　　　　　　　姓名：　　　　　　　　　　　　考核时间：

评价项目与内容		小组评价	教师评价	行业评价
课前准备（20分）	下发计划准备			
	分组准备			
程序完整（40分）	漏接的处理			
	错接的处理			
	空接的处理			
规范服务（10分）	熟知并能正确运用导游服务标准			
应变能力（10分）	遇事情绪稳定、思维敏捷、考虑问题周到，能够及时妥善处理突发事件和特殊问题			
职业素养（20分）	工作认真、细致、严谨，注重细节，勇于担当，职业责任意识强，服务态度热情、游客至上，符合导游员礼仪礼貌规范			
总成绩				

自主练习

（一）填写本项目实训总结

（二）案例分析

某国际旅行社欧美部导游人员接到社里下发的接待计划，计划中要求旅行社为两名新加坡商务游客提供接送和预订宾馆客房的小包价服务。这两名游客的旅行目的是与当地一家公司洽谈业务。导游员按照地陪导游工作程序认真阅读接待计划后，充分做好了接团前的准备工作。导游与司机约定集合时间，提前30分钟抵达机场迎候旅游团。但导游乘车抵达机场后，因距离飞机预计抵达时间尚早，便坐在车里与司机聊天。结果谈兴正浓时，突然听到所迎航班已经降落的广播通知，急忙进入候机楼迎接游客。但由于游客没有托运行李，已经先行进入候机大厅。游客在确认没有导游员迎接的情况下，与当地业务合作者取得联系，要求安排接送。随后立即向国内组团社投诉当地接待社导游人员漏接，要求取消送机服务，并拒付接机费用。后经过地接社与组团社协商努力，游客支付了一次机场往返的接送费用，但坚决取消了送机服务。

请你对此案例进行评析。

(三)思考题

(1)导游人员如何预防错接？

(2)造成漏接的原因有哪些？

(3)导游人员如何预防漏接？

补充资料

一、造成漏接的原因

1. 导游人员主观原因造成的漏接

(1)导游人员未按预定时间提前到达接站地点。

(2)导游人员工作疏忽，将接站地点搞错。

(3)新旧时刻表交替，导游人员没有查对新时刻表，仍按旧时刻表时间去接旅游团。

(4)由于某种原因，原定车次、班次变更，使旅游团提前到达，但导游人员没有阅读变更通知，仍按原计划去接团。

(5)举牌接站的地方选择不当，与旅游团错过。

2. 客观原因造成的漏接

(1)交通部门原因，旅游团提前到达。

(2)上下站接待社及导游员之间沟通失误。

(3)司机迟到。

(4)交通堵塞或意外事件发生。

(5)旅游者换乘其他航班。

二、造成空接的原因

由于天气原因或某种故障，旅游团仍滞留在上一站或途中，上一站接待社并不知道这种临时变化,而全陪或领队又无法及时通知地方接待社。班次变更后旅游团推迟到达,接待社有关部门由于没有接到上一站的通知,或接到了上一站的通知而有关人员忘记通知该团地陪造成空接。

三、预防和处理漏接、错接、空接时的注意事项

(1)仔细阅读接待计划并认真核对。

(2)及时核实交通工具到达的准确时间。

(3)提前联系对方导游员、领队或团长。

(4)重视天气现象引起的航班变更。

(5)做好旅游团离站前的交通票据信息核对。

(6)妥善安排离站当日的活动并留有充裕的时间前往机场(车站、码头)。

(7)按规定时间提前到达接站地点。

(8)向游客说明真实情况,采取补救措施,稳定游客的情绪。

(9)必要时请领导出面致歉和送团。

任务三　误机(车、船)事故的预防与处理

实训目标

(一)能力目标

通过本项目实训,使学生了解造成误机(车、船)事故的原因,掌握事故预防的措施、处理方法及应变能力。

(二)职业素养目标

通过本项目实训,使学生养成科学、合理安排旅游行程的职业习惯;增强责任意识,形成耐心细致、履行承诺、信守合同的工作态度。

实训内容

误机(车、船)事故,是指由于某些原因或旅行社有关人员工作的失误,旅游团(游客)没有搭乘原定航班(车次、船次)离开本站而导致暂时滞留。

误机(车、船)是重大事故,不仅给旅行社带来巨大的经济损失,还会使游客蒙

受经济或其他方面的损失，严重影响旅行社的声誉。导游人员要高度认识误机（车、船）的严重后果，杜绝此类事故的发生。

（一）误机（车、船）事故的原因

1. 客观原因造成的非责任事故

由于游客方面的原因或由于途中遇到交通事故、严重堵车、汽车发生故障等突发情况造成迟误。

2. 主观原因造成的责任事故

（1）地陪安排日程不当或过紧，使旅游团（游客）没能按规定时间到达机场（车站、码头）。

（2）地陪没有认真核实交通票据，将离站的时间或地点搞错。

（3）班次（车次）变更，但接待社的有关人员没有及时通知导游人员。

（二）误机（车、船）事故的预防

（1）地陪、全陪要提前做好旅游团离站交通票据的落实工作，并核对日期、班次、时间、目的地等。

（2）离开本站的当天，不安排旅游团到范围广、地域复杂的景点参观游览，不安排旅游团到热闹的地方购物或自由活动。

（3）安排充裕的时间去机场（车站、码头），保证旅游团按以下规定时间到达离站地点：

- 乘国内航班：提前90分钟到达机场。
- 乘国际航班：提前120分钟到达机场。
- 乘火车或轮船：提前60分钟到达车站或码头。

（三）误机（车、船）事故的处理

（1）立即向旅行社领导及有关部门报告并请求协助。

（2）地陪和旅行社尽快与机场（车站、码头）联系，争取让游客尽快改乘后续班次离开本站，或采取包机（车厢、船）或改乘其他交通工具前往下一站。

（3）稳定游客的情绪，安排好滞留期间的食宿、游览等事宜。

（4）及时通知下一站，对日程作相应的调整。

（5）向游客赔礼道歉。

（6）写出事故报告，查清事故原因和责任；责任者应承担经济损失并受政纪处分。

▶ 操作步骤

(一)实训准备

(1)提前一周根据教师下发的情境资料进行准备。

(2)根据情境材料中的角色进行分组。

(二)实训开始

(1)学习误机(车、船)事故的预防措施和处理方法,根据教师强调的操作要点和注意事项进行模拟实训。

(2)情境导入。

地陪小闫所带旅游团准备乘坐 11:30 的火车离开上海赴南京,当天上午,应游客要求,小闫将游客带到南京路购物。按照约定在 10:30 集合等车时,有两名游客还没回来,小闫让全陪照顾全团在原地等候,自己去寻找客人……等所有客人都上车后,已经 11:10。等旅游团匆匆赶到火车站时,火车早已驶离站台。

(3)分组讨论误机(车、船)事故的预防与处理。

(4)分组模拟导游员对以上问题进行处理。

(三)实训结束

(1)学生互评、师生互评。

(2)汇总实训成绩。

实训评价

任务评价表

班级:________　　　　姓名:________　　　　考核时间:________

评价项目与内容		小组评价	教师评价	行业评价
课前准备 (20 分)	下发计划准备			
	分组准备			
程序完整 (40 分)	误机(车、船)的预防			
	误机(车、船)的处理			
规范服务 (10 分)	熟知并能正确运用导游服务标准			

续表

评价项目与内容		小组评价	教师评价	行业评价
应变能力（10分）	遇事情绪稳定、思维敏捷、考虑问题周到，能够及时妥善处理突发事件和特殊问题			
职业素养（20分）	旅游行程安排科学合理；责任意识强，工作耐心、细致；履行承诺，信守合同；服务态度热情、游客至上，符合导游员礼仪礼貌规范			
总成绩				

自主练习

(一)填写本项目实训总结

(二)案例分析

某旅行团在进行了两天的游览后，将于当天中午12时乘机离开。导游员李先生为了让客人对本地有更深刻的了解，主动提出让客人上午再访问一所敬老院。客人们对李先生的建议非常赞同，兴高采烈地前往敬老院。临行前，大家还去商店为老人们买了许多礼品。在敬老院里，游客与老人亲切交谈，互赠礼品。游客还参观了老人们的住宿、康乐和保健设施。两小时以后，客人们登上旅游车离开敬老院前往机场。在去机场的途中，旅游车多次遇红灯和堵车。最后不幸酿成误机事件。

请你对此案例进行评析。

(三)思考题

(1)造成误机(车、船)的原因有哪些?

(2)导游员应如何预防误机(车、船)?

(3)造成误机(车、船)事故后，导游员应如何处理?

补充资料

案例1:与其坐以待毙,不如放手一搏

那是一个四川的旅游团,全团共24名游客。事情出在最后一天游客离开北京的时候。那天游客要乘火车去大连,我是掐着时间安排的送站计划,并没有留出很多富余,和我搭档的司机也是一个新手,没有设计当日的最佳行车路线和作万一遇上堵车及早避开的思想准备。结果,汽车开到崇文门遇上严重的堵车,马路像个停车场,不一会工夫,我们的车就前后都不能动弹了。当时,离火车开车还有不到半小时时间。司机几次下车查看路况,确认前进彻底无望后,顿时就慌了,一个劲地摇头叹气,话里还甩出对我抱怨的意思。这时,我哪里还顾得上和司机分辩事情发展到此到底怪谁。

我思索了片刻后,对游客说:“堵车的情况大家也看到了,你们对我的工作有什么不满意,可以放到以后再说。现在离火车开车还有20多分钟,如果我们在这里等,肯定要误车;如果大家抓紧时间,步行赶过去,完全有可能赶上火车。与其坐以待毙,不如放手一搏,大家看怎么办好呢?”虽然有几个游客还在抱怨,但是大多数游客愿意步行赶过去试一试。

于是,我立即组织游客,各自拿起随身带的行李,下车来到便道,一场负重赛跑就从那时候开始了,24名游客肩扛手提着随身行李,向已经看得见钟楼的北京站奔去,我真庆幸那个旅游团没有带着孩子的妇女,否则,这步行的努力是很难成功的。也真庆幸遇到了当时穿行在北京的小三轮,他们帮助我拉了几个年老体弱的游客,大大提高了前进的速度。

我边走边想,按时间估算,很可能赶不上火车了,但我不能放弃努力,因为一旦放弃,会产生非常严重的后果:24个客人当天要接着住酒店,公司赔钱不说,如果第二天买不到火车票,还要安排游客乘飞机走。另外, 旦行程变了,后面接着还不知道会出什么连锁反应呢。终于进了火车站,离开车时间还有不到10分钟时间,游客们一个个已经气喘吁吁,趁着还没有停止检票赶快进站。进站口倒是很畅通,我拿出票来递给检票员,并向他说明了我们的特殊情况,谢天谢地,火车还停在站台边,我们总算赶上了……

评析

对于新导游来说,这个案例中的导游员有三点可学之处。

(1)当机立断。与其坐以待毙,不如放手一搏,遇到瘫痪性堵车,只要步行有可能赶上,就应该组织游客试一试。该团的导游员果断地抓住了时机,争取了时间。

(2)权衡利害,迅速准确。两利相权取其重,两害相权取其轻。该导游员能够迅速掂量出轻重，作出准确判断，是因为他熟悉北京站附近的情况，情况熟悉，有利于他作判断，下决心。

(3)执行决策的执著精神。一旦下定决心，执行计划，就要破釜沉舟，一往无前。

案例2：误机谁之过

1998年9月，刘某等8名旅游者，报名参加北京某旅行社组织的海南五日游，双方口头约定，9月30日12:00乘机出发赴海南。10月4日15:00多乘机返京，派全陪导游全程服务。后因为旅行社未买到全陪导游的机票，没有派全陪导游随团前往海南。但承诺已与地接社联系好，保证接待质量。旅游团乘机赴海南。北京组团社派导游送机，并将返程机票交给刘某，告知时间为10月4日15:00多航班，19:00之前就可回到北京。10月3日，旅游团在从三亚返回海口的途中，地陪导游询问乘机返京的时间。刘某答复是次日15:00多。

10月4日9:00多，刘某拿出机票，想看看下午飞机的确切时间，突然发现机票的时间是8:10，而并非组团社所说的15:00多。刘某当即与旅行社交涉，经过地接社的多方努力，重新购买了12:05的返程票。但是由于该旅游团购买的是不得转签、退换的优惠票，原票全部作废。刘某等游客，考虑单位尚有急事需办理，只好先承担了误机的责任，支付了机票款12 600元。

旅行社认为，返程机票已交给刘某，由其自行保管；在旅游过程中，地接社导游多次询问，游客始终回答是10月4日15:00的飞机，由于游客的疏忽大意，造成误机，其损失不应该由旅行社承担。但考虑游客的实际利益，出于对游客的同情和安抚，组团社同意补偿机票损失的10%。刘某则持相反意见，双方各执己见，协商不能达成一致。

评析

旅游质量监督管理部门审理后认为，在这次误机事故中，旅行社有违约行为和过错，对此应当承担主要责任，刘某等游客存在疏忽查验机票的过失，也应承担相应的责任。具体分析如下：

(1)组团社有违约行为。双方曾约定，组团社派全陪导游提供全程服务，而在出发前，旅行社以未买到机票为由，取消了全程陪同，旅行社未派全陪的理由，并不是不可抗力，因此属于单方违约行为。全陪导游的主要职责是落实旅游日程安排，监督地接社履行旅游合同以及协调、处理旅途当中发生的问题。而北京的旅行社只是派导游到机场送机，将机票交给刘某，并没有告之返程时间有变动的真实情况。如果全陪导游随团，按其职责核实机票时间，误机是可以避免的。因此，可以认定，组团社未派全陪提供全程服务与误机有直接的关系。

(2)地接社未按国家标准提供服务。1995年，国家技术监督局发布的《导游服务质量》标准规定:"旅游团(者)离站前一天,地陪应确认交通票据及离站时间,通知旅游者移交行李和与饭店结账时间。"本案中,全部行程都是由旅行社安排的,在没有全陪的情况下,地接社应负责组织落实全部旅游活动,而地陪并没有按导游服务质量标准的规定查验机票,确认返程的准确时间,只询问了旅游者,就轻率地认定返程时间,导致发生了误机的严重责任事故。

(3)旅游者自身也存在过失。刘某负责保管返程机票,应具有查验核对的义务,发现问题及时向旅行社提出,避免损失的发生。特别是10月3日返程的前一天,当地陪向其询问时,刘某仍未查验交通票据,而继续答复未变更的返程时间。如果刘某举手之劳查验一下机票,误机的事件是可以避免的。刘某疏忽大意,告之错误的返程时间,也是造成误机的主要原因之一,因此,也应担负相应的损失。

任务四　游客患病、死亡的预防与处理

根据《导游服务质量》规定,游客伤病、病危或死亡的处理原则如下:

(1)旅游者伤病。旅游者意外受伤或患病时,导游人员应及时探视,如有需要,导游人员应陪同患者前往医院就诊。严禁导游人员擅自给患者用药。

(2)旅游者病危。旅游者病危时,导游人员应立即协同领队或亲友送病人去急救中心或医院抢救,或请医生前来抢救。患者如系某国际急救组织的投保者,导游人员还应提醒领队及时与该组织的代理机构联系。

在抢救过程中,导游人员应要求旅游团的领队或患者亲友在场,并详细地记录患者患病前后的症状及治疗情况。

在抢救过程中,导游人员应随时向当地接待社反映情况;还应提醒领队及时通知患者亲属,如患者系外籍人士,导游人员应提醒领队通知患者所在国驻华使(领)馆;同时妥善安排好旅游团其他旅游者的活动。全陪应继续随团旅行。

(3)旅游者死亡。出现旅游者死亡的情况时,导游人员应立即向当地接待社报告,由当地接待社按照国家有关规定做好善后工作,同时导游人员应稳定其他旅游者的情绪,并继续做好旅游团的接待工作。

如系非正常死亡,导游人员应注意保护现场,并及时报告当地有关部门。

实训目标

(一)能力目标

通过本项目实训,使学生了解游客患病的预防措施,掌握游客患病、死亡的处理方法。

(二)职业素养目标

通过本项目实训,使学生养成密切关注游客身体状况、做好随时提醒工作的职业习惯,形成为游客提供最优质服务的工作态度。

实训内容

(一)游客患病的预防

(1)了解旅游团成员的健康状况。
(2)周密安排游览活动。
(3)做好提醒预报工作。

(二)旅游者患一般疾病的处理

(1)劝其及早就医并多休息。导游人员对旅游者的任何病痛,不论大小,都应给予足够的重视,尽量劝其去医院诊治;如果需要,导游人员应陪同前往。

(2)关心游客的病情。导游人员应时时关心旅游者,让客人感觉到没有被冷落。因为生病不舒服的人往往很脆弱,所以导游人员应多问候,并安排好客人的用餐和相关服务。

(3)向游客讲清看病费用自理。

(4)严禁导游人员擅自给患者用药。

(三)游客突患重病的处理

(1)如果是旅游者在旅游途中突然患病,导游人员应采取就地抢救措施,请求机组人员或列车员在飞机、火车、轮船上寻找医生,并通知下一站急救中心和旅行社准备抢救。

(2)若乘旅游车前往景点途中游客患重病,必须立即将其送往就近的医院,或拦车将其送往医院,必要时暂时中止旅游活动,让旅游车先开到医院,还应及时通知旅行社,请求指示和派人协助。

(3)旅游者在饭店患重病时,先由饭店医务人员抢救,然后送往医院救治。

(四)旅游途中常见病痛的处理

(1)晕倒昏厥。千万不可随意搬动。如发现患者心跳、呼吸正常者,可轻拍患者并大声呼唤使其清醒。如无反应,应使患者头部偏向一侧并稍放低,取后仰姿势,采取人工呼吸和心脏按压的方法进行急救。

(2)关节扭伤。关节不慎扭伤后,切忌立即揉搓按摩,应立即用冷水或冰块冷敷约15分钟。然后,用手帕或绷带扎紧扭伤部位。

(3)急性肠胃炎。旅途中,极易引起各种急性肠道疾病;如发生此类情况,应立即将病人送到附近医院诊治,并将其吐、泻物按防疫要求进行消毒处理,以防传播扩散。

(五)游客死亡的处理

(1)出现游客死亡的情况时,导游人员应立即向当地接待社报告,由当地接待社按照国家有关规定做好善后工作。

(2)导游人员应稳定其他游客的情绪,并继续做好旅游团的接待工作。

(3)游客如系非正常死亡,导游人员应注意保护现场,并及时报告当地有关部门和旅行社。

▶ 操作步骤

(一)实训准备

(1)提前一周根据教师下发的情境资料进行准备。

(2)根据情境材料中的角色进行分组。

(二)实训开始

(1)学习游客患病的预防措施及游客患病、死亡的处理方法,根据教师强调的操作要点进行模拟实训。

(2)情境导入。

情境1:山西导游员小李接待一西安旅游团时,在游览过程中,发现一名游客无精打采,经检查为感冒发烧。

情境2:广州导游张小姐接待了一个马来西亚团队,住在一家五星级酒店。在旅游途中,团内一名60多岁的老人在房间内因突发心脏病猝死。

情境3:某旅游团乘车在崎岖的山路上行进时,一些客人感到头晕、恶心。

情境4:来自南京的一旅游团午餐后到颐和园景区游览。在地陪买门票、全陪和游客在景区门口等候进园的时候,一中年女游客突发癫痫,口吐白沫、不省人事。

(3)分组讨论案例。

(4)分组模拟地陪、全陪、领队处理游客患病、死亡问题。

(三)实训结束

(1)学生互评、师生互评。

(2)汇总实训成绩。

实训评价

任务评价表

班级:________　　　　姓名:________　　　　考核时间:________

评价项目与内容		小组评价	教师评价	行业评价
课前准备 (20 分)	下发计划准备			
	分组准备			
程序完整 (40 分)	游客患一般疾病的处理			
	游客突患重病的处理			
	游客晕倒昏厥的处理			
	游客患急性肠胃炎的处理			
	游客死亡的处理			
规范服务 (10 分)	熟知并能正确运用导游服务标准			
应变能力 (10 分)	遇事情绪稳定、思维敏捷、考虑问题周到,能够及时妥善处理突发事件和特殊问题			
职业素养 (20 分)	关注游客身体状况,做好随时提醒工作;服务态度热情、游客至上,为游客提供最优质服务			
总成绩				

自主练习

(一)填写本项目实训总结

(二)案例分析

某天,全陪发现一位每天准时用早餐的住单人间的游客没来吃早饭,有点纳闷,但以为他外出散步,没有在意。集合等车时还没有见此游客,他询问领队,领队也不知道,于是打电话,没人接,他俩就上楼找。敲门,无人应答;推门,门锁着;问楼层服务员,回答说没见人外出。于是请服务员打开门,发现游客已死在床上。两人吓得跑到前厅,惊恐地告诉大家游客死亡的消息。地陪当即决定取消当天的活动,并赶紧打电话到地接社报告消息,请领导前来处理问题。然后就在前厅走来走去,紧张地等待着领导的到来。

请你对此案例进行评析。

(三)思考题

(1)怎样预防游客患病?

(2)游客患一般疾病如何处理?

(3)游客因病死亡如何处理?

补充资料

某旅行社组织的赴日旅游团,在日本各地均受到热烈欢迎,各种媒体记者前来采访,一时间在日本造成极大的新闻轰动效应。该团到达日本的第四天,一位78岁的老人在没有任何先兆的情况下,安详地死在卫生间的浴缸里。消息传出,各种媒体的记者纷至沓来,都想采访该团团长,在第一时间发出经权威人士认可的消息。遗憾的是,他们找遍了宾馆的角角落落,就是找不到该团团长。

与此同时,日本警方在接到报案后立即来到宾馆,就老人的死亡原因进行全面调查。4小时后,警方宣布了老人的死亡原因:心肌梗死,正常死亡。

直到此时,该团团长终于露面,主动召开记者招待会,向日本媒体宣布老人死亡的不幸消息、死亡原因以及该旅行社有关部门通知老人家属即刻来日本处理善后事宜的安排。一切都井井有条、无懈可击。

据团长事后说,在警方到达之后,他有意识地让开了,一方面是等待警方的正式结论;另一方面则按照几种可能安排后续工作,一等正式结论公布,该旅游团就此事的后续工作也可以随即展开。

评析

旅游团中有人突然死亡,这绝对是一个严重事件,更何况是一个高规格的旅游团,引起记者"亢奋"是很自然的事情。但是死亡原因应由警方作出结论。在警方未公布正式结论前,召开记者招待会显然是不合时宜的,任何表态与结论都有可能带来严重后果。团长在此事发生后,第一反应是保护现场、抚慰随行家属并报警;第二就是"冷静",不让记者"牵着鼻子走",造成被动。

任务五　游客走失的预防与处理

实训目标

(一)能力目标

通过本项目实训,使学生了解游客走失的原因,掌握游客走失的预防和处理方法,培养游客走失的应变处理能力。

(二)职业素养目标

通过本项目实训,使学生养成密切关注每位游客、随时检点游客动向的职业习惯,形成迅速、果断的工作作风。

实训内容

(一)游客走失的预防

(1)导游人员每天都要及时向游客报告一天的行程,讲清上午、下午的游览地点,中餐、晚餐用餐的地点和餐厅的名称。

(2)下车后进入游览点之前,地陪要告知全体游客旅游车的停车地点、车号及车辆的特征,并强调开车的时间。

(3)进入游览点后,在该景点的示意图前,地陪要向游客介绍游览路线、所需时间及集合的时间、地点等。

(4)在景点中每次转移时,一定要将游客集中后清点人数,待人数无误后,才可以离开前往下一景点。

(5)与领队、全陪配合,经常清点人数。

(6)导游人员要以丰富的讲解内容和高超的导游技巧吸引游客。

(7)一般情况下,在景点游览时应地陪走前面、领队走中间、全陪走后面。

(8)随时做好提醒工作。

(二)游客走失的处理

1. 游览活动中游客走失的处理

游客在游览活动中走失,导游人员应按以下程序处理:

(1)了解情况,迅速寻找。地陪应立即向团内其他游客了解情况并请领队、全陪迅速分头去寻找,自己带领其他游客继续游览。

(2)争取有关部门的协助。在经过认真寻找仍然找不到走失的游客时,地陪应立即向游览地的派出所和管理部门求助,同时与该团下榻的饭店前台和楼层服务台联系,询问该游客是否已回饭店;如采取以上措施仍找不到走失的游客,地陪应向接待社及时报告并请求帮助,必要时经领导同意向公安部门报案。

(3)做好善后工作。找到走失的游客后,导游人员应问清情况,分析走失的原因。如是自己的原因,应向游客道歉;如责任在走失者,应对其进行安慰,讲清利害关系,提醒以后注意。

(4)写出事故报告。如发生严重的游客走失事故,导游人员应写出书面报告,内容包括游客走失的经过、走失原因、寻找的经过、善后处理及游客的反应等详细情况。

2. 自由活动中游客走失的处理

游客在自己外出时走失,地陪得知后应按以下程序处理:

(1)立即报告旅行社。地陪可寻求接待社有关人员的协助,通过有关部门通报管区的公安局、派出所和交通部门,尽量详细提供走失者的特征和相关情况,请求沿途寻找。

(2)做好善后工作。

找回走失者后,导游人员应问清情况,提醒全团引以为戒,避免此类事故再次发生。

▶ 操作步骤

(一)实训准备

(1)提前一周根据教师下发的情境资料进行准备。

(2)根据情境材料中的角色进行分组。

(二)实训开始

(1)学习游客走失的预防和处理的方法,根据教师强调的操作要点及注意事项进行模拟实训。

(2)情境导入。

情境1:一队来自天津的游客,在游览云冈石窟时,其中一名10岁的男孩走失了,他的家长非常着急。

情境2:北京导游员小王接待了一个长沙来的旅游团,在游览颐和园时,游客因忙着拍照没有跟上小王,等大家集合登车时,小王清点人数,才发现一名游客走失了。

情境3:在西安游览期间,午夜张先生给全陪打电话说同一房间的李先生还没有回来。

(3)分组讨论案例。

(4)模拟地陪、全陪、领队、游客、景区工作人员等对以上情境进行处理。

(三)实训结束

(1)学生互评、师生互评。

(2)汇总实训成绩。

实训评价

任务评价表

班级:________　　　　姓名:________　　　　考核时间:________

评价项目与内容		小组评价	教师评价	行业评价
课前准备(20分)	下发计划准备			
	分组准备			
程序完整(40分)	游览活动中游客走失的处理			
	自由活动中游客走失的处理			
规范服务(10分)	熟知并能正确运用导游服务标准			
应变能力(10分)	遇事情绪稳定、思维敏捷、考虑问题周到,能够及时妥善处理突发事件和特殊问题			

续表

评价项目与内容		小组评价	教师评价	行业评价
职业素养（20分）	关注每位游客、随时检点游客人数；服务态度热情、游客至上；工作作风细致、迅速、果断；符合导游员礼仪礼貌规范			
总成绩				

自主练习

（一）填写本项目实训总结

（二）案例分析

一次，某旅行社地陪小张带团游西湖。在临出公园大门前清点了一遍人数，游客全部到齐。待游客都坐上车后，再清点人数，却发现少了一位。这时小张非常着急，因为车马上就要出发。小张和司机说明情况，请他再等一会儿，自己和全陪去寻找游客。通过电话联络，这位落队的游客终于上了车。据游客解释，刚才他一直和团友走在一起，一对夫妇请他帮忙拍照，他不好意思拒绝，因此掉了队。

请你对此案例进行评析。

（三）思考题

（1）导游员应如何预防游客的走失？

（2）在游览过程中游客走失应如何处理？

（3）自由活动时游客走失应如何处理？

补充资料

游客走失的原因

一、导游员工作失误造成游客离团走失

（1）导游人员在带领团队下车进入游览点之前，没有将团队集合时间和地点讲清楚，或没有向游客强调旅游车的车号及特征，使游客未能按时返回旅游车停车位置，或按时返回却没有找到所乘坐的旅游车。

(2)导游人员在带领团队游览范围相对较大的旅游景点前,没有在该景点的示意图前向游客介绍游览线路、所需时间等注意事项,使游客在游览过程中离团走失。

(3)地陪、全陪、境外领队未能做到团结合作,没有时刻注意游客动向,也没有经常清点人数,导致游客离团却未被察觉。

(4)导游人员安排游览日程不当,日程过松或过紧、景点停留时间过长或过短,都可能影响游客游兴,导致走失。

(5)地陪的导游讲解欠佳,讲解内容不丰富。由于有些地陪的讲解不精彩,讲解内容不够丰富,又无针对性,不能够吸引游客的注意力,导致游客对其他团队导游人员的讲解发生兴趣而随其他团队游览,脱离了自己的团队,造成走失。

(二)游客自身原因造成游客离团走失

(1)由于游客不听从导游人员指挥或安排,擅自行动造成脱离团队。例如,个别游客对某一景物产生兴趣,不按导游人员要求活动而滞留一角;游客喜欢摄影,到处摄影而脱离团队;景点游客过多而跟错了团队等。

(2)游客自由活动,外出购物时没有记清地址和线路,或没有记清下榻饭店的名称和地址而走失。

任务六　游客丢失财物的预防与处理

《导游服务质量》规定的游客丢失财物的处理原则如下:

(1)丢失证件或物品。当旅游者丢失证件或物品时,导游人员应详细了解丢失情况,尽力协助寻找,同时报告组团社或接待社,根据组团社或接待社的安排协助旅游者向有关部门报案,补办必要的手续。

(2)丢失或损坏行李。当旅游者的行李丢失或损坏时,导游人员应详细了解丢失或损坏情况,积极协助查找责任者。当难以找出责任者时,导游人员应尽量协助当事人开具有关证明,以便向投保公司索赔,并视情况向有关部门报告。

实训目标

(一)能力目标

通过本项目实训,使学生了解游客丢失财物的原因,掌握游客丢失财物的预防和处理的方法，提高处理事故的能力。

（二）职业素养目标

通过本项目实训，使学生养成安全意识强、责任心强、服务意识强的职业习惯，坚持以人为本、热情友好的服务宗旨。

实训内容

（一）游客丢失财物的预防

在旅游期间，游客丢失证件、钱物、行李的现象时有发生，不仅给游客造成诸多不便和一定的经济损失，也给导游人员的工作带来不少的麻烦和困难。导游人员应经常关注游客财物保管的情况，采取各种措施，预防丢失问题的发生。

（1）多做提醒工作。

（2）导游人员在工作中需要游客的证件时，应通过领队收取，用毕后立即如数归还，不要代为保管，并随时提醒游客保管好自己的证件。

（3）切实做好每次行李的清点、交接工作。

（4）每次游客下车后，导游人员都要提醒司机清车、关窗并锁好车门。

（二）游客丢失证件的处理

当游客丢失证件后，导游人员应先请游客冷静回忆，详细了解丢失情况，尽量协助寻找。如确已丢失，应马上报告组团社或接待社，根据组团社或接待社的安排，协助游客向有关部门报失，补办必要的手续，所需要的费用由游客自理。

1. 丢失外国护照和签证

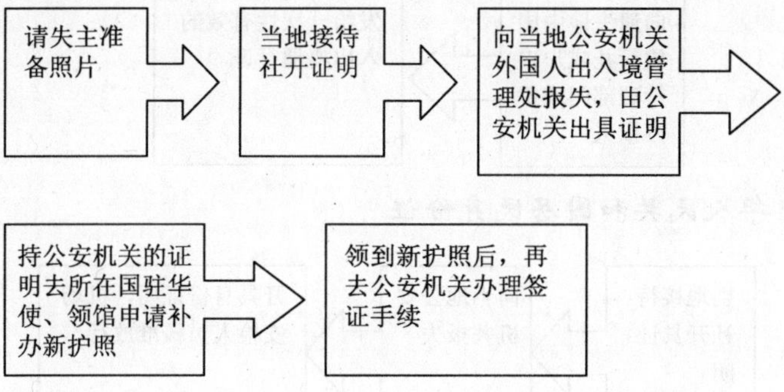

2. 补办团队签证

签证副本和团队成员护照 → 重新打印全体成员名单 → 填写有关申请表(可由一名游客填写，其他成员附名单)

3. 丢失中国护照和签证

(1)华侨丢失护照和签证。

失主准备照片 → 当地接待社开具证明 → 向省、自治区、直辖市公安局(厅)或授权的公安机关报失并申请办理新护照

(2)中国公民出境旅游时丢失护照、签证。

接待社开具遗失证明 → 向当地警察机构报案，取得报案证明 → 持报案证明和遗失者照片及有关护照资料到我驻该国使领馆办理新护照 → 携带必备的材料和证明到所在国移民局办理新签证

4. 丢失港澳居民来往内地通行证

当地接待社开具证明 → 向遗失地的市、县公安部门报失 → 签发一次性有效的“中华人民共和国出境通行证”

5. 丢失台湾同胞旅行证明

向遗失地中国旅行社或户口管理部门或侨办报失 → 发给一次性有效的入出境通行证

6. 丢失中华人民共和国居民身份证

当地接待社开具证明 → 向当地公安机关报失 → 开具身份证明，机场安检人员核准放行

（三）游客丢失钱物的处理

（1）导游人员要详细了解失物的形状、特征及价值。

（2）分析丢失的可能时间和地点并积极帮助寻找。

（3）若丢失的是进关时登记并须复带出境的或上过保险的贵重物品，接待社要出具证明，失主持证明到当地公安机关开具遗失证明，以备出海关时查验或向保险公司索赔。

（4）证件、财物特别是贵重物品被盗是治安事故，导游人员须立即向公安机关和保险公司报案。

（5）协助有关人员查清线索，力争破案，找回被窃证件、物品，挽回不良影响。

（6）若找不回被盗物品，导游人员要协助失主持接待社的证明到当地公安机关开具失窃证明书，以便出关时查验或向保险公司索赔。

（7）要提供热情周到的服务，安慰失主，缓解其不快情绪。

（四）游客丢失行李的处理

1. 来华途中丢失行李

（1）导游人员带失主到机场失物登记处办理行李丢失和认领手续。

（2）游客在当地游览期间，导游人员要不时打电话询问寻找行李的情况，一时找不回行李，要协助失主购置必要的生活用品。

（3）离开本地前行李还没有找到，导游人员应帮助失主将接待社的名称、全程旅游线路以及各地可能下榻的饭店名称转告有关航空公司，以便行李找到后及时运往最适宜地点交还失主。

（4）如行李确系丢失，告知失主可向有关航空公司索赔。

2. 行李在中国境内丢失

（1）冷静分析情况，找出差错环节。

（2）主动做好失主的工作，就丢失行李事故向失主表示歉意，并帮助其解决因行李丢失而带来的生活方面的困难。

（3）经常与有关方面联系，询问查找进展情况。

（4）将找回的行李及时归还。如果确定行李已经遗失，则应由旅行社领导出面向失主说明情况并表示歉意。

（5）帮助失主根据惯例向有关部门索赔。

（6）事后写出书面报告。报告中要写清行李丢失的经过、原因、查找过程及失主和其他团员的反应等情况。

▶ 操作步骤

(一)实训准备

(1)提前一周根据教师下发的情境资料进行准备。

(2)根据情境材料中的角色进行分组。

(二)实训开始

(1)学习游客丢失财物的处理原则和方法,根据教师强调的操作要点、注意事项进行模拟实训。

(2)情境导入。

情境1:导游员带领旅游团离开酒店前往机场的路上,一名游客发现自己的身份证不见了,他急忙向导游报告。

情境2:导游员小安接待一日本旅游团。该团在五台山游览期间,小安多次提醒游客看好自己的随身物品,但三日后,有一名游客声称自己的护照和签证丢失,经多方查找未找到,需要补办证件。

情境3:一旅游团队的游客,在机场领取行李时发现自己的行李箱破损。

(3)分组讨论案例。

(4)分组模拟地陪、全陪、领队、游客、接待人员等,对以上情境中出现的问题进行处理。

(三)实训结束

(1)学生互评、师生互评。

(2)汇总实训成绩。

实训评价

任务评价表

班级:________　　姓名:________　　考核时间:________

评价项目与内容		小组评价	教师评价	行业评价
课前准备 (20分)	下发计划准备			
	分组准备			

续表

评价项目与内容		小组评价	教师评价	行业评价
程序完整 （40分）	游客丢失财物的处理			
	游客丢失外国护照和签证的处理			
	游客丢失中国护照和签证的处理			
	游客丢失港澳居民来往内地通行证的处理			
	游客丢失台湾同胞旅行证明的处理			
	丢失中华人民共和国身份证的处理			
	游客丢失行李的处理			
规范服务 （10分）	熟知并能正确运用导游服务标准			
应变能力 （10分）	遇事情绪稳定、思维敏捷、考虑问题周到，能够及时妥善处理突发事件和特殊问题			
职业素养 （20分）	安全意识强、责任心强、服务意识强，坚持以人为本、热情友好的服务宗旨，符合导游员礼仪礼貌规范			
总成绩				

自主练习

（一）填写本项目实训总结

（二）案例分析

李先生带领一个全部由新加坡华侨组成的旅行团在大陆已经旅游了两周，即将结束旅游从上海乘机返回新加坡。突然，客人王女士告诉李先生她的护照找不到了。王女士很紧张，担心没有护照不能按计划离境回新加坡。李先生对王女士进行安慰后，请她再回忆一下最后见到护照是何时。李先生告诉王女士，如果真的找不到护照的话，他会帮王女士补办一本新护照。王女士最后还是没有找到护照，只能请求李先生帮忙。李先生告诉她,应先由上海的地接社出具一份护照遗失证明,持该证明去上海市公安局出入境管理处报失,再由上海市公安局出具一份遗失证明;持公安局出具的遗失证明并携带本人照片去新加坡驻上海领事馆申办新护照;领到新护照后,还要再到上海市公安局出入境管理处办理签证手续,这样就可以顺利离境回新加坡了。王女士按照李先生所说开始办理新护照,可是她并没有成功。

请你对此案例进行评析。

(三)思考题

(1)中国公民出境旅游时丢失护照、签证如何补办?
(2)外国游客在来华途中丢失行李导游员该如何处理?
(3)游客丢失物品导游员该如何处理?

补充资料

《中国民用航空旅客、行李国内运输规则》旅客行李运输部分相关规定

(1)承运人承运的行李,按照运输责任分为托运行李、自理行李和随身携带物品。重要文件和资料、外交信袋、证券、货币、汇票、贵重物品、易碎易腐物品,以及其他需要专人照管的物品,不得夹入行李内托运。承运人对托运行李内夹带上述物品的遗失或损坏按一般托运行李承担赔偿责任。国家规定的禁运物品、限制运输物品、危险物品,以及具有异味或容易污损飞机的其他物品,不能作为行李或夹入行李内托运。旅客不得携带管制刀具乘机。管制刀具以外的利器或钝器应随托运行李托运,不能随身携带。

(2)托运行李必须包装完善、锁扣完好、捆扎牢固,能承受一定的压力,能够在正常的操作条件下安全装卸和运输,并应符合下列条件,否则,承运人可以拒绝收运:

- 旅行箱、旅行袋和手提包等必须加锁;
- 两件以上的包件,不能捆为一件;
- 行李上不能附插其他物品;
- 竹篮、网兜、草绳、草袋等不能作为行李的外包装物;
- 行李上应写明旅客的姓名、详细地址、电话号码。托运行李的重量每件不能超过50公斤,体积不能超过40厘米×60厘米×100厘米。超过上述规定的行李,须事先征得承运人的同意才能托运。自理行李的重量不能超过10公斤,体积每件不超过20厘米×40厘米×55厘米。随身携带物品的重量,每位旅客以5公斤为

限。持头等舱客票的旅客,每人可随身携带两件物品。每件随身携带物品的体积均不得超过20厘米×40厘米×55厘米。超过上述重量、件数或体积限制的随身携带物品,应作为托运行李托运。

(3)每位旅客的免费行李额(包括托运和自理行李):持成人或儿童票的头等舱旅客为40公斤,公务舱旅客为30公斤,经济舱旅客为20公斤。持婴儿票的旅客无免费行李额。搭乘同一航班前往同一目的地的两个以上的同行旅客,如在同一时间、同一地点办理行李托运手续,其免费行李额可以按照各自的客票价等级标准合并计算。构成国际运输的国内航段,每位旅客的免费行李额按适用的国际航线免费行李额计算。

(4)旅客必须凭有效客票托运行李。

(5)旅客的逾重行李在其所乘飞机载量允许的情况下,应与旅客同机运送。旅客应对逾重行李付逾重行李费,逾重行李费率以每公斤按经济舱票价的1.5%计算,金额以元为单位。

(6)承运人为了运输安全,可以会同旅客对其行李进行检查;必要时,可会同有关部门进行检查。如果旅客拒绝接受检查,承运人对该行李有权拒绝运输。

(7)旅客的托运行李,应与旅客同机运送,特殊情况下不能同机运送时,承运人应向旅客说明,并优先安排在后续的航班上运送。

(8)旅客的托运行李,每公斤价值超过人民币50元时,可办理行李的声明价值。承运人应按旅客声明的价值中超过本条第一款规定限额部分的价值的5‰收取声明价值附加费。金额以元为单位。托运行李的声明价值不能超过行李本身的实际价值。每一旅客的行李声明价值最高限额为人民币8000元。

(9)小动物是指家庭饲养的猫、狗或其他小动物。应按下列规定办理:旅客必须在定座或购票时提出,并提供动物检疫证明,经承运人同意后方可托运。旅客携带的小动物,除经承运人特许外,一律不能放在客舱内运输。小动物及其容器的重量应按逾重行李费的标准单独收费。

(10)旅客应在航班到达后立即在机场凭行李牌的识别联领取行李。必要时,应交验客票。无法交付的行李,自行李到达的次日起,超过90天仍无人领取,承运人可按照无法交付行李的有关规定处理。

(11)旅客的托运行李全部或部分损坏、丢失,赔偿金额每公斤不超过人民币50元。如行李的价值每公斤低于50元时,按实际价值赔偿。已收逾重行李费退还。旅客丢失行李的重量按实际托运行李的重量计算。无法确定重量时,每位旅客的丢失行李最多只能按该旅客享受的免费行李额赔偿。旅客的丢失行李如已办理行李声明价值,应按声明的价值赔偿,声明价值附加费不退。

任务七 卫生急救常识

实训目标

(一)能力目标

通过本项目实训,使学生了解导游服务所需的保健知识,掌握旅途中常见伤病的急救处理办法,遇到突发急救事件时能够迅速处理。

(二)职业素养目标

通过本项目实训,使学生养成科学、果断、迅速处理突发急救事件的职业习惯,形成临危不乱、宾客至上的服务意识。

实训内容

导游人员应掌握必要的卫生常识,以便在带团过程中能够预防一些常见疾病或当游客患疾病时能正确采取急救措施。

(一)常见疾病的预防

(1)熟悉接待计划,了解团队成员基本状况。

(2)根据每日行程,提醒游客选择合适的衣服。

(3)根据天气预报,提醒游客增减衣服。

(4)由于环境、水土的改变,提醒游客注意饮食差异。

(5)游程安排注意劳逸结合,快慢相宜,以防个别游客体力不支。

(6)注意察言观色,如有游客不适,及时了解情况,采取相应措施。

(二)常见疾病的急救措施

1. 晕车(机、船)

晕车(机、船)者,旅行前不应饱食,需服用药物(最好让其服用自备药或医生提供的药);若条件许可,让其坐在较平衡的座位上;长途旅行中游客晕车(机、船),导游人员可请乘务员协助。

2. 中暑

中暑的主要症状是大汗、口渴、头晕、耳鸣、眼花、胸闷、恶心、呕吐、发烧，严重者会神志不清甚至昏迷。人长时间地处在曝晒、高热、高湿热的环境中，容易中暑。盛夏旅游时，导游人员在带团时要注意劳逸结合，避免游客长时间地在骄阳下活动。若有人中暑，可让中暑者于阴凉通风处平躺，解开衣领，放松裤带；可能的话，让其饮用含盐饮料；对发烧者要用冷水或酒精擦身散热，服用必要的防暑药物；缓解后让其静坐（卧）休息。严重中暑者在做必要的治疗后，应立即送医院。

3. 骨折

游客发生骨折须及时送医院救治，但在现场，导游人员应做以下力所能及的初步处理。

(1)止血。有人骨折，应及时止血。止血的方法常用的有：手压法、加压包扎法、止血带法。手压法，即用手指、手掌、拳在伤口靠近心脏一侧压迫血管止血；加压包扎法，即在创伤处放厚敷料，用绷带加压包扎；止血带法，即用弹性止血带绑在伤口靠近心脏一侧的大血管处止血。

(2)包扎。包扎前最好先清洗伤口，包扎时动作要轻柔，松紧要适度，绷带的结口不要在创伤处。

(3)上夹板。就地取材上夹板，以求固定两端关节，避免转动骨折肢体。

4. 心脏病猝发

游客心脏病猝发时，切忌急着将患者抬或背着去医院，而应让其就地平躺，头略高，由患者亲属、领队或其他游客从患者口袋中寻找备用药物让其服用；同时，地陪应主动迅速联系附近的医院或急救医院让医生前来救治，等游客病情稍稳定后送医院救治。

当旅游团中有人中暑、食物中毒、骨折、心脏病猝发时，导游人员应报告旅行社，并把严重者送医院治疗、抢救。

▶ 操作步骤

(一) 实训准备

(1)提前一周根据教师下发的情境资料进行准备。

(2)根据情境材料中的角色进行分组。

(二) 实训开始

(1)学习卫生急救常识（或可邀请医护人员现场演示），根据教师强调的操作要领及示范进行模拟实训。

(2)情境导入。

情境1:小李带领一行20人的团队赴海南旅游,期间两位游客分别出现了中暑现象。

情境2:某旅游团在赴五台山的途中,部分游客出现了晕车现象。

情境3:导游小张带领天津一旅游团去太行山大峡谷旅游,其中一游客在爬山时不小心摔倒,脚腕骨折。

(3)分组模拟突发疾病的救助。

(三)实训结束

(1)学生互评、师生互评。

(2)汇总实训成绩。

实训评价

任务评价表

班级:________　　姓名:________　　考核时间:________

评价项目与内容		小组评价	教师评价	行业评价
课前准备 (20分)	下发计划准备			
	分组准备			
程序完整 (40分)	晕车(机、船)的处理			
	中暑的处理			
	骨折的处理			
	心脏病猝发的处理			
规范服务 (10分)	熟知并能正确运用导游服务标准			
应变能力 (10分)	遇事情绪稳定、思维敏捷、考虑问题周到,能够及时妥善处理突发事件和特殊问题			
职业素养 (20分)	处理突发急救事件科学、果断、迅速,临危不乱,游客至上,符合导游员礼仪礼貌规范			
总成绩				

自主练习

(一)填写本项目实训总结

(二)案例分析

在辽宁省鞍山市,有个汤岗子温泉。这里的泉水温度高达72℃,清澈透明、无色无味,含有人体所需多种微量元素,有滋肤、活络、健体、祛病之疗效。过去伪满皇帝溥仪和皇后婉容曾来此地疗养,张学良将军也曾是这里的常客。

一天,北京某旅行团一行37人,由玉佛苑转到这里参观。大家看到泥疗场地十分新鲜,都想试一下。最后,男男女女,不分老少都躺在了泥床上。不久,多数人都起来去淋浴了,一位老先生最后起来,行路十分吃力。导游一看他的脚,居然烫起了一个个水泡。导游马上通知了温泉医生。在等医生时,导游赶忙打来清水,帮助客人清洗泥迹。这时,一些游客还指责导游事前未提醒大家应该注意这里的高温。导游一边忙着为老人检查其他部位有无受伤,一边向大家致歉。年轻的导游被这种场景吓坏了,泪水含在眼眶里。10分钟后,医生为客人进行了治疗,诊断并无大碍后送客人回房间休息。

请你对此案例进行评析。

(三)思考题

(1)导游人员应掌握哪些卫生救护常识?

(2)游客心脏病猝发时,导游该如何处理?

(3)游客发生骨折时,导游该如何处理?

补充资料

一、旅途中可以缓解疲劳的保健操

- 十指指尖相互挤压。
- 左手握拳,右手紧握左手腕,用力向外推,然后反过来做(注意双手手心均向下)。
- 双手手指相互勾住,向两边拉5秒钟。
- 双手用力紧握拳头。
- 两腮鼓足气憋气5秒钟。
- 咬紧牙关不放松。

- 张大嘴默喊5秒钟。
- 双唇紧闭,咬紧嘴唇。
- 双手握拳,托住下巴,下巴用力往下压。
- 双手抱住头部上方,头使劲往前用力,双手向后用力。
- 背靠坐椅,两手十指交叉,托住右脑用力往前推,身子和脑袋用力往右顶。换位重复。

二、其他常见卫生急救常识

1. 毒蛇咬伤的处理

(1)防止毒液扩散和吸收。被毒蛇咬伤后,伤者应立即坐下或卧下,迅速用鞋带或裤带之类的绳子绑扎伤口的近心端。绑扎的目的仅在于阻断毒液经静脉和淋巴回流入心,因此绑扎无须过紧,其松紧度掌握在能够使被绑扎的下肢动脉搏动稍微减弱为宜。绑扎后,每隔30分钟左右松懈一次,每次1~2分钟,以免影响血液循环,从而造成组织坏死。

(2)迅速排除毒液。立即用凉开水、泉水、肥皂水或1:5000的高锰酸钾溶液冲洗伤口及周围皮肤,以洗掉伤口外表毒液。或用嘴吮吸伤口排毒,但吮吸者的口腔、嘴唇必须无破损、无龋齿,否则有中毒的危险。吸出的毒液随即吐掉,吸后用清水漱口。

(3)排毒完成后,伤口要湿敷以利毒液流出,并与医院联系,尽快将伤者用担架、车辆送往医院作进一步的治疗,以免出现在野外无法处理的严重情况。转运途中,要消除病人紧张心理,使之保持安静。

2. 蜂蜇伤的处理

(1)被蜂蜇伤后,必须用消毒针将叮在肉内的断刺拔出,然后用力掐住被蜇伤的部分,用嘴反复吮吸,以吸出毒素。如果身边暂时没有药物,可用肥皂水充分清洗患处,然后再涂些食醋或柠檬。

(2)万一伤者发生休克,在通知急救中心或去医院的途中,要注意保持伤者的呼吸畅通,并对之进行人工呼吸、心脏按压等急救处理。

3. 溺水的处理

(1)切勿强迫溺水者吐水。马上在岸边或水上做人工呼吸,先做1次,5秒内观察胸腹活动,听其呼气声。若未能呼吸,再做人工呼吸4次,并注意其呼吸及心搏情况。

(2)如果心搏未停,可仅做人工呼吸,以5秒1次的频率进行。

(3)若呼吸及心搏均停止,可施行心肺脑复苏法。

(4)若有吐水,取半俯伏姿势,可防窒息,并及时呼叫救护车。

三、人工呼吸救助法(CPR)

实施CPR并无特定的疾病对象,任何人只要处于呼吸与心跳停止的状态下,便需要急救处置，例如，溺水、心脏病发作或呼吸衰竭所引起的呼吸与心跳停止。

CPR的施行步骤：呼叫患者，评估意识；请人报警求助；人工呼吸；心外按压。

单人CPR施救方法：胸外按压与呼吸之比率是15∶2；胸外按压之速率是每分钟80～100次；每做完15次心脏按压后，给予患者人工呼吸2次。

提示：对于一个有脉搏、呼吸的正常人，绝对不能随意练习，因为会造成不必要的危险，如骨折、肝脾脏裂伤、心律不齐等。导游人员应在专业人员的指导下学习这种救助方法。

任务八　安全事故的预防与处理

实训目标

(一)能力目标

通过本项目实训，使学生能够对安全事故采取有效的预防措施，并且学会一些基本的救护常识和逃生技巧，能够处理各种安全事故。

(二)职业素养目标

通过本项目实训，使学生养成处理问题果断、及时、科学、临危不惧的职业意识，形成安全意识强、责任心强、服务意识强的工作作风。

实训内容

(一)交通事故的处理

(1)立即组织抢救。发生交通事故出现伤亡时，导游人员应立即组织现场人员迅速抢救受伤的游客，特别是抢救重伤员；如不能就地抢救，应立即将伤员送往距出事地点最近的医院抢救。

(2)保护现场，立即报案。交通事故发生后，不要在忙乱中破坏现场，应指定专人保护现场，并尽快通知交通、公安部门，请求来现场调查处理。

(3)迅速向旅行社报告。将受伤游客送往医院后，导游人员应迅速向旅行社领导报告交通事故的发生及游客伤亡情况，听取领导对下一步工作的指示。

(4)做好游客的安抚工作。交通事故发生后,导游人员应做好团内其他游客的安抚工作,继续组织该团的参观游览活动。事故原因查清后,导游人员应向游客说明。

(5)写出书面报告。交通事故处理结束后,导游人员要写出事故报告,内容包括事故的原因和经过,抢救经过、治疗情况,事故责任及对责任者的处理,游客的情绪及对处理的反应等。报告力求详细、准确、清楚(最好和领队、全陪联名报告)。

(二)治安事故的处理

(1)保护游客的人身财产安全。若歹徒向游客行凶、抢劫财物时,在场的导游人员应毫不犹豫地挺身而出,勇敢地保护游客,并立即将游客转移到安全地点,力争与在场群众、当地公安人员缉拿罪犯,追回钱物;如有游客受伤,应立即组织抢救。

(2)立即报警。治安事故发生后,导游人员应立即向当地公安部门报案并积极协助破案。报案时,要实事求是地介绍事故发生的时间、地点、案情和经过,提供作案者的特征,告知受害者的姓名、性别、国籍、伤势及损失物品的名称、数量、型号、特征等。

(3)及时向领导报告。导游人员要及时向旅行社领导报告治安事故发生的情况并请求指示,情况严重时请领导前来指挥处理。

(4)稳定游客的情绪。治安事故发生后,导游人员应采取必要措施稳定游客的情绪,努力使旅游活动顺利地进行下去。

(5)写出书面报告。导游人员应写出详细、准确的书面报告,报告除上述内容外,还应写明案件的性质、采取的应急措施、侦破情况、受害者和旅游团其他成员的情绪及有何反映、要求等。

(6)协助领导做好善后工作。导游人员应准备好必要的证明、资料,协助领导处理好各项善后事宜。

(三)火灾的处理

(1)立即报警。

(2)迅速通知领队及全团游客。

(3)听从工作人员的统一指挥,迅速通过安全出口疏散游客。

(4)引导游客自救。如果情况紧急,千万不要搭乘电梯或随意跳楼,导游人员要镇定地判断火情,引导游客自救。

(5)协助处理善后事宜。游客得救后,导游人员应立即组织抢救受伤者,若有重伤者应迅速送往医院；有游客死亡，按有关规定处理；采取各种措施稳定游客的情绪，解决因火灾造成的生活方面的困难，设法使旅游活动继续进行；协助领导处理好善后事宜并写出翔实的书面报告。

（四）食物中毒的处理

（1）立即采取排毒措施。若发现游客食物中毒，导游人员应立即设法为患者催吐，并让患者多喝水加速排泄以缓解毒性。

（2）开具证明。导游人员应立即将患者送往医院抢救、治疗，请医生开出诊断证明。

（3）迅速报告。导游人员应迅速报告旅行社并追究供餐单位的责任。

▶ 操作步骤

（一）实训准备

（1）提前一周根据教师下发的情境资料进行准备。

（2）根据情境材料中的角色进行分组。

（二）实训开始

（1）学习旅游安全事故预防与处理的原则和方法，根据教师强调的操作要点及注意事项进行模拟实训。

（2）情境导入。

情境1：某旅游团在某景区游览时，因路况不佳，旅游车不慎翻倒，造成三人重伤，多人轻伤。

情境2：旅游团入住酒店不久，酒店因电路短路而引发楼层失火，旅游者惊慌失措，为保证游客尽快疏散，导游员引导游客自救。

情境3：一旅游团在福建客家土楼游览后，就在村庄里的一家餐厅用餐，在返程途中，多名游客出现了腹痛和上吐下泻的现象。

（3）分角色（地陪、全陪、领队和公安人员等）模拟处理以上情境中的问题。

（三）实训结束

（1）学生互评、师生互评。

（2）汇总实训成绩。

实训评价

任务评价表

班级:________　　　　姓名:________　　　　考核时间:________

评价项目与内容		小组评价	教师评价	行业评价
课前准备（20分）	下发计划准备			
	分组准备			
程序完整（40分）	交通事故的处理			
	治安事故的处理			
	火灾的处理			
	食物中毒的处理			
规范服务（10分）	熟知并能正确运用导游服务标准			
应变能力（10分）	遇事情绪稳定、思维敏捷、考虑问题周到，能够及时妥善处理突发事件和特殊问题			
职业素养（20分）	处理问题果断、及时、科学、临危不惧，安全意识强、责任心强、服务意识强			
总成绩				

自主练习

(一)填写本项目实训总结

(二)案例分析

由香港某旅行社组成的香港旅行团40余人，于2004年10月17日抵达台北，10月18日前往台湾九份风景区旅游观览。下午，该团冒雨乘坐的旅游车在九份地区转弯时刹车失控，坠落山谷，造成5人死亡、32人受伤、4人受重伤的惨剧。

后来的调查证实，雨天路滑并不假，但是，司机的主观原因使他成为这次事故的肇事者。原来，这位司机一上路就在手机里与人大声争吵，有的游客劝他要小心驾驶，他不听，而且情绪十分激动，结果终于酿成大祸。后经查实，司机酒精度超标达6倍之多。

请你对此案例进行评析。

（三）思考题

（1）游客入住的饭店发生火灾，导游员应如何引导游客自救？

（2）发生交通事故时，如有游客受伤，导游员的首要工作是什么？

（3）食物中毒是如何导致的？应如何处理？

补充资料

一、预防各类旅游安全事故的基本知识

凡涉及游客人身、财产安全的事故均为旅游安全事故。旅行社接待过程中可能发生的旅游安全事故，主要包括交通事故、治安事故、火灾、食物中毒等。

1. 交通事故的预防

导游人员在接待工作中应具有安全意识，时刻注意游客的安全，尤其在当地的旅游活动中，导游人员一定要配合并协助旅游车司机做好安全行车工作。安排活动日程时，导游人员应在时间上留有余地，不催促司机为抢时间赶日程而违章、超速行驶；禁止非本车司机开车；提醒司机不要饮酒；如遇酒后驾车的司机，导游人员应立即阻止，并报告旅行社有关部门，要求改派其他车辆或掉换司机。

2. 治安事故的预防

导游人员在接待工作中要时刻提高警惕，采取有效措施，尽量防止治安事故的发生。要提醒游客不要让陌生人进入房间，不要与个人私下兑换外币，建议游客将贵重财物存入饭店保险柜，离开旅游车时不要将贵重物品和证件留在车内。游客下车后，提醒司机锁好车门、关好车窗。

在旅游活动中，导游人员要始终和游客在一起，注意观察周围的环境和动向，经常清点游客人数。

游客因食用变质或不干净的食物常会发生食物中毒，其特点是：潜伏期短，发病快，且常常集体发病，若抢救不及时会有生命危险。

3. 火灾事故的预防

在旅游活动中，为了防止火灾事故的发生，导游人员应提醒游客不携带易燃、易爆物品，不乱扔烟头和火种。向游客讲明交通运输部门的有关规定，不得将不准作为行李运输的物品夹带在行李中。为了保证游客在火灾发生时能够尽快疏散，

导游人员应熟悉饭店楼层的太平门、安全出口、安全楼梯的位置及安全转移的路线，并向游客作介绍；导游人员应牢记火警电话(119)，掌握领队和本团游客所住房间号。

4. 食物中毒的预防

为防止食物中毒事故的发生，导游人员应严格执行在旅游定点餐厅就餐的规定；提醒游客不要在小摊上购买食物；用餐时若发现食物、饮料不卫生，或有异味变质的情况，导游人员应立即要求更换，并要求餐厅负责人出面道歉，必要时向旅行社领导汇报。

二、火灾自救逃生法

(1) 若身上着火，可就地打滚或用厚重衣物压灭火苗。

(2) 必须穿过浓烟时，用浸湿的衣物披裹身体，捂着口鼻，贴近地面顺墙爬行。

(3) 大火封门无法逃出时，可用浸湿的衣物、被褥堵塞门缝或泼水降温，等待救援。

(4) 摇动色彩鲜艳的衣物呼唤救援人员。

三、《旅游安全管理暂行办法实施细则》(部分)

1. 安全管理

(1) 旅游安全管理工作实行在国家旅游管理部门的统一领导下，各级旅游行政管理部门分级管理的体制。

(2) 各级旅游行政管理部门依法保护旅游者的人身、财物安全。

(3) 国家旅游行政管理部门安全管理工作的职责是……

(4) 县级以上(含县级)地方旅游行政管理部门的职责是……

(5) 旅行社、旅游饭店、旅游汽车和游船公司、旅游购物商店、旅游娱乐场所和其他经营旅游业务的企事业单位是旅游安全管理工作的基层单位，其安全管理工作的职责是：

• 设立安全管理机构，配备安全管理人员；

• 建立安全规章制度，并组织实施；

• 建立安全管理责任制，将安全管理的责任落实到每个部门、每个岗位、每个职工；

• 接受当地旅游行政管理部门对旅游安全管理工作的行业管理和检查、监督；

• 把安全教育、职工培训制度化、经常化，培养职工的安全意识，普及安全常识，提高安全技能，对新招聘的职工，必须经过安全培训，合格后才能上岗；

• 新开业的旅游企事业单位，在开业前必须向当地旅游行政管理部门申请对安全设施设备、安全管理机构、安全规章制度的检查验收，检查验收不合格者，不得开业；

• 坚持日常的安全检查工作，重点检查安全规章制度的落实情况和安全管理

漏洞,及时消除安全隐患;

● 对用于接待旅游者的汽车、游船和其他设施,要定期进行维修和保养,使其始终处于良好的安全技术状况,在运营前进行全面的检查,严禁带故障运行;

● 对旅游者的行李要有完备的交接手续,明确责任,防止损坏或丢失;

● 在安排旅游团队的游览活动时,要认真考虑可能影响安全的诸项因素,制订周密的行程计划,并注意避免司机处于过分疲劳状态;

● 负责为旅游者投保;

● 直接参与处理涉及单位的旅游安全事故,包括事故处理、善后处理及赔偿事项等;

● 开展登山、汽车、狩猎、探险等特殊旅游项目时,要事先制定周密的安全保护预案和急救措施,重要团队需按规定报有关部门审批。

2. 事故处理

(1)凡涉及旅游者人身、财物安全的事故均为旅游安全事故。

(2)旅游安全事故分为轻微、一般、重大和特大事故四个等级……

(3)事故发生后,现场有关人员应立即向本单位和当地旅游行政管理部门报告。

(4)地方旅游行政管理部门在接到一般、重大、特大安全事故报告后,要尽快向当地人民政府报告,对重大、特大安全事故,要同时向国家旅游行政管理部门报告。

(5)一般、重大、特大安全事故发生后,地方旅游行政管理部门和有关旅游企事业单位要积极配合有关方面,组织对旅游者进行紧急救援,并妥善处理善后事宜。

任务九　游客个别要求的处理

实训目标

(一)能力目标

通过本项目实训,使学生掌握处理游客个别要求的原则和方法,并能根据游客的具体情况,遵循“合理而可能”的服务原则,处理游客可能提出的各种问题。

(二)职业素养目标

通过本项目实训,使学生养成以主人翁姿态为旅游者提供最满意服务的职业态度,坚持热情友好、宾客至上的服务理念。

实训内容

(一)餐饮要求的处理

1. 特殊要求的处理原则

凡在旅游协议书中有明文规定的,接待社须早作安排;地陪在接团前应检查落实情况,不折不扣地兑现。凡属旅游团抵达后游客才提出的,需视情况而定。地陪可与餐厅联系,在可能的情况下尽量满足;如确有困难,可协助其自行解决。

2. 换餐要求的处理

旅游团在用餐前 3 小时提出换餐要求,地陪要尽量与餐厅联系,但事先要讲清,换妥之后差价由旅游者自付;若接近用餐时游客提出换餐要求,一般不应接受,但导游人员要做好解释工作;若游客仍坚持换餐,导游人员可建议他们自己点菜,费用自理并告知原餐费不退。游客加菜、加饮料的要求可以满足,但费用自理。

3. 单独用餐要求的处理

导游人员要耐心解释,并告诉领队请其调解;如游客坚持,导游人员可协助其与餐厅联系,但餐费自理,并告知综合服务费不退。

4. 客房内用餐要求的处理

因游客生病,导游人员与饭店服务员应主动将饭菜端进游客的房间以示关怀。若是健康的游客希望在客房用餐,如果餐厅能提供此项服务,可满足游客的要求,但须告知服务费自理(由于饭店的星级不同,有些饭店是免费提供送餐服务,有些饭店要按餐费的 15% ~30% 收取服务费)。

5. 自费品尝风味要求的处理

导游人员应予以协助,与有关餐厅联系订餐;风味餐订妥后旅游团又想不去,导游人员应劝他们在约定时间前往餐厅,并说明若不去用餐须赔偿餐厅的损失(离用餐时间越近,交付的损失费越多)。

6. 推迟晚餐时间要求的处理

导游人员可与餐厅联系,视餐厅的具体情况处理。一般情况下,导游人员要向旅游团说明餐厅有固定的用餐时间,过时用餐需游客自行另付服务费。若旅游团同意付费,可满足其要求。

7. 不愿随团用餐的处理

旅游者因自身原因提出的不愿随团用餐的要求,地陪应同意其要求,但必须告知餐费是不退的。

(二)住房要求的处理

1. 掉换房间要求的处理

客房内有蟑螂、臭虫、老鼠等,游客要求换房,应满足其要求,必要时应掉换饭店。客房内设备,尤其是房间卫生达不到清洁标准应立即打扫、消毒。游客要求掉换不同朝向的同一标准客房,若饭店有空房,可适当予以满足,或请领队在内部调配;无法满足时,应耐心解释,并向游客致歉。

2. 提高客房标准要求的处理

如饭店有空房即可予以满足,但导游人员事先应告知游客要交付退房损失费和房费差价。

3. 游客发现所住客房低于协议标准

团队游客到一地旅游时,享受什么星级的住房在旅游协议书中有明确规定,甚至在什么城市下榻于哪家饭店都写得清清楚楚。所以,接待社向旅游团提供的客房即使符合标准,但若用同星级的其他饭店替代协议中标明的饭店,游客也会不满意。若提供的客房低于标准,游客更会有意见,旅行社必须负责予以掉换,确有困难须说明原因,并提出补偿条件。

4. 住单间要求

如饭店有空房可予以满足,但房费自理。同屋游客因闹矛盾或生活习惯不同而要求住单人间时,导游人员应请领队调解或在内部调配;若调解、调配不成,饭店有空房可满足其要求,但导游人员须事先说明房费由游客自理(一般是谁提出住单人间谁付房费)。

5. 购买客房摆设要求

导游人员可协助其与饭店有关部门联系。

(三)购物要求的处理

1. 单独外出购物要求的处理

导游人员要予以协助,并当好参谋。如建议其去哪家商场购物,为其安排出租车并写便条让其带上(条上写明商店名称、地址和饭店名称),条件允许时或者必要时可陪同购物等。但在旅游团快离开本地时,导游人员要劝阻游客尽量不要单独外出购物。

2. 退换商品要求的处理

导游人员不得敷衍塞责或推托不管,而应积极协助,必要时陪同前往。

3. 再去商店购物的要求

只要时间许可,导游人员可写个便条(上写商品名称和请售货员协助之类的话），让其租车前往商店购买，也可陪同前往。

4. 购买古玩或仿古艺术品要求的处理

导游人员应带其到文物商店购买，并及时提醒其保存发票，不要将物品上的火漆印（如有的话）去掉，以便海关查验。游客在地摊上选购古玩，导游人员应劝阻，并告知我国海关规定：携带出口的文物（包括古旧图书、字画等），应向海关递交中国文物管理部门的鉴定证明，否则不准携出，而地摊无法为其提供这种证明。若发现个别游客有走私文物的可疑行为，导游人员须及时报告有关部门。

5. 购买中药材、中成药要求的处理

导游人员应告知我国海关的规定：进境旅客出境时携带用外汇购买的、数量合理的中药材、中成药，需向海关交验盖有国家外汇管理局统一印制的“外汇购买专用章”的发货票，超出自用合理数量范围的不准带出（前往国外的，总值限人民币300元；前往港、澳地区的，总值限人民币150元）。

6. 代为托运物品要求的处理

导游人员可告知游客外汇商店一般经营托运业务；若商店无托运业务，导游人员要协助游客办理托运手续。

在商店无货时，对游客让导游人员代购并托运商品的请求，导游人员一般应予婉拒；实在推托不掉时，导游人员要请示领导，一旦接受了游客的委托，导游人员应在领导指示下认真办理委托事宜；收取足够的钱款，余额、发票、托运单及托运费收据在事后由旅行社寄给委托人，旅行社保存复印件以备查验。

（四）文娱活动要求的处理

1. 计划内要求的处理

若时间许可又有可能掉换时，可请旅行社掉换；如无法安排，导游人员要耐心解释，并明确告知票已订好，不能退换，请游客谅解；游客若坚持要求观看别的演出，导游人员可予协助，但费用自理。

部分游客要求观看别的演出，处理方法同上。若游客分路观看文艺演出，在交通方面导游人员可作如下处理：如两个演出点在同一线路，导游人员要与司机商量，尽量为少数游客提供方便；若不同路，则应为他们安排车辆，但车费自理。

2. 计划外要求的处理

导游人员一般应予以协助，如帮助购买门票、要出租车等，通常不陪同前往。游客要求去大型娱乐场所或情况复杂的场所，须提醒游客注意安全，必要时应陪同前往。

3. 不健康要求的处理

导游人员应断然拒绝并介绍中国的传统和道德观念，严肃指出不健康的娱乐活动和不正常的夜生活在中国是禁止的、违法的。

(五)游客自由活动要求的处理

(1)旅游团中有的游客已多次游览过某地或某一景点,因而希望不随团活动。若其要求不影响旅游日程安排,可以满足并提供必要的协助。如,提醒其带上饭店的店徽,写一便条交给游客(上写前往目的地的名称、地址及下榻饭店的名称和电话),帮助找出租车,提醒游客晚饭的用餐时间和用餐地点等。

(2)到达游览点后,个别游客希望不按规定的线路游览而希望自由游览或摄影。若环境许可(游人不多、秩序不乱),可满足其要求。导游人员要提醒其集合的时间和地点及旅游车的车号,必要时留一字条,上写集合时间、地点和车号,以及饭店名称和电话号码,以备不时之需。

(3)晚上如无活动安排,游客要求自由活动。导游人员应建议其不要走得太远,不要去秩序混乱的场所,不要太晚外出等。

(六)探视亲友、亲友随团活动要求的处理

1.探视亲友的要求

游客知道亲友姓名、地址的,导游人员应协助联系,并向游客讲明具体乘车路线。游客只知亲友姓名或某些线索,但地址不详的,导游人员可通过旅行社请公安户籍部门帮助寻找,找到后及时告诉游客并帮其联系;若旅游期间没找到,可请游客留下联系地址和电话号码,待找到其亲友后通知。

2.海外游客要求会见中国同行洽谈业务、联系工作、捐款捐物或进行其他活动

导游人员应向旅行社汇报,在领导指示下给予积极协助。海外游客慕名求访某位名人,导游人员应了解游客要求会见的目的并向领导汇报,按规定办理。

3.亲友随团活动的要求

导游人员应根据不同情况处理:先征得领队和旅游团其他成员的同意;与旅行社有关部门联系,如无特殊情况可到旅行社办理入团手续,出示有效证件、填写表格、缴纳费用;外国外交官员随团活动的,应请示旅行社,严格按我国政府的有关规定办理。

(七)转递物品要求的处理

(1)一般情况下,导游人员应建议游客将物品亲手交给或邮寄给接收部门或接收人,若确有困难可予以协助。

(2)转递物品尤其是转递重要物品,或向外国驻华使、领馆转递物品,手续要

完备。导游人员协助时,须问清转递的是何种物品。若是应纳税物品,应促其纳税。若是贵重物品,导游人员一般要婉拒,无法推托时,要请游客书写委托书,注明物品名称和数量,当面点清、签字,并留下详细通信地址;接收人收到物品后要写收条并签字盖章;导游人员将委托书和收条一并交旅行社保管。

(3)游客要求转递的物品中若有食品,导游人员应婉言拒绝,请其自行处理。

(4)外国游客要求导游人员帮助将物品转递给外国驻华使、领馆及其人员时,导游人员应建议其自行办理,但可给予必要的协助;若游客确有困难不能亲自去送,导游人员应详细了解情况并向旅行社领导请示,将转递物品交旅行社,由旅行社转递。

(八)中途退团或延长旅游期的处理

1. 中途退团

(1)游客因患病、家中有事、工作急需或其他特殊原因,要求提前离开旅游团并中止旅游活动,经接待社与组团社协商后可予以满足。至于未享受的综合服务费,按旅游协议书规定,或部分退还或不予退还。

(2)游客无特殊原因,只是某个要求得不到满足而提出提前离团时,导游人员要配合领队做说服工作,劝其继续随团旅游;若接待旅行社确有责任,应设法弥补。若游客提出的是无理要求,要耐心解释;若劝说无效,游客仍执意要求退团,可满足其要求,但应告知其未享受的综合服务费不予退还。

(3)外国游客不管因何种原因要求提前离开中国,导游人员都要在领导指示下协助游客重订航班、机座,办理分离签证及其他离团手续,但所需费用由游客自理。

2. 延长旅游期

(1)外国游客因伤、病需要延长在中国的居留时间,导游人员应为其办理有关手续,还应前往医院探视,帮助解决伤病者及其家属在生活上的困难。

(2)外国游客在旅游团的活动结束后要求继续在中国旅行游览,若不需延长签证,一般可满足其要求。若需延长签证,原则上应予婉拒。若个别游客确有特殊原因需要留下,导游人员应请示旅行社,然后向其提供必要的帮助:陪同游客持旅行社的证明、护照及集体签证,去当地公安局办理分离签证手续和延长签证手续,协助其重订航班、机座,帮其订妥客房,所需费用由游客自理。旅游团离境后,留下的游客若需要旅行社继续为其提供导游等服务,则须另签合同。

▶ 操作步骤

(一)实训准备

(1)提前一周根据教师下发的情境资料进行准备。

(2)根据情境材料中的角色进行分组。

(二)实训开始

(1)学习游客个别要求的处理原则和方法,根据教师强调的操作要点、注意事项进行模拟实训。

(2)情境导入。

情境1:一游客向导游员提出,因同房的另一游客夜间鼾声如雷,使其无法休息,要求调房。

情境2:团队入住某酒店,办理入住手续时,导游员被告知,由于有重要会议在该地区召开,原定的多数标准房被取消了,改为三人房,游客得知后不愿意入住。

情境3:导游员小周陪同一个欧洲团队在仿古街游览后,就让全体客人自由活动了。有位客人是中国字画爱好者,他在地摊上看上了一幅字画,不过他搞不清是否是赝品,苦于不懂汉语,他只好用手势和摊主交流。这时正好小周来到跟前,他便向小周征求意见。

情境4:某旅游团15人来自同一家单位,用餐形式是团队包餐,由于在旅游中游客之间发生了摩擦,其中一位游客提出不与团队一起用餐,要求自己单独用餐。

情境5:一四川旅游团到深圳旅游,其中一位游客提出他的表妹刚好也在深圳出差,希望能和他一起参加团队旅游。

情境6:某旅游团一行20人在云南旅游,按照接待计划期间一晚观看实景演出《印象·丽江》表演,但其中有7位游客提出不去观看这场演出,而要去看其他演出。

情境7:一山东旅游团在山西游览的行程为5日,第三天,游客张先生提出要提前退团回去。

(3)分角色(地陪、全陪、领队和其他相关人员等)模拟处理以上情境中的问题。

(三)实训结束

(1)学生互评、师生互评。

(2)汇总实训成绩。

实训评价

任务评价表

班级：________ 姓名：________ 考核时间：________

评价项目与内容		小组评价	教师评价	行业评价
课前准备 （20 分）	下发计划准备			
	分组准备			
程序完整 （40 分）	餐饮要求的处理			
	住房要求的处理			
	购物要求的处理			
	文娱活动要求的处理			
	探视亲友、亲友随团活动要求的处理			
	游客自由活动要求的处理			
	转递物品要求的处理			
	中途退团或延长旅游期的处理			
规范服务 （10 分）	熟知并能正确运用导游服务标准			
应变能力 （10 分）	遇事情绪稳定、思维敏捷、考虑问题周到，能够及时妥善处理突发事件和特殊问题			
职业素养 （20 分）	以主人翁姿态为旅游者提供最满意服务，热情友好、宾客至上，符合导游员礼仪礼貌规范			
总成绩				

自主练习

(一)填写本项目实训总结

(二)案例分析

小江在带团中常碰到有的客人不愿随团就餐,原因是团队餐不好吃。遇到这样的情况,小江一般是说服,并根据其要求与餐厅联系,在口味上尽量符合其要求,或者在客人愿意支付额外点菜费用情况下,让其自行点菜。但一次一个浙江团在距吃晚餐只有不到半小时时,几乎所有的人都不愿意去已订好的餐厅,一致要求导游另找一家上档次的江浙菜馆,并表示多余的费用自己承担。小江感到很为难,他说:“现在退餐又订餐,肯定来不及了,原订的餐要承担100%的退餐费,且改订另一家餐厅不知还能否订得上?”客人领队说:“你先联系了再说。”小江与原订餐餐厅联系,对方表示承担损失方可退餐,至于新的就餐地点小江也确定不了去哪家,更没有联系方式,于是他还是努力说服客人,并保证第二天的餐一定提前安排,总算让客人很不乐意地接受了。次日因行程紧,而景点沿线又没有合适的江浙菜馆,客人要求仍未得到满足,终于导致客人拒绝用餐并投诉导游。

请你对此案例进行评析。

(三)思考题

(1)游客个别要求的处理原则是什么?

(2)游客要求在客房内用餐应该如何处理?

(3)客房内卫生不达标,游客要求掉换房间应如何处理?

(4)在什么情况下应劝阻客人不要单独活动?

(5)为游客转交物品的程序是什么?

(6)游客因患病要求中途退团应如何处理?

补充资料

一、游客提出不当的要求需要劝阻的处理方法

(1)影响旅游团活动计划顺利进行的要求。如旅游团计划去另一地游览,或旅游团即将离开本地时,若有人要求留在本地活动,由于牵涉面太大,导游人员要劝其随团活动,以免影响全团的行程安排。

(2)明显存在安全问题的要求。如地方治安不理想，导游人员要劝阻游客外出活动，更不要单独活动，但必须实事求是地说明情况。不宜让游客单独骑自行车去人生地不熟、车水马龙的街头游玩。

(3)游河(湖)时，游客提出希望划小船或在非游泳区游泳的要求。导游人员对此绝不能答应，不能置旅游团于不顾而陪少数人去划船、游泳。

(4)游客要求去不对外开放地区、机构参观游览的要求。导游人员不得答应此类要求。

总之，出现以上情况时，导游人员要向游客耐心解释、说明原因，以免发生误会。

二、案例阅读

案例1

一个印度尼西亚旅游团从广州入境。一到广州，一位老年华人对全陪说"我有一个妹妹在北京，已失散30多年，请协助找找。"全陪马上将此要求转告给北京地接旅行社。当旅游团抵达北京时，地接旅行社已按照游客提供的线索，通过户籍部门找到了老人的妹妹。当兄妹在饭店相拥会面时，喜极而泣，场面十分动人。他们一再感谢全陪和北京地接旅行社。然而，第二天早晨，老人将他妹妹带上了旅游车，地陪以为是领队同意的，而领队则以为是中方导游人员同意的。相互一问，原来谁都没有同意，但都感到很为难，因为兄妹已30多年不通音讯，多相聚一些时间无可厚非。但……最后，地陪还是上前为难地告诉老年游客，他的妹妹不能随团活动。老人却说："门票我买，至于吃饭，大家挤一挤就行了，以前饭菜总吃不完，所以多一人少一人没什么关系。"地陪无奈，只得撒谎，说其他旅游者有意见。老人很不高兴地让妹妹下了车，自己也下了车。此后两天他没有随团活动。从此，他与其他成员的关系一直处不好。旅游结束后，老人还写了投诉书，说地陪不近人情。

评析

有些旅游者在探视亲友后，希望能多一些相处的时间，要求亲友随团活动，一般情况下若条件允许(如车上有空位，不影响其他人)，此类要求应予以满足，但须事先了解情况并办理下列手续：先征得领队和旅游团其他成员的同意；与旅行社有关部门联系，如无特殊情况可到旅行社办理入团手续；出示有效证件、填写表格、缴纳费用等。若是外国外交官员随团活动，应请示旅行社，严格按照我国政府的有关规定办理。

案例2

某欧洲旅游团持集体签证在中国旅游。在旅游过程中，客人斯沃思先生(Mr. Sworth)向全陪小王提出希望团队旅游结束后留在中国继续参观并办点私事。小王告诉他，在中国旅游的境外旅游团必须整团出入中国国境，所以回绝了他的要求。在旅游团队离开中国的前一天,他再次向小王提出了他的要求并讲明理由,小王以时间紧迫为理由予以拒绝。斯沃思先生认为小王侵犯了他的合法权益,回国后,通过其领队向小王的旅行社提出了投诉。

评析

斯沃思先生提出的要求是正常的。导游人员应本着"合理而可能"的服务原则,向旅行社领导汇报并给予应有的帮助。本案例中的导游人员显然缺乏服务意识和业务知识。

三、旅行社质量保证金赔偿暂行办法(部分)

(1)旅游局分级设立旅游质量监督管理所负责旅行社质量保证金赔偿案件的审理。

(2)各级质监所在审理保证金赔偿案件时应遵循以下原则:

- 以事实为依据,以法律、法规为准绳公正办案,保护双方当事人的合法权益。
- 各级质监所在办案过程中,应当先进行调解。调解无效的,应当依法进行审理。
- 各级质监所在办案过程中,不受任何组织和个人的非法干涉。

(3)下列情形适用保证金赔偿案件的审理:

- 旅行社因自身过错未达到合同约定的服务质量标准的;
- 旅行社服务未达到国家标准或者行业标准的;
- 旅行社破产造成旅游者预交旅行费损失的。

模块十　送行及后续服务

《导游服务质量》规定的送行及后续服务的处理原则主要如下：

“旅游团（者）结束本地参观游览活动后，地陪服务应使旅游者顺利、安全离站，遗留问题得到及时妥善的处理。

a）旅游团（者）离站的前一天，地陪应确认交通票据及离站时间，通知旅游者移交行李和与饭店结账的时间；

b）离饭店前，地陪应与饭店行李员办好行李交接手续；

c）地陪应诚恳征求旅游者对接待工作的意见和建议，并祝旅游者旅途愉快；

d）地陪应将交通和行李票证移交给全陪、领队或旅游者；

e）地陪应在旅游团（者）所乘交通工具起动后方可离开；

f）如系旅游团（者）离境，地陪应向其介绍办理出境手续的程序。如系乘机离境，地陪还应提醒或协助领队或旅游者提前72小时确认机座。”

任务一　离店服务

实训目标

（一）能力目标

通过本项目实训，使学生掌握离店服务流程；熟悉交通票据的核实程序；学会办理退房手续，并能协助游客结清个人账目。

（二）职业素养目标

通过本项目实训，使学生养成做事细致、周到、有条理的职业习惯。

实训内容

(一)核实交通票据

核实交通票据的工作非常重要,必须引起高度重视,以免因自己的疏忽而给旅游团队造成不便。离开前一天,做到时间四核实:计划时间、时刻表时间、票面时间、问询时间;离站人数、出发地点、去向等尽量详细地落实清楚;如果该团乘坐的航班、车次和时间有变更,应落实旅行社计调部门是否已经通知下一站接待社。

如果是从本地离境的团,地陪应尽早与领队核实机票,提醒或协助领队提前72小时确认机票。如果是在本地停留不足72小时的团队,应该在一接到团队时就马上提醒其确认机票等相关事宜。

(二)提醒游客结清个人账目

通知饭店团队的离店时间,提前与饭店结清有关账目(最好在离店的前一天晚上,这样离店当天会比较从容一些)。提醒旅游者尽早与饭店结清个人的消费账目。

(三)商定出发时间

领队比较了解客人的情况和习惯,司机比较了解路途的情况,所以应先和领队、司机商量好第二天的出发时间,然后再确定出行李和叫早的时间。

(四)办理退房手续

在客人不需要再次使用房间的情况下,地陪应一一收齐房间钥匙,交到总服务台。询问查房情况,以免客人有遗漏物品,同时也体现出能与饭店工作配合的基本素质。如无特殊情况,应在12:00以前退房。

(五)托运行李

在旅游团离店之前,地陪应按照预定的时间请饭店行李员将所要托运的行李收齐,并集中堆放,同时与领队和全陪共同清点行李的件数(包括全陪托运的行李)。再次检查客人行李是否上锁、捆扎是否牢固、有无破损等,最后与饭店行李员办好交接手续。

(六)登车离店

离开饭店前,应再次提醒旅游者带好个人物品及旅游证件。集合上车。照顾旅游者上车入座,仔细清点人数。全体到齐后,要再一次请旅游者清点自己随身携带的物品,并询问是否将证件随身携带,如无遗漏,则请司机开车离开饭店。

▶ 操作步骤

(一)实训准备

(1)提前一周根据教师下发的接待计划及机票票样或火车票票样进行准备。
(2)根据情境材料中的角色进行分组。

(二)实训开始

(1)学习离店服务的方法,根据教师强调的操作要点及注意事项进行分组实训。
(2)模拟导游员根据接待计划核实交通票据。
(3)模拟导游员提醒游客结清个人账目及其他提醒工作。
(4)模拟导游员退房、查房、收取房间钥匙、托运行李。
(5)模拟导游员带领游客登车离店。

(三)实训结束

(1)学生互评、师生互评。
(2)汇总实训成绩。

实训评价

任务评价表

班级:________　　　　姓名:________　　　　考核时间:________

评价项目与内容		小组评价	教师评价	行业评价
课前准备(20分)	下发计划准备			
	分组准备			
程序完整(40分)	核实交通票据			
	提醒游客结清个人账目			
	商定出发时间			
	办理退房手续			
	托运行李			
	登车离店			

续表

评价项目与内容		小组评价	教师评价	行业评价
规范服务（10分）	熟知并能正确运用导游服务标准			
应变能力（10分）	遇事情绪稳定、思维敏捷、考虑问题周到，能够及时妥善处理突发事件和特殊问题			
职业素养（20分）	做事细致、周到、有条理；服务态度热情、游客至上，符合导游员礼仪礼貌规范			
总成绩				

自主练习

(一)填写本项目实训总结

(二)案例分析

导游员张小姐要送一个30人的广东团去机场，航班时间是8时30分。当她6点钟赶到饭店时，一些游客还没有办理结账手续，于是她连忙打电话催促，却发现一名游客出门闲逛，还有客人因房间饮料、长途话费与总台纠缠不清。稍后，旅行社行李车来到酒店。张小姐忙请全陪去寻找外出的客人，自己帮客人清点行李，办理签字手续。一会儿全陪赶回说未找到那位客人。小张在帮大家结清账后，连忙又带大家赶往餐厅，匆匆用过早餐后连忙上车。在酒店门口终于碰到那位外出闲逛的客人，这时已是6点45分。帮那位客人结完账后，旅游车近7点才离开饭店赶赴机场。旅游车赶到机场时，离飞机起飞只有40分钟了。匆忙中办理完行李托运和登机手续后，客人们终于“打着擦边球”上了飞机。

请你对此案例进行评析。

(三)思考题

(1)离店前游客丢失房卡，导游员应如何处理？
(2)OK票与OPEN票的区别是什么？
(3)游客在酒店发生的个人账目大致有哪些？
(4)离店时，导游员应对游客做哪些提醒工作？

补充资料

一、OK 票与 OPEN 票

机票有 OK 票和 OPEN 票之分。所谓 OK 票,即已订妥日期、航班和机座的机票。持 OK 票的旅客,若在该联程或出程站停留 72 小时以上,国内机票须在联程或回程航班机起飞前两天中午 12 时以前、国际机票须在 72 小时前办理座位再证实手续,否则原订座位不予保留;OPEN 票则是不定期机票,旅客乘坐前须持机票和有效证件(护照、身份证等)去民航办理定座手续。

二、不同字头火车票的区分

旅客列车分为国际列车和国内旅客列车。

国内旅客列车按车次前冠有的字母或 4 位阿拉伯数字的不同分为以下几种:

车次前冠有字母“T”的列车为特快旅客列车。

车次前冠有字母“K”的列车为快速旅客列车。

车次前冠有字母“D”的列车为动车组快速旅客列车。

车次以 4 位阿拉伯数字开头的列车分为普通旅客快车(1×××、2×××、3×××、4×××、5×××)和普通旅客慢车(6×××、7×××、8×××)。

在春运、暑运期间,还增开车次前冠有字母“L”的临时列车。

在旅游季节,还增开车次前冠有“Y”的临时旅游列车。

三、中国国内各大航空公司航空代码

代码	航空公司	标志	代码	航空公司	标志
CA	中国国际航空公司		WH	中国西北航空公司	
MU	中国东方航空股份有限公司		CJ	中国北方航空公司	
CZ	中国南方航空股份有限公司		F6	中国航空股份有限公司	
SZ	中国西南航空公司		XO	新疆航空公司	
3Q	云南航空公司		X2	中国新华航空公司	

续表

代码	航空公司	标志	代码	航空公司	标志
G8	长城航空公司		8C	山西航空公司	
MF	厦门航空公司		HU	海南航空股份有限公司	
FM	上海航空公司		SC	山东航空公司	
3U	四川航空公司		2Z	长安航空公司	
WU	武汉航空公司		KA	港龙航空公司	

任务二　送行服务

实训目标

(一)能力目标

通过本项目实训,使学生掌握机场、车站的离站办理手续,掌握致欢送辞的内容与技巧,熟悉游客意见卡等各种表格及内容。

(二)职业素养目标

通过本项目实训,使学生养成对游客热情、做事善始善终的职业习惯。

实训内容

(一)送站途中沿途讲解

1. 行程回顾

在去机场(车站、码头)的途中,导游员应对旅游团在本地的行程包括食、住、行、游、购、娱等方面作一个概要回顾，目的是加深游客对这次旅游经历的体验。讲解方式可用归纳式或提问式，讲解内容可根据途中距离进行调整。

2. 总结景点特色

每个景点都有其特色与魅力。在总结回顾中，导游员应抓住特色和游客的兴趣，进行强调讲解，使游客加深印象。同时要注意与游客的交流互动，这样会收到很好的效果。

3. 总结旅游团趣事

在整个行程中，游客从游览到娱乐再到生活，始终是一个整体，朝夕相处，产生了友谊，增进了感情。导游员如果在总结旅游团行程中，将旅游团中发生的笑话趣事重提，引发大家共鸣，使游客在美好的记忆中完成旅游，这是十分有意义的。

（二）致欢送辞

在临近机场（车站）时，应真情实意地致欢送辞。欢送辞的内容主要包括：

（1）回顾旅游活动，感谢大家的合作。

（2）表达友谊和惜别之情。

（3）若旅途中有不尽如人意的地方，导游可借此机会道歉。

（4）表达美好的祝愿。

（三）签署游客意见卡

每团结束后，旅行社都应将旅游者的意见收集备案，以作为今后改进工作的依据。导游员应诚恳地征求旅游者对本地行程的意见和建议，将旅游服务质量卡或游客意见反馈表发给客人请其填写。质量卡或反馈表如需寄出，应先向旅游者讲明邮资已付；如需导游员带回，则应该在旅游者填写完毕后如数收回，妥善保留。

（四）办理离站手续

目前，大多数旅游团队都是行李随旅游车同载。下车后，请旅游者拿取各自的行李，带领旅游者进入机场（车站）的大厅等候。地陪应协助全陪或领队办理相关手续。最后将票据交给全陪或领队，并请其当面清点核实。

如有专门的行李车运送行李，在到达机场（车站）的大厅后，地陪应迅速与旅行社行李员取得联系，将其交来的交通票据和行李托运单或行李卡逐一清点、核实后，交给全陪或领队，并请其当面清点核实。

如有需要垫付的费用，地陪应照计划办理，回到旅行社后再凭票报销。

如系旅游团出境,地陪应向领队(或旅游者)介绍办理出境手续的程序。

等旅游团进入隔离区后,地陪方可离开。有经验的导游都会等“飞机上天、轮船离岸、火车出站、挥手告别”才会离开。因为,我们不仅是职业导游 更是有感情的导游。

(五)与司机结账

送走旅游团后,地陪应与旅游车司机结账,在用车单据上签字,并保留好单据。

▶ 操作步骤

(一)实训准备

(1)提前一周根据本地实际情况准备送站途中讲解内容。

(2)准备一篇有特色的欢送辞。

(二)实训开始

(1)学习离店服务的方法,根据教师强调的操作要点及注意事项进行分组实训。

(2)分组训练送站途中沿途讲解。

(3)分组训练欢送辞讲解。

(4)模拟导游员进行办理离站手续实景模拟。

(三)实训结束

(1)学生互评、师生互评。

(2)汇总实训成绩。

实训评价

任务评价表

班级:________ 姓名:________ 考核时间:________

评价项目与内容		小组评价	教师评价	行业评价
课前准备(20分)	下发计划准备			
	分组准备			

续表

评价项目与内容		小组评价	教师评价	行业评价
程序完整 (40分)	送站途中沿途讲解			
	致欢送辞			
	签署游客意见卡			
	办理离站手续			
	与司机结账			
规范服务 (10分)	熟知并能正确运用导游服务标准			
应变能力 (10分)	遇事情绪稳定、思维敏捷、考虑问题周到，能够及时妥善处理突发事件和特殊问题			
职业素养 (20分)	服务态度热情、游客至上，做事善始善终，符合导游员礼仪礼貌规范			
总成绩				

自主练习

(一)填写本项目实训总结

(二)案例分析

北京导游员李先生接待一个陕西团。离京那天上午，按原计划只逛一个商场就去机场。出发时，游客们提出还要乘坐地铁。如果平时时间充裕的话，这个要求是完全可以满足的。但是因为要赶12点多的航班，时间很紧张，李先生便没有同意。但是游客们一再恳求说可以缩短逛商场的时间。李先生想这样也未尝不可，于是同意了游客的要求。当李先生带着客人从一个地铁站出来时，猛然想起旅行车还停在另一出口，因为他忘记告诉司机了。连忙打电话通知司机赶过来。等司机闻讯立即赶过来时，又耽误了很多时间。当旅游团赶到机场时，其他客人已经开始登机了。李先生一直等到该团最后一名客人登上飞机时，一颗心才安定下来。

请你对此案例进行评析。

(三)思考题

(1)导游员如何办理登机手续?

(2)创作一篇独具特色的欢送辞。

补充资料

一、致欢送辞的技巧

(1)道出依依惜别之情。

(2)表达友谊之情。

(3)表现幽默风趣。

(4)体现庄重、谨慎。

(5)抒发真情实感。

二、欢送辞范例

范例1

各位朋友,时间过得真快,短短的一周已经过去了。在此,我不得不为大家送行,心中真的有许多眷恋。无奈,天下没有不散的宴席,希望我们还有再见的机会。这几天相信大家一定收获很多,在各位朋友的生命中,从此将增添一段新的、美好的记忆。承蒙各位朋友的支持,使得这次的接待工作非常顺利,在此我向大家表示衷心的感谢!但不知大家的心情是否愉快?对我们的工作是否满意?如果我们的服务有什么不足之处,请大家提出来,以便我们今后改进。有道是“有缘千里来相会”,所以,在即将分手之际,我们再次希望大家不要忘记,在青岛,有你们一个永远的家——中国旅行社,不要忘记,在这个家里有我——一个与你们有缘而又永远值得信赖的朋友。再次真诚地希望大家来青岛,我们一定热情接待。最后,预祝各位朋友在今后的人生旅途中万事如意,前程似锦!

范例2

各位朋友,我们的终点——武宿机场就要到了,小张我也要和大家说再见了,正像歌词中所唱:“说再见,再见就在眼前;道离别,离别不会太遥远!”在这里我非常感谢大家对我工作的支持。在短短的几天里,大家给我留下了非常深刻的印象,谢谢大家带给我的快乐!如果一路上有什么不足之处,请大家多多谅解。希望大家能再次来到山西,欣赏世界遗产五台山、云冈石窟、平遥古城,领略晋商大院的风采,到时小张我再来给你们做导游。最后祝大家一路平安,身体健康!合家欢乐!谢谢大家!

三、海关知识

(一)进出境旅客通关

根据《中华人民共和国海关法》和《中华人民共和国海关对进出境旅客行李物品监管办法》的规定,进出境旅客行李物品必须通过设有海关的地点进境或出境,接受海关监管。旅客应按规定向海关申报。

除法规规定免验者外,进出境旅客行李物品应交由海关按规定查验放行。海关验放进出境旅客行李物品,以自用合理数量为原则,对不同类型的旅客行李物品规定不同的范围和征、免税限量和限值。

旅客进出境携有需向海关申报的物品,应在申报台前向海关递交"中华人民共和国海关进出境行李物品申报单"或海关规定的申报单证,按规定如实申报其行李物品,报请海关办理物品进境或出境手续。

下列出境旅客应通过红色检查站(红色通道):携带文物、货物或样品者;携带带入境内而应带出境外物品者;携带外币、金银及制品超出入境时报关的数量者;携带超过海关规定的限量(数量、金额及其他)者。

其他出境旅客可以通过绿色检查站(绿色通道),但必须出示证件,包括行李申报单。

经海关验核签章的申报单证须妥善保管,以便回程时或者进境后凭此办理有关手续。海关加封的行李物品,不得擅自开拆或者损毁海关施加的封志。

(二)部分限制进出境物品

1. 烟、酒

旅客类别	免税烟草制品限量	免税12度以上酒精饮料限量
来往港澳地区的旅客(包括港澳旅客和内地因私前往港澳地区探亲和旅游等旅客)	香烟200支或雪茄50支或烟丝250克	酒1瓶(不超过0.75升)
当天往返或短期内多次来往港澳地区的旅客	香烟40支或雪茄5支或烟丝40克	不准免税带进
其他进境旅客	香烟400支或雪茄100支或烟丝500克	酒2瓶(不超过1.5升)

2. 旅行自用物品

非居民旅客及持有前往国家或地区再入境签证的居民旅客，携带旅行自用物品限照相机、便携式收录音机、小型摄影机、手提式摄录机、手提式文字处理机每种一件。超出范围的需向海关如实申报，并办理有关手续。经海关放行的旅行自用物品，旅客应在回程时复带出境。

3. 金、银及其制品

旅客携带金银及其制品进境应以自用合理数量为限，其中超过50克的应填写申报单证，向海关申报；复带出境时，海关凭本次进境申报的数量核放。

携带或托运在华购买的金银制品(如镶嵌物及新工艺品)的旅客，应出示经营金银制品单位开出的特种发票，否则这些物品不准出境。

4. 外汇

根据国家外汇管理局和海关总署于2003年9月1日联合发布的《携带外币现钞出入境管理暂行办法》，旅客携带外币、旅行支票、信用证等外币有价证券，海关不查验。居民和非居民旅客携带5000美元以上或等值的其他外币现钞进境，须向海关如实申报；复带出境时，海关验凭本次进境申报的数额核放。

携带外币现钞在等值5000美元以上至10 000美元(含10 000美元)出境的，海关验凭国家外汇管理局制发的"外汇携带证"查验放行。

5. 人民币

旅客携带人民币进出境，限额为20 000元，超出20 000元的不准进出境。

6. 文物(含已故现代著名书画家的作品)

旅客携带文物进境，如需复带出境，请向海关详细报明。旅客携运出境的文物，须经中国文化行政管理部门鉴定。

携运文物出境时，必须向海关详细申报。对在境内商店购买的文物，海关凭中国文化行政管理部门钤盖的鉴定标志及文物外销发货票查验放行；对在境内通过其他途径得到的文物，海关凭中国文化行政管理部门钤盖的鉴定标志及开具的许可出口证明查验放行；未经鉴定的文物，不得携带出境。携带文物出境不据实向海关申报的，海关将依法处理。

7. 中药材与中成药

旅客携带中药材、中成药出境，前往国外的，总价值人民币限额为300元；前往港澳地区的，总价值限定人民币150元。向国外邮寄，限额为人民币200元；向港澳地区邮寄，限额为人民币100元。

进境旅客出境时携带用外汇购买的、数量合理的自用中药材、中成药，海关凭有关发货票和外汇兑换水单放行。麝香以及超出海关上述规定限值的中药材和中成药不允许出境。

8. 旅游商品

海外旅客携带自用外币在我境内指定商店购买的旅游纪念品、手工艺品，除国家规定应申领出口许可证或应征出口税的品种外，海关凭有关发货票和外汇兑换水单放行。

（三）禁止进出境物品

1. 禁止进境物品

（1）各种武器、仿真武器、弹药和爆炸物品。

（2）伪造的货币及伪造的有价证券。

（3）对中国政治、经济、文化、道德有害的印刷品、胶卷、照片、唱片、影片、录音带、录像带、激光视盘、计算机存储介质及其他物品。

（4）各种烈性毒药。

（5）鸦片、吗啡、海洛因、大麻以及其他能使人成瘾的麻醉品、精神药物。

（6）带有危险性病菌、害虫及其他有害生物的动物、植物及其产品。

（7）有碍人畜健康的、来自疫区的以及其他能传播疾病的食品、药物或其他物品。

2. 禁止出境物品

（1）列入禁止进境范围的所有物品。

（2）内容涉及国家秘密的手稿、印刷品、胶卷、照片、唱片、影片、录音带、录像带、激光视盘、计算机存储介质及其他物品。

（3）珍贵文物及其他禁止出境的文物。

（4）濒危的珍贵的动物、植物（均含标本）及其种子和繁殖材料。

（四）行李物品和邮递物品征税方法

为了简化计税手续和方便纳税人，中国海关对进境旅客行李物品和个人邮递物品实施了专用税则和税率。现行税率共有4个税级：10%、30%、80%、100%。物品进口税从价计征；其完税价格由海关参照国际市场零售价格统一审定，并对外公布实施。

任务三　处理善后事宜

实训目标

（一）能力目标

通过本项目实训，使学生掌握下团后报账的工作流程，熟悉票据分类及粘贴的方法；了解各类下团后要求上交的表格及总结，学会妥善处理各类遗留问题。

（二）职业素养目标

通过本项目实训，使学生养成善于积累经验、吸取教训的职业习惯，培养良好的专业意识和高度的责任感。

实训内容

（一）整理账目、归还物品

下团后，导游员应及时将所借物品归还旅行社，经检查无损后办清归还手续。应归还旅行社的物品通常有社旗、接站牌等。

在整理账目时，应认真整理旅游团的接待费用花销。现金支付与签单挂账要分别进行整理，按旅行社的规定填写有关报账单据，粘贴好各种票据，由有关人员审核签字后到财务部门结清账目。

与旅行社财务部门结清的账目通常有：游览景点门票的发票或报销凭证，与宾馆、餐厅、司机的结算清单，根据旅行社指令收回的团款等，其他账目。

（二）上交游客意见反馈表

导游人员在完成旅游团的接待任务之后，有责任向作业部门汇报接团的情况。收齐游客的意见反馈表（书），并向作业部门认真地汇报旅游团运行过程中的得与失，反馈各种意见。对重大的事故处理过程及处理结果要附带书面说明。要使作业部门对旅游团的全部旅游活动有所了解，达到了解过程、了解效果、了解游客感受的目的，以便作业部门在今后的操作中更具有针对性。

反馈主要内容包括：整个行程的安排是否合理，有哪些应予改善的地方；整个行程中的生活安排与相关接待部门的接待质量，有无调整的必要；游客对此次旅游过程的评价，包括正面的好评与善意的批评。

（三）处理遗留问题

下团后，导游员应认真处理好旅游团（者）的遗留问题。

（四）总结工作

总结工作是一种工作经验的积累，对于导游员以后不断完善自己有着不可估量的特殊作用。同时总结工作也是导游员日后提高工作效率和服务质量的重要手段，也有助于旅行社在日后行程的设计、销售以及接待中吸取经验教训。

通常在带团记录中应包括以下一些内容：旅行团名称、人数、抵离时间、全程路线；旅行团成员基本情况、背景、活动中的表现特点及兴趣；团内重点人物的反应；各地接待社住宿、餐饮、游览车的落实情况及导游员的讲解水平和工作态度；行程中有无意外、失误发生及处理情况；如有重大事件发生，如死、伤或涉外事件，一定要把详细细节、各种证明资料及主要人物的身份记录得非常清楚，以备查验。

带团总结是导游员在接待工作结束后，对每一次陪团经历的一个自我整理、归纳的过程，实际上也是一个工作体会。基本可以从正反两个方面进行总结，以便在以后工作中能够扬长避短，做得更好。

带团总结的基本内容：仔细回忆整个接待过程中的每一个环节，哪些地方做得很好，得到客人的认可和好评；哪些地方做得欠缺，处理方法和说话方式有待改进。仔细回忆在跟客人交流的过程中，自己有哪些地方模糊不清，回答问题不够准确，甚至根本回答不上来，然后根据这些情况有针对性地补充知识。

▶ 操作步骤

(一)实训准备

(1)提前一周根据教师下发的陪同日志进行准备。
(2)搜集处理善后事宜的有关资料。

(二)实训开始

(1)学习处理善后事宜的方法，根据教师强调的操作要点进行分组实训。
(2)根据导游员、财务人员、内情人员等角色进行模拟训练。
(3)分组训练反馈意见过程。
(4)分组训练粘贴单据。
(5)填写陪同日志并学写带团总结。

(三)实训结束

(1)学生互评、师生互评。
(2)汇总实训成绩。

实训评价

任务评价表

班级：＿＿＿＿　　姓名：＿＿＿＿　　考核时间：＿＿＿＿

评价项目与内容		小组评价	教师评价	行业评价
课前准备（20分）	下发计划准备			
	分组准备			
程序完整（40分）	整理账目、归还物品			
	上交游客意见反馈表			
	处理遗留问题			
	总结工作			
规范服务（10分）	熟知并能正确运用导游服务标准			
应变能力（10分）	遇事情绪稳定、思维敏捷、考虑问题周到，能够及时妥善处理突发事件和特殊问题			
职业素养（20分）	善于积累经验、吸取教训，有高度的责任感，服务态度热情、游客至上，符合导游员礼仪礼貌规范			
总成绩				

自主练习

（一）填写本项目实训总结

（二）案例分析

今天8:00我送走了一批美国客人。这个团在中国的时间长，线路远，活动内容又多，说实话，这个团我带得确实很辛苦，直到看着客人安全出境，我才轻松了许多。

整整27天的行程,应该说是很顺利的,或者说是喜忧参半、得失参半。

在各地接待方面,基本还是很好的。尽管客人没有意见,可我觉得在某县的车安排得不好,空调不够,可是我也没有办法,因为已经是当地最好的车了,客人也能理解。以后再做这样的线路时,应该提前告知客人,就不会使客人感到唐突了。不过,最让我可气的是,在第20天时,××旅行社的地陪,他居然在那样的一个历史名城,对景点的讲解仅仅是只言片语。当时,我真恨自己不能够冲上去替补一下。也许是前面的行程太完美了,客人反而宽容地说:“有所得必有所失。”这件事对我的触动很大,以后我会注意加强历史知识方面的学习。

不过,在这个行程中,我也有许多收获,不仅和客人建立了深厚的友谊,并且在带团过程中,从客人那里学会了一些更地道的美语词汇和正确的发音。

看来,要想当一个好导游真是不容易。带好一个团队,只有热情的服务是远远不够的,更多的是敬业精神和广博的知识。我有信心成为一名优秀的导游员。

请你对此案例进行评析。

(三)思考题

(1)导游员下团后为什么要写带团总结?

(2)带团总结的主要内容应涉及哪些方面?

补充资料

导游人员管理条例

(1999年5月14日国务院第263号令发布,自1999年10月1日起施行)

第一条　为了规范导游活动,保障旅游者和导游人员的合法权益,促进旅游业的健康发展,制定本条例。

第二条　本条例所称导游人员,是指依照本条例的规定取得导游证,接受旅行社委派,为旅游者提供向导、讲解及相关旅游服务的人员。

第三条　国家实行全国统一的导游人员资格考试制度。

具有高级中学、中等专业学校或者以上学历,身体健康,具有适应导游需要的基本知识和语言表达能力的中华人民共和国公民,可以参加导游人员资格考试;经考试合格的,由国务院旅游行政部门或者国务院旅游行政部门委托省、自治区、直辖市人民政府旅游行政部门颁发导游人员资格证书。

第四条　在中华人民共和国境内从事导游活动,必须取得导游证。

取得导游人员资格证书的,经与旅行社订立劳动合同或者在导游服务公司登记,方可持所订立的劳动合同或者登记证明材料,向省、自治区、直辖市人民政府旅游行政部门申请领取导游证。

具有特定语种语言能力的人员，虽未取得导游人员资格证书，旅行社需要聘请临时从事导游活动的，由旅行社向省、自治区、直辖市人民政府旅游行政部门申请领取临时导游证。

导游证和临时导游证的样式规格，由国务院旅游行政部门规定。

第五条 有下列情形之一的，不得颁发导游证：

(一)无民事行为能力或者限制民事行为能力的；

(二)患有传染性疾病的；

(三)受过刑事处罚的，过失犯罪的除外；

(四)被吊销导游证的。

第六条 省、自治区、直辖市人民政府旅游行政部门应当自收到申请领取导游证之日起15日内，颁发导游证；发现有本条例第五条规定情形，不予颁发导游证的，应当书面通知申请人。

第七条 导游人员应当不断提高自身业务素质和职业技能。

国家对导游人员实行等级考核制度。导游人员等级考核标准和考核办法，由国务院旅游行政部门制定。

第八条 导游人员进行导游活动时，应当佩戴导游证。

导游证的有效期限为3年。导游证持有人需要在有效期满后继续从事导游活动的，应当在有效期限届满3个月前，向省、自治区、直辖市人民政府旅游行政部门申请办理换发导游证手续。

临时导游证的有效期限最长不超过3个月，并不得展期。

第九条 导游人员进行导游活动，必须经旅行社委派。

导游人员不得私自承揽或者以其他任何方式直接承揽导游业务，进行导游活动。

第十条 导游人员进行导游活动时，其人格尊严应当受到尊重，其人身安全不受侵犯。

导游人员有权拒绝旅游者提出的侮辱其人格尊严或者违反其职业道德的不合理要求。

第十一条 导游人员进行导游活动时，应当自觉维护国家利益和民族尊严，不得有损害国家利益和民族尊严的言行。

第十二条 导游人员进行导游活动时，应当遵守职业道德，着装整洁，礼貌待人，尊重旅游者的宗教信仰、民族风俗和生活习惯。

导游人员进行导游活动时，应当向旅游者讲解旅游地点的人文和自然情况，介绍风土人情和习俗；但是，不得迎合个别旅游者的低级趣味，在讲解、介绍中掺杂庸俗下流的内容。

第十三条　导游人员应当严格按照旅行社确定的接待计划，安排旅游者的旅行、游览活动，不得擅自增加、减少旅游项目或者中止导游活动。

导游人员在引导旅游者旅行、游览过程中，遇有可能危及旅游者人身安全的紧急情形时，经征得多数旅游者的同意，可以调整或者变更接待计划，但是应当立即报告旅行社。

第十四条　导游人员在引导旅游者旅行、游览过程中，应当就可能发生危及旅游者人身、财物安全的情况，向旅游者作出真实说明和明确警示，并按照旅行社的要求采取防止危害发生的措施。

第十五条　导游人员进行导游活动，不得向旅游者兜售物品或者购买旅游者的物品，不得以明示或者暗示的方式向旅游者索要小费。

第十六条　导游人员进行导游活动，不得欺骗、胁迫旅游者消费或者与经营者串通欺骗、胁迫旅游者消费。

第十七条　旅游者对导游人员违反本条例规定的行为，有权向旅游行政部门投诉。

第十八条　无导游证进行导游活动的，由旅游行政部门责令改正并予以公告，处1000元以上3万元以下的罚款；有违法所得的，并处没收违法所得。

第十九条　导游人员未经旅行社委派，私自承揽或者以其他任何方式直接承揽导游业务，进行导游活动的，由旅游行政部门责令改正，处1000元以上3万元以下的罚款；有违法所得的，并处没收违法所得；情节严重的，由省、自治区、直辖市人民政府旅游行政部门吊销导游证并予以公告。

第二十条　导游人员进行导游活动时，有损害国家利益和民族尊严的言行的，由旅游行政部门责令改正；情节严重的，由省、自治区、直辖市人民政府旅游行政部门吊销导游证并予以公告；对该导游人员所在的旅行社给予警告直至责令停业整顿。

第二十一条　导游人员进行导游活动时未佩戴导游证的，由旅游行政部门责令改正；拒不改正的，处500元以下的罚款。

第二十二条　导游人员有下列情形之一的，由旅游行政部门责令改正，暂扣导游证3至6个月；情节严重的，由省、自治区、直辖市人民政府旅游行政部门吊销导游证并予以公告：

（一）擅自增加或者减少旅游项目的；

（二）擅自变更接待计划的；

（三）擅自中止导游活动的。

第二十三条　导游人员进行导游活动，向旅游者兜售物品或者购买旅游者的物品的，或者以明示或者暗示的方式向旅游者索要小费的，由旅游行政部门责令改正，处1000元以上3万元以下的罚款；有违法所得的，并处没收违法所得；情节严重的，由省、自治区、直辖市人民政府旅游行政部门吊销导游证并予以公告；对委派该导游人员的旅行社给予警告直至责令停业整顿。

第二十四条　导游人员进行导游活动，欺骗、胁迫旅游者消费或者与经营者串通欺骗、胁迫旅游者消费的，由旅游行政部门责令改正，处1000元以上3万元以下的罚款；有违法所得的，并处没收违法所得；情节严重的，由省、自治区、直辖市人民政府旅游行政部门吊销导游证并予以公告；对委派该导游人员的旅行社给予警告直至责令停业整顿；构成犯罪的，依法追究刑事责任。

第二十五条　旅游行政部门工作人员玩忽职守、滥用职权、徇私舞弊，构成犯罪的，依法追究刑事责任；尚不构成犯罪的，依法给予行政处分。

第二十六条　景点景区的导游人员管理办法，由省、自治区、直辖市人民政府参照本条例制定。

第二十七条　本条例自1999年10月1日起施行。1987年11月14日国务院批准、1987年12月1日国家旅游局发布的《导游人员管理暂行规定》同时废止。

后 记

导游员作为旅游产品的最终实现者，其服务工作在整个旅游服务工作中居于主导和支配地位，是旅游服务的核心和焦点。随着我国旅游业的迅猛发展，旅游者的旅游消费意识和观念也在发生着大的改变。对于旅游中直接面对旅游者、实现旅游价值和旅游计划的执行者——导游员来讲，旅游市场也对其提出了更高的要求。高质量的导游服务需要高质量的导游人才，而高质量导游人才的培养需要有效的教学和高质量的教材。为满足和适应现代旅游业的需要，我们与山西省旅游业综合排名第一的山西商务国际旅行社合作，与行业和企业专家共同研发、编写了这本《导游实务实训教程》。

本书为旅游类专业核心课程——《导游实务》的实训教材，是主要研究导游服务流程，形成导游带团技能的一门学科，具有很强的实践性。为进一步落实《国务院关于大力发展职业教育的决定》及《关于全面提高高等职业教育教学质量的若干意见》(教高〔2006〕16号)的精神，培养高素质技能型导游人才，在教材编写过程中，我们始终贯彻高职教育的改革要求，把握旅游类专业课程教材建设的特点，力求体现知识够用、实践加强、技能突出的职业教学理念。

编者以旅游市场需求为逻辑起点，结合行业有关标准，与旅行社行业专家一起，对旅行社导游服务岗位的"职责、任务、工作流程"进行分析与归纳，以职业能力和职业素养培养为核心，按照导游实际工作过程和岗位特点将教材内容进行整合和序化，以模块为载体、项目为导向，将教材内容序化为十大模块：导游业务准备、迎接服务、团队抵达后服务、参观游览服务、导游讲解服务、旅行沿途娱乐活动、餐饮与购物服务、出境领队服务、常见问题与突发事件的预防与处理、送行及后续服务。

本教材力求体现以下几方面的特色：

1. 突出可操作性

本教材教学内容充分考虑了我国旅游业实际需求，在对导游所需的知识和技能进行深刻总结的基础上，以岗位工作流程和岗位特点为主线选取教学内容，克服了学科体例教材用于实践性课程教学的弊端，将导游所需理论、知识、实践融为一体，突出教材的可操作性。

2. 注重实战性

针对高职高专学生的特点和导游服务工作的特性,以岗位能力及职业素养目标为起点,以鲜活的企业一手案例、资源为实操内容,以实地训练、企业访谈、校内仿真实训为实操情境,以项目教学、情境教学、操作体验、角色扮演等为主要方法,以学生、教师和行业综合评价为科学考核方式,注重学生实际工作能力的养成。

3. 强调职业素养的养成

为培养学生良好的职业素养,教材内容环节中将职业素养的培养贯穿教学始终。不仅在实训目标中根据不同项目内容确定了具体的项目职业素养目标,而且将职业素养的养成列入每个项目的实训评价中。教学中通过导游活动的示范和演练,不仅使学生全面掌握导游服务程序和岗位技能,并将培养学生的诚信品质、敬业精神和服务意识融入人才培养的全过程,潜移默化地提升学生的综合素质。

本书既可作为旅游专业教材,也可作为旅行社企业员工的岗位培训教材及相关人员的参考用书。

本书由太原旅游职业学院王春玲、陆霞担任主编并负责大纲的拟定、统稿和定稿工作,山西商务国际旅行社董事长、总裁贺志勇及总裁助理牛刚担任教材主审,山西著名资深导游、山西大学商务学院马树生担任总顾问。具体写作分工如下:

王春玲:前言、绪论、模块六、模块七

陆霞:模块一、模块二、模块三

许萍:模块四、模块五、模块八

赵琳洁:模块九、模块十

教材的出版是一个不断完善的过程,由于编者水平有限,书中不当之处,敬请读者不吝赐教。

编者

2011 年 6 月

责任编辑：巨瑛梅

图书在版编目(CIP)数据

导游实务实训教程/王春玲，陆霞主编．—北京：旅游教育出版社，2011.8
新编高职高专旅游管理类专业规划教材
ISBN 978-7-5637-2199-3

Ⅰ.①导… Ⅱ.①王… ②陆… Ⅲ.①导游—高等职业教育—教材
Ⅳ.①F590.63

中国版本图书馆 CIP 数据核字(2011)第 138921 号

新编高职高专旅游管理类专业规划教材
谢彦君 总主编
导游实务实训教程
王春玲 陆霞 主编
贺志勇 牛刚 主审

出版单位	旅游教育出版社
地　　址	北京市朝阳区定福庄南里1号
邮　　编	100024
发行电话	(010)65778403 65728372 65767462(传真)
本社网址	www.tepcb.com
E-mail	tepfx@163.com
印刷单位	北京中科印刷有限公司
经销单位	新华书店
开　　本	787×960 1/16
印　　张	16.75
字　　数	264 千字
版　　次	2011年8月第1版
印　　次	2011年8月第1次印刷
定　　价	28.00元

(图书如有装订差错请与发行部联系)